U0145262

推薦序一——酒國春秋

記曰：「酒以成禮。」孔子曾說：「惟酒無量，不及亂」與「沽酒市脯不食」。意即飲酒多少，須考慮到能夠保持理智；至於上市的酒，濃淡不同，真偽難分，自然以家釀者為宜。中國自古以來，酒是民生所需的一部分。《詩經》上有：「為此春酒，以介眉壽」，所以，「孔氏家酒」為兩千多年前傳到現在的名釀。

蘇武與李陵是患難生死之交。蘇武貽詩李陵：「我有一樽酒，欲以贈遠人，願子留斟酌，敘此平生親。」李陵答詩：「遠望悲風至，對酒不能酬。行人懷往路，何以慰我愁。獨有盈觴酒，與子結綢繆。」蘇武在北海邊，牧羊十九年，凜冽酣朔風，陣陣襲ㄥ，寂寞淒楚，只有盈樽之酒，庶幾能傳達彼此間的深情，以及天南地北脈脈相思之苦。

古詩十九首中，「服食求神仙，多為藥所誤，不如飲美酒，被服紈與素。」漢武帝求長生不死之藥，盡人皆知。彼時一般文化人，求仙之風氣流傳，但服長生不死之藥喪命者，則所在多有。明理的人認為與其去尋覓那漂渺不可及的仙鄉，倒不如今天在人間享受錦衣美酒，更不虛度此生。

「下馬飲君酒，問君何所之，君言不得意，歸臥南山陲。但去莫復問，白雲無盡時。」王維送孟浩然歸隱，以酒送別。孟浩然答：「別問我去何處，大自然（白雲）是欣賞不盡的。」送別少不了酒，所以王維有：「勸君更盡一杯酒，西出陽關無故人。」的詩句。

酒也表達英雄的氣概。武功文采並茂的曹操，誠為一世梟雄，「對酒當歌，人生幾何。譬如朝露，去日苦多。」「慨當以慷，憂思難忘，何以解憂，惟有杜康。」前四句寫高興，後四句寫憂思。樂與愁，皆離不了酒。誦其詩，可以窺見其不可一世的內心深處。

侯門豪第的孔融，一生最大願望，就是「座上客常滿，樽中酒不空。」郊遊踏青，不能無酒。「清明時節雨紛紛，路上行人欲斷魂。借問酒家何處有，牧童遙指杏花村。」這是杜牧在遠足旅途中思酒時所寫的。

陶淵明不能一日無酒，闕飲，免不了要去乞討：「饑來驅我去，不知竟何之。行行至斯里，叩門拙言辭。主人解余意，遺贈豈虛來。談諧終日夕，觴至輒傾杯。情欣新知歡，言詠遂賦詩。感子漂母惠，愧我非韓才。銜戢知何謝，冥報以相貽。」乞食、談諧、傾杯，主題是把盞豪飲。視死如歸的勇士，酒也是在前線生活的慰藉品。「葡萄美酒夜光杯，欲飲琵琶馬上催，醉臥沙場君莫笑，古來征戰幾人回。」

才女，過著漫漫長夜，也只有引酒為知己。李清照的「東籬把酒黃昏後，有暗香盈袖，莫道不銷魂，簾捲西風，人比黃花瘦。」這是南宋大詞人李清照酒後遺懷的一闋詞。

在外交禮儀上，酒占了重要篇章。正式國宴上，席前水杯之外依序陳列各式各款的酒杯，在就座後小心取飲。而客廳裡的飯前酒、飯後酒，以及用膳時所搭配的紅酒、白酒，更是外交場合行之已久的傳統。西方人只有敬酒或致詞時舉杯，而無請對方乾杯的習慣。但中日韓等東方國家，習慣不一樣。至於回教國家，則屏除一切酒類。

譯署同僚蕭曦清兄，博聞彊志，筆不停揮，著作等身。文章中曾談及各國各類及各品牌的酒，資訊詳盡，我都曾一一過目，並以之編入《外交部通訊》。今蕭君彙集成編，名曰《酒國春秋》，紙貴洛陽，銷售一空。茲欣逢再版，囑我作序，在情在理，所不敢辭。

猶憶艾森豪威爾任北大西洋盟軍統帥時，軍情緊急，常有熬夜工作之情況。邱吉爾讚他身強力壯，指揮裕如。艾氏得意地告邱翁：「這是因為我平生不吸菸、不喝酒。」邱翁聆畢，微笑地回答：「我每天吸菸、喝酒，但身體也不錯。」

人的體質稟賦各不相同。飲酒照孔子「不及亂」的意義，就是在宴會中不能有失言、失態的情況發生。豪飲君子，就不至於以「酒國春秋」為狂飲的藉口了。

前中華民國阿拉伯文化經濟協會顧問、外交部通訊總編輯

丁慰慈

推薦序二——酒逢知己

我是個大而化之、不知分寸的人。朱婉清小姐打電話給我，說有位蕭先生寫了一部有關酒的書，希望我為他寫篇序，我滿口答應，居然連蕭先生的大名都沒問。

心想，既「以酒為名」，而能把酒寫出一部書來的人，必是我輩中人；何況，朱小姐的囑咐，我怎敢不答應。

當我翻閱了蕭先生整理好的文集，赫然發現，原來蕭先生就是鼎鼎大名，署以「海嘯」的文豪。而且一口氣四本書，《酒國春秋》之外，另有《世界風情畫》、《寰宇搜奇》、《浮生隨筆》，內容之豐富，涉及之廣博，真使我頓成「井底之蛙」，猶如河伯「望洋興嘆」。蓋蕭先生稟性溫良進取，學養深厚，長年從事外交工作，足跡遍及五大洲，又能慎思敏行，筆下揮灑，自能見人所未見，言人所未能言。若此，焉能不叫我油然佩服，油然欽敬！

就以《酒國春秋》而言，不止論及啤酒、香檳酒、葡萄酒、威士忌酒、雪莉酒、伏特加酒、雞尾酒、白蘭地酒等，而且論及歐美亞非各民族的酒文化和「酒德性」；尤其對飲酒之「大用」與「誡律」更言之津津而又諄諄。蕭先生如此博雅，使我這個自詡創有「四酒主義」、「五拳憲法」、「酒品中正」，與瘂弦共撰〈酒黨黨歌〉，被酒徒「表」出來的「酒黨黨魁」，感到望塵莫及。為此，我才了解為什麼堯讓天下於許由，要說：「日月出矣，而爝火不息；其於光也，不亦難乎！時雨降矣，而猶浸灌；其於澤也，不亦勞乎！」不禁也有「自視缺然」的惆悵。

只是蕭先生飲酒講究「知酒、品酒、賞酒、惜酒」，而我講究「酒興、酒膽、酒量、酒德」，雖然可以同稱「四酒主義」，而意趣不盡相同。蕭先生的大旨是：要懂得酒，知道選擇溫和有益身心的酒；要輕啜慢飲，才能品味酒的香醇與爽朗；要把酒視同一顆玉鑽、一幅名畫、一首名曲，乃至一位教你心醉的「絕代佳人」；要把酒喝得恰到好處，使之有如母親懷中的乳香，有如初戀的滋味。我的大旨是：飲酒只是為了趣味，趣味在於「四部曲」；如果沒有興致，那就是「苦酒滿杯」，哪有入口之理？如果沒有膽量，至多是東坡流亞；飲酒至少，常以把盞為樂，往往頹然坐睡！如果量小，牛飲三兩杯即玉山頹倒，焉能豪邁起來？如果酒後亂性，不止酒趣全消，而且為惡往往大矣哉！所以酒興是飲酒的自然動力，是酒趣味的起點；而酒膽、酒量則是酒趣味的推波助瀾，酒德才是真正是體驗酒趣味的至高境界。我想蕭先生和我的「主義」如果能互補有無，必可相得益彰，而普天下酒徒若能具此無遺，蓋可以言酒矣！

古人說：「酒逢知己千杯少。」而蕭先生與我，儘管未有杯酒之歡，儘管未及謀面；但透過這段酒的文字因緣，實已心電感應，脈息相通。而今我更已為先生草此短文，相見差可無愧感，可以相呼相伴，相顧莫逆於杯酒之中了。

教育部國家講座教授暨臺灣大學中文系名譽教授

曾永義

自序——知酒、品酒、賞酒、惜酒

飲酒的時尚，講究的是知酒、品酒、賞酒和惜酒。

知酒

酒是一門高深的學問，酒之所以具有如此無法抗拒的魅力，其中蘊藏著無窮的奧妙。因此，探求酒中高深的學問，正是生活中的一種情趣。

德國人笑法國人只會飲葡萄酒，雖然偶爾也飲白蘭地，但每每捧著杯子大半天，全世界都變了，杯中的白蘭地仍然原封未動。法國人反譏德國人說：德國人只會猛灌啤酒，堂堂法國人飲酒的情調和藝術，絕不是德國「啤酒族」所能體會。

其實，這兩種飲酒族都是對的。他們懂得酒，知道選擇溫和有益身心的酒，故消費量雖高，卻不構成酗酒成疾等問題。

品酒

酒是餐桌上一種色香味俱全的佳餚，絕非只是一種櫥櫃中垂手提來「解渴」、「澆愁」的飲料。猛喝狂飲，就是糟蹋酒，就如同對美食佳餚不加細嚼品味，視而「不見」，嗅而「不聞」，食而「不知其味」，即行虎噬鯨吞，就是糟蹋食物，兩者並無軒輊。

酒香原本包含有水果香、藥材香、木材香、花葉香，甚至含有如麝香、人參等動植物芬芳的混合體，有如演奏一首包括各種樂器的交響樂，淺酌必然令人心曠神怡。但同樣的佳釀，如果用來猛喝狂飲，不是「苦酒滿貫」，就是「五味雜陳」。

中國人也許認為，猛喝狂飲是「民族豪情」的充分表徵，有「酒膽」、「酒量」的人就是「豪士」。殊不知這種舉動，在深諳「品酒三味」的西方人看來，簡直是粗俗、暴戾、無知。喝酒多少並不重要，重要的是喝酒時要從容。蘇東坡有斗量，與朋友共飲時喜歡「用大瓢子盛酒」，但他進酒的速度卻很慢，充分做到「一杯持且從容」。

香醇強勁的美酒，唯有輕啜，才會有縈迴於舌的爽朗口感，入喉之後徐徐滑落，在喉頭留下餘韻，才更能使濃郁溫暖的酒香發揮到淋漓盡致。

不品酒，則無從分辨是好酒抑或劣酒，是真酒抑或假酒。葡萄酒類的果酸和酒質變壞的腐酸雖有明顯的不同，但帶有苦澀酸辣味的酸性酒，也可能只是品級較低而非「壞酒」或「假酒」，只要飲者平心靜氣細細品味，便能從酒的黏性和口感加以區別。

不過，在品酒時，也不能忽略時間、空間（環境）、生理和心理、化學、物理等的影響。

賞酒

西元前一世紀，古羅馬詩人郝列斯曾稱頌：「酒是藝術的鼻祖」；諾貝爾文學獎得主美國作家傅科那亦稱：「文明來自蒸餾」。

酒是結合大自然雨水、陽光、空氣、土壤所孕育出來的玉液瓊漿，如同一顆精工琢磨的玉鑽、一幅名畫或一首名曲，是一項高雅藝術的結晶，也是一種美的饗宴。

也有人把美酒比作「絕代佳人」，色澤是它的容貌，香醇是它的體味，敦厚是它的氣質。它的色澤晶瑩，紅如寶石，黃如瑪瑙，綠如翡翠，多彩多姿。它的體香濃郁，含有陽光的清香、果香、麥香、泥煤燻烘後持久的芬芳，韻味無窮。它的風格高雅，氣宇非凡。當你見到它時，像遇到一個情竇未開的少女；當你接觸到它時，像擁抱一個成熟的淑女；當你愛上它時，它更像一個放蕩不羈、勾魂引魄的妖婦，令你神魂顛倒、意亂情迷，其迷惑力遠超過一位平庸的女性。

因此，許多名人雅士，經不起它的挑逗誘惑，肉袒負荊，拜倒石榴裙下，成為不二之臣，沉迷而難以自拔。

既然如此，就盡興地去欣賞它吧，就如欣賞一顆玉鑽、一幅名畫、一首名曲、一名美女，讓無窮無盡的美感在你的腦際縈迴。

惜酒

飲酒是風雅事，也是無與倫比的賞心悅事。

飲酒通常可以達到下列四種境界：

第一種境界是情懷得以煥發。以酒為雅興，酒酣至微醺，思潮隨靈感泉湧，筆觸所到之處，文如流水，欲罷不能。詩酒雙聖如李白、杜甫、陸游等，便是在這種境界中寫下他們不朽之作。雖然杜甫厭世，在許多時候是借酒澆愁，但其所產生的結果是如此：「止於微酣」，乃是飲酒的最高意境。

第二種境界是緊張情緒得以紓解。或獨自小酌，或藉小酌與好友閒談，或藉酒與家人團聚，愁思一掃而空，心胸得以寬暢，精神得以重新振作煥發，遠景看好。

第三種境界是憑添惆悵。純粹為生意上達成某項交易，從酒的較量去使對方在迷迷糊糊的意識下簽下合約。以飲、陪酒為職業的酒女，為了使酒客「慷慨解囊」而「大灌迷湯」，這是「人在江湖，身不由己」，自始注定「苦酒滿杯」。

第四種境界是愁思萬縷。官場挫折，遭到誣陷，受盡委曲，抱負難以伸展；或情場失意，一腔熱情換來單相思淚，借酒澆愁愁更愁。酗酒的結果，身心同受折磨。

這四種不同的飲酒境界只有前兩種可取；第三種可衡量得失，作一取捨；第四種是絕不可取。

記得當代中國詩人瘂弦向筆者敘述他的「酒」事時稱：他在青壯年時代，曾合組「四大飲者」結成「酒黨」，經常由圓環喝到醉臥西門町，自以為樂；年老告退赴美隱居，才恍然覺得往事「不堪回首」，深切體會到「喝酒喝得恰到好處是最舒服、最過癮也最有味道」。感懷之餘，他於一九八五年春成詩五絕一首云：「酒德日以高，詩心猶未老；問君復何求，晚節須自保。」

現今真正的「酒中豪傑」，應是能知酒、品酒、賞酒而又能珍惜酒的人。借句西方的名言來說則是：「Drink less, drink better」。

擎一樽酒，細飲微啜，香醇漫漫，好似母親懷中的乳香，也好似初戀的滋味，最是令人回味無窮。

目次

推薦序一——酒國春秋
推薦序二——酒逢知己
自序——知酒、品酒、賞酒、惜酒

酒的故事
酒國春秋……21
「酒」字說從頭……37
最普遍化的文明飲料——啤酒……41
世界啤酒漫談……57
高雅別緻的香檳酒……81
出身低微的貴婦——蘇格蘭威士忌……93

生命之水——白蘭地……111
浪漫的雞尾酒……133
葡萄酒的傳奇……149
再話葡萄酒……159
三話葡萄酒……171
聞名國際的加醇葡萄酒……179

酒國萬花筒

世界聞名國酒……191
西班牙國酒——雪莉酒……203
墨西哥的國酒——「龍舌蘭」……213
日本的飲酒文化……221
日本的釀酒業……237

日本的酒神話……249
日本人對酒的研究心得……257
美國人與酒……261
法國人與酒……273
從酒精中陶冶出來的法國人的英雄氣概……283
俄羅斯國寶酒——伏特加……291
蘇俄的伏特加文化……307
義大利人與酒……317
澳洲人與酒……321
非洲人與酒……327
英國海軍與酒……335

品酒

品酒風雅事……339
業餘品酒師的「絕招」……349
餐酒三部曲……359
敬酒百態……371
「脫施」……379
漫談酒與健康……383
適量飲酒的商榷……397
女性與酒……405

酒的故事

酒國春秋

酒是人類最早的文化

酒，是地球上開始有人類以來最原始的共同文化。人類生性不僅愛好飲酒，而且會釀酒。世界上自有人類之日起就有酒。上帝造人，也為人造了一件恩物，那就是酒。

地球上七大洲，陸地各相隔閡，古代海、空交通阻絕，遠隔重洋，彼此都不知道另外還有一個世界，另有同類，既無「文化交流」，更無從「仿冒」，但都能各自在每個不同的「天涯海角」釀造出各種不同的「玉液瓊漿」。

就以迄今許多未開發地區的山地土著而言，也都有他們自己用不同方式和材料，釀出來令人醺醉的酒，也因此，全世界各地的人，都酷嗜這種奇妙的「杯中物」，而產生不少「酒仙」。

世人皆知猴子嗜酒如命，狩獵的人最簡易確切的捕猴手法，是將一罈酒放置在其附近山崗樹叢，群猴見酒，常立即自高崖或樹上連連引臂互援，相依而下，爭飲以盡，雖明知酒醉昏迷後會有「羈縻之禍」，亦在所不惜。

猴子不僅與人類一樣生性嗜酒，也會自己釀酒，如《廣東新語》就有〈猿酒〉篇記述海南島猿猴的釀酒事蹟：「瓊州多猿，嘗於石巖得猿酒，蓋猿以稻米雜百花果所造，一石穴輒有五、六升許，味最辣，然絕難得。」

瓊州即瓊州，是海南島的別名，島上有一種黑冠長臂、生性聰敏頑皮的「墨猴」，及另一種好模仿、通人性的「獮猴」，好酒而且都會釀酒。

安徽黃山的長尾「獮猴」也嗜酒並善於釀酒。《蓬櫳夜話》記載：「安徽黃山獮猴春秋二季採擷雜花果實，集置石窪中，醞釀成酒，香氣溢發，數百步之外，樵夫深入偷飲，但不能多，多飲則會被群猴發現，危及生命。」

西方流傳「酒」的神話

西方流傳有關酒的神話很多，埃及稗史記載：酒神奧西里斯（Osiris）從麥中釀酒。埃及考古學家從埃及西元前四千年所建的陵墓裝飾上，發現繪有釀造葡萄酒的圖紋。

希臘稗史則稱：古羅馬及希臘酒神巴克丘斯（Bacchus）釀造葡萄酒，並用諾亞方舟載運葡萄及葡萄酒。

英文中有「巴克查尼利亞」（Bacchanalia）一詞，是指古羅馬酒神節的酒神祭，而「巴克查尼爾」（Bacchanal）一詞的涵義，則是「暢飲醇醪，載歌載舞，盡情歡樂。」

在西歐作家及畫家筆下的酒神岱翁尼塞斯（Dionysus）的相貌，是一名副其實、道道地地的「酒仙」打扮：身著幼鹿皮，頭佩長春藤，手執雙耳大酒罈及兩串葡萄，邊走邊飲酒，也吃葡萄。後面緊跟著一群男女仙童，一面配合美妙的音樂節拍，載歌載舞；一面講述和傳授釀酒法，足跡遍及海角天涯；所到之處，春暖花開，芬芳撲鼻，一片昇平景象。

據愛爾蘭所流傳的神話則是：酒是一位被稱為奧塞戈斯的天神發明後傳授到人間的。西元前兩百年，一位怪傑名叫白查士，攜葡萄酒到歐洲遊歷至愛爾蘭，當地土人殷勤接待，白查士極為高興，臨走時為了表示謝意，以其隨身攜帶的葡萄籽傾囊相贈，並授以種植葡萄及釀葡萄酒之法。愛爾蘭人如法炮製，其味果然鮮美，珍視為「生命之汁」。其後以同樣的方法，用穀類釀製成威士忌，用大麥釀成啤酒。至一一七二年，釀酒的祕方傳入蘇格蘭，不久也傳遍歐亞。

在義大利，相傳早在凱撒大帝橫跨歐、非兩大洲時代，羅馬人就開始釀酒。至凱洛魯大帝登基，詔令全羅馬人種植葡萄釀酒，並由教會主持其事。

當時歐洲種植葡萄與釀酒業，完全由僧侶控制把持。迄今，歐洲各國聞名於世的大葡萄園，仍屬修道院或貴族後裔所有，就是因襲了這一傳統。

羅馬帝國時代，各修道院傳統上都是將葡萄園中色澤最佳、味道最鮮美的葡萄釀酒，窖藏在院中「內閣」，專供僧侶自己飲用，世人習慣上將這種酒歸納於「內閣級」（Kabinett）。高級酒除「內閣級」外，尚有一種叫「遲採級」（Spätlese），係用熟葡萄釀造，故味道較甜。據酒史記載，這一品級的酒是一種偶然發現：一七七五年，羅馬郊區一家修道院主持去羅馬城朝聖，當時正值葡萄豐收季節，由於這位修道院主持人在羅馬城耽擱太久，逾了歸期，修道院葡萄園中的葡萄，早已超過摘擷的時限，而院中僧侶因主持不在，不敢擅自作主，故未及時先採，待主持返院後再採時，所有葡萄均已熟透，且已有少部分開始霉爛。然他們只好加速摘採釀酒，以觀效果。孰料所釀出的酒，不但沒有因葡萄過熟而產生任何瑕疵，酒味反而較一般酒香醇，只是略帶甜味。自此，他們每年刻意遲摘一部分葡萄釀酒，定名為「遲採級」。

在日本，傳說有「木花咲那姬用穀粒釀甜酒，須佐之男命曾經釀出八鹽酒屠殺八條大蟒」的神話。

在緬甸也相傳有一名行度的西雙版納泰族人，於西元六三〇年開始釀酒。

從以上這許多有關「酒」的神話中可以看出，世界上最早發明用葡萄釀酒，但是用穀麥蒸餾成酒的歷史也極久遠。

從植物學與最早食品的觀點來看，植物體內有一種元素，科學家命名為「酒石酸」或稱「果酸」，屬有機酸的一元酸，廣存於植物中，可用以使清涼的飲料及麵包醱酵。

葡萄是一種容易醱酵的果實，一到深秋，果皮因乾枯而自動破裂，落下的果汁堆集在一處，自然醱酵成酒，經原始人類及猿猴發現嘗試，其味香醇可口，故爭相飲用，並如法炮製，流傳既久，遂成今日的葡萄酒。

現今一般家庭主婦也都懂得釀葡萄酒的配方：「一斤葡萄四兩糖」。將葡萄洗淨、盛裝、經天然醱酵，放些時日，就成了風味別緻的葡萄酒。

中國酒史最爲悠久

中國人飲酒沒有飲茶普遍，但在中國歷史上，飲酒比飲茶還要早至少三千年。

中國在「盤古開天闢地」時就有酒。《山海經》上記載：「黃帝作飲」。黃帝在位九十九年，那是西元前五一四一年至五〇四二年。

在中國最早的文字甲骨文、金文中，就已有了「醴」、「鬯」、「稷」等有關酒類的記載。西元前二二〇六年，夏代開國的大禹命儀狄用穀及酒麴釀造五味不變的酒醪。大禹首次嘗到這種令人陶然醺醉的飲料後，便擔心「後世必有以酒而亡其國者」，從此他不再沾酒。

《世本》記載：西元前二一一七年第六代帝王少康發明秫釀酒，取名「秫酒」。秫就是黍，又叫「黃米」，即今之高粱。

《酒經》：「空桑穢飯，醞以稷麥，以成醇醪，是酒之始。烏梅女，甜酒九投，澄清百品，是酒之終。」此所謂「始」，是開始釀酒；所謂「終」，是釀酒的演化過程。

清朝末年，安陽發現殷墟，掘出許多叫「鴟夷」的裝酒皮囊及叫「梧」的酒杯，證明商殷時代飲酒已很普遍。

一九七四年，河北省平山山脈西靈山腳下，發掘出一座戰國時代東周末年的中山王國墓，墓裡居然發現有兩罈封口嚴密、保存完整似竹葉青的烈酒。其中一罈扁平，重約七公升，另一圓鐔重約三公升，色彩較濃。開鐔時，芬芳撲鼻，經化驗是麯釀酒，一如現代酒，酒中含有乙醇、醣、脂肪等十多種成分，稱得上是全世界有史以來最陳年的老酒。

一九八〇年，中國大陸考古學家在北平河邊一座三千二百年前商末古墓中，掘出一支葫蘆形青銅瓶裝的酒。據美聯社報導：北京大學化學家在這支酒瓶的底部鑽了兩個小孔，抽出重約一公斤的酒，發現瓶口雖然封得很緊，酒中所含酒精卻已揮發很多，因為大陸缺乏現代化設備，此項研究工作延至一九八七年二月才完成，一般咸認為這瓶葫蘆酒的年代，早於地中海沉船殘骸中發現的「羅馬酒」——全世界最古老的葡萄酒。

也有人認為：中國酒的始祖是周代的杜康，迄今若干中國酒店和酒家立有杜康的牌位，奉祀杜康為「酒師爺」或「祖師爺」。但事實上，早在周代以前的夏、商，甚至更早的時代，古人已在抱著酒鐔豪飲了。

中國酒的分類

中國古代酒的分類，遠比西方酒的分類複雜；中國酒學問的深奧，也高於西方酒。

中國古代酒有幾種分類法如下：

㈠照官府規定分：酒有五「齋」，即五大類。酒醪稱「泛齋」，甜酒汁稱「醴齋」，白色的酒稱「盎齋」，赤紅色的下酒稱「緹齋」，有沉滓的酒稱「沉齋」。

然後再依酒醇的厚薄、色澤、品味、釀造方法、原料及含滓成分作區別：

㈡依酒醇厚薄分：原汁的酒稱「醇」或「醹」，薄汁的酒稱「醨」。

㈢依色澤分：白酒稱「醝」，紅酒稱「醍」，綠酒稱「醽」。

㈣依品味分：甜酒稱「醴」，甘美的酒稱「醑」，苦酒稱「醔」。

㈤依釀造的方法分：重釀的酒稱「酎」，三重釀的酒稱「酎」（音宙）。

㈥依原料的種類分：用糯米釀的酒稱「上樽」，用稷米釀的酒稱「中樽」，用粟米釀的酒稱「下樽」（見《白孔方帖》）。

㈦依含滓的成分言：首酒稱「醑」，酒母稱「酴」（音塗，四川特產），有汁滓的酒稱「醪」。

另有所謂「三酒」、「四飲」。所謂的「三酒」是：1.事酒，有事才飲的酒；2.昔酒，無事時才飲的酒；3.清酒，是指冬季釀造用以祭祀的酒。所謂的「四飲」是：1.晶明的甜酒稱「清」；2.用粥做成的酒稱「醫」；3.有酸味的酒稱「漿」；4.稀粥叫「酏」。

周王平日所飲稱「六清」的飲料中，除了水和一種稱「酏」的稀粥外，有四種是酒：第一種是稱「醴」的甜酒；第二種是摻了水稱「醇」的酒；第三種稱「漿」，是帶酸味有黏性的酒；第四種是粥做成「醫」的甜酒。

商代最高級的酒稱「鬯酒」。鬯是一種香草，俗稱「鬱金香」。鬯酒的主要用途是祭祀，原料是黑黍與鬯混合。

中國古代酒的釀造法

依後（北）魏賈思勰所著《齊民要術》介紹製麴釀酒的方法共十二種：1.一般釀酒法；2.用秫黍米釀酒法；3.用神麴米釀酒法；4.用粳米釀酒法；5.白醪釀法；6.春酒釀法；7.桑落酒釀法；8.酴酒釀法；9.高粱酒釀法；10.穄米酎釀法；11.粟米酒釀法；12.冬米明酒釀法。

釀酒的步驟是：將米蒸熟成飯，放在一塊大布上，待尚有餘溫時，放入一間暖室內與酒麴混合攪拌後密封，使醱酵變酵。通常十八石米飯須有一．五公合的酒麴拌入。

釀酒法傳到南宋時，有《北山酒經》的專卷問世。明朝的宋應星及李時珍在其所著《天工開物》及《本草綱目》中，也曾分別記述「紅麴」的釀造法。

中國直至唐代以前，只知用米黍釀酒。當時只知西域有葡萄酒，魏文帝曹丕在接受西域人進貢時得到，親自品嘗後，覺香醇可口，龍心大悅，當即詔諭眾臣屬說：「葡萄釀以為酒，過之流涎咽唾，況親飲之。」

後唐代攻克高昌，取得葡萄種籽，在御苑種植，採取葡萄釀造，中國才開始有自己釀的葡萄酒。

元朝發明燒酒，味道醇郁，有詩為證：「年深始得汗酒法，以一當十味且濃。」此句中稱燒酒為「汗酒」，是因元朝燒酒最早是從西域傳至中國，故稱「汗酒」，亦稱「阿刺吉酒」或「氣酒」。

東北九省的高粱酒，是燒酒中的至寶，深受西方飲者的讚賞與愛好。

古代燒酒的釀造法是用濃酒與酒糟混合，放在瓦缽上蒸。待蒸氣冉冉上昇時，用一只容器盛取蒸餾出來的一滴滴「露水」——酒「露」，也就是濃烈清澈的酒。

現代釀燒酒的方法則要簡單得多，只須將糯米、粳米、大麥或秫黍，從中擇一，放鍋裡蒸熟，加入酒麴，然後放入瓦缽中釀七日即成醇酒。即使是經驗不足，酒釀壞了，或者變酸了，只須再蒸一次，其所流出的「露」，又是好的燒酒。

明朝飲酒風氣很盛，他們對釀酒，舉凡釀酒的穀物、麴材、水等，都很講究。他們更研究出用明火釀酒，使酒的色彩更清澈，酒味更香醇。

中國大陸各地釀酒，除啤酒外，都用土法，最聞名的「土」酒如北方各省的「白乾」、東北各省的「二鍋頭」、山西的「汾酒」、四川的「大麴」、貴州的「茅臺」、江西的「糯皮酒」、陝西的「鳳翔酒」、浙江紹興的「陳年花雕」、福建的「金門高粱」，都是用土法釀造的美酒。

一般而言，中國北部各省所釀的酒，酒性較濃烈；南部各省所釀的酒，酒性較純淡，這或許是氣候使然。北部嚴冬流行飲烈酒禦寒。

中國飲酒的禮儀

飲酒，在中國古代，非常講究禮儀。《禮記》所規定「鄉飲酒」的儀式就有「三獻禮」，稱：1.初獻；2.亞獻；3.終獻。

主客一起飲酒時，要相互跪拜。晚輩在長輩面前飲酒要先行跪拜禮，然後依次入席，圍著中央放置的長形矮几席地而坐，須長輩邀飲，晚輩才可以舉杯，也不能先飲完。

早在周代官制中，就設有專責管理王室食飲膳饈的「膳夫」，周室並沒有「酒人」、「酒正」及「漿人」等官職。

「酒人」是熟諳釀酒原料及通曉各種釀酒方法的釀酒師，以釀酒為專責，並負責保管「五齊」、「三酒」及祭祀與招待賓客的酒。

「酒正」主管與酒有關的御令，並負責管理因公才飲用的「公酒」，如古代有「鄉飲酒」

的禮儀，「鄉飲酒」所用的酒，就是「公酒」。

「漿人」保管周王的「六飲」。這六種飲料平時窖藏在「酒府」中，周王飲用時才取出來。

西漢叔孫通在朝當「博士」，定期儀化了整整七年的工夫，完成了一套「酒制」，規定每年一月釀酒，至八月新酒出廠。專為宮廷釀造限皇帝與大臣飲用的酒，稱「醇酎」，亦叫「九名九醞」。

宮廷飲酒須依固定的禮儀進行。西漢「長樂宮」落成後，叔孫通在大殿上設置「法酒」。每逢皇帝與大臣飲酒，所有大臣先進殿，依地位高低跪在殿前，靜候皇帝駕臨，待皇帝在正殿上坐定，由御史糾儀，所有大臣按先後次序起立向漢高祖敬酒，充分顯現出皇帝的威儀。

中外歷代君王親率眾將出征或遣將討伐異族，出師前必設「龍門宴」賜酒表示肝膽相照、生死與共，藉以凝結高度團隊精神，使其所向無敵、凱旋榮歸。如拿破崙遠征義大利、埃及，關公斬蔡陽，在披掛上陣之前，均有酒宴，班師返京時，另有「慶功宴」。此一際會飲酒，雖在皇帝面前，亦可較為豪放，但不宜過量。

漢朝宮廷盛行酒宴，飲酒的禮儀從「宴飲圖」可見一斑。

中國古人的酒量與風度

中國出土的古代酒器，容量都很大，而且名目繁多。以商周彝器為例，有壺、尊、爵、觚、觥、觴、觶、斝、盉、卣、罍、角等，有用銅鑄的，有用陶製的，也有用角製的。無論是貯酒器或飲酒器，容量都很大，足見中國古代的帝王、貴族及百姓都愛飲酒，而且都有「海量」。

考古學家在新石器時代仰韶文化遺址中發現用來盛酒的壺、尊、斝等彩陶酒器，其容量大抵相同。仰韶文化的時期是西元前二五〇〇至二〇〇〇年。

春秋戰國時代有位叫周維岳的臣子，身材矮小，酒量奇大。有人問：「岳身甚小，何飲之多？」左右答稱：「酒有別腸，不必長（高）大。」

中國歷史上喝酒最有「海量」的，首推明朝的「國子監相」（相當於今日的國立大學）祭酒（校長）陳敬宗。陳敬宗生於永樂年間，祖籍寧波。他是名副其實的酒量大，明成祖時早已聞名，想親自試試他的酒量，諭令先鑄好一空腹銅人。

一日，召陳敬宗進宮，一面對飲，一面飭太監在陳敬宗每喝一杯酒時，照樣以同量的一杯，從銅人的頭頂注入銅人的空腹。殆此銅人體內酒裝滿了，太監在報告明成祖後，認為他必已爛醉如泥，明成祖遣太監送陳敬宗回家。詎料陳敬宗不僅未醉倒，而且在甫抵家門之後，即又邀太監到後堂再飲三十杯，也若無其事。

聖人孔仲尼（西元前五五一至四七九年），不僅有好酒量，也不諱言飲酒，只說過「唯酒無量不及亂」。管輅仰頭一傾就是三斗酒，山濤的酒量是八斗。中國古諺對這些聖人的酒量都加以證實：「堯舜千鍾，孔子百觚，子路嗑嗑，尚飲百榼。」

吳王孫權嗜酒，且每喝必醉；有一次，孫權在武昌釣臺醉得向客人潑水。吳王手下大將張昭不肯喝酒，孫權諭左輔都尉諸葛恪行飲令，並用激將法，使張昭不得不把酒喝乾。

孫權派大將甘寧率大軍與曹操對陣，並親送美酒犒賞，飲酒至二更夜半，甘寧趁酒意微醺，率部眾直衝曹營，曹軍猝不及防，全軍覆沒。

漢朝開國丞相蕭何一手訂立典章制度，死後由曹參接班，事無大小，概照蕭何舊制，曹參每天只在丞相府飲酒，不理政事。卿大夫勸諫，他不但不聽，反而留他們共飲，不醉不准離場，醉後在後花園與附近平民隔牆合唱民歌。

三國時，除吳國開放飲酒外，魏國與蜀國均禁酒。魏國最嚴，由多機智、長文學、威震一時、至獻帝時官拜丞相的曹操（西元一五五至二二〇年）頒下禁酒令，任何人不得違犯。奈魏國朝廷高官早已飲酒成習，一時難戒，在官場不得不遵命，但私下仍輪流在自宅聚飲。惟恐遭人發覺檢舉，談話時對酒名一律用「代號」，如稱白酒為「賢者」、清酒為「聖人」等。曹操後來得知此情，以其「尚未敢公然違放」而佯為不知，放過他們。

其實，曹操本身也是個酒桶，既要禁酒，自己得起帶頭作用，有酒喝不得，心裡十分苦悶，只好揮毫寫詩，詩云：「對酒當歌，人生幾何？譬如朝露，去日苦多；慨當以慷，憂思難忘；何以解憂，唯有杜康。」

魏國汝南太守豫州刺史滿寵在任二十多年，嗜酒且酒量奇大，魏明帝左右多認為滿寵沉湎於酒，不適於繼續擔當如此重任，建議魏明帝撤換，力排眾議獨給事中郭謀，認為滿寵刺史在當地頗得人望，不如詔令回朝「述職」，再作定奪。明帝照辦，並與他「餐敘」，郭謀在座，滿寵受寵之餘，飲酒一石，將當地政情報告得非常完整，對朝廷軍政大計亦條條是道，而其豪邁之氣，溢於言表，明帝見此，只好讚美幾句，未提「酒」事，仍令回任所。

唐朝歷代帝王多以縱酒為樂，而且唐玄宗（西元七一二至七四一年）喜歡自己釀酒，經常親釀佳醇美酒依職階大小分賞百官，每次每人三升至一斗不等，「斗酒學士」這個歷史上的雅號即由此而來。

唐朝因是太平盛世而有此飲酒高風，著名的〈飲中八仙歌〉應運而生。這些酒「仙」是大名鼎鼎的李白、張旭、蘇晉、焦遂、崔崇之、賀之章、李適之與汝陽王建。杜子美的一首〈飲中八仙歌〉，把他們這八名酒「仙」當時的飲酒百態，描寫得光怪陸離、淋漓盡致。

中國歷代帝王中也有「酒詩雙聖」，滿清乾隆皇帝就是其中之一。他流傳後世的酒詩是：「秩秩會賓儔，言言共祚酬；蘭英香氣冷，竹葉露光浮；從事青竹判，仙人梁市遊；永懷惡（音烏）旨訓，底用美曹邱。」

中國歷代人物何以能如此豪飲而不致昏醉？他們何以酒量如此之大？我們已能從歷史文獻

有關釀酒的方法中找到答案：

中國歷代釀酒，唯一的方法是用酵母自然醱酵，酒的度數很低。遠的不說，就以宋朝沈括所著《夢溪筆談》中所載：「製酒法以米二斗，釀成酒六斗六升。」以如此少的米黍，沖那麼多的水，酒精濃度必然很低，最多等於現在的燒酒六升，比白酒還要淡，況中國歷代的度量衡制與現今不同，差別也大。照這樣推斷，中國歷代人物動輒「飲酒一斗」甚至「飲酒一石」，也就不足為奇了。

一個人的酒量也難免受飲酒當時的環境與心情的影響，更因人、因時、因地、因事而有差別。

戰國時代齊威王問及淳于髡的酒量，淳于髡回答說：「大王賜酒，一斗而醉；侍親待客，二斗而醉；久別重逢，五、六斗而醉；州閭賽會，八斗而醉；主人相留，一石而醉。」這是說明酒量是要在有「酒興」，而主人又殷勤款待、盛情難卻時，酒喝最多；相反地，面對皇帝，肅然起敬，氣氛森嚴，加上旁立御史，心情更加不安，喝起酒來，也是「苦酒滿杯」。如此說來，正是古諺所謂「珍重主人心，酒深情意深。」

《滑稽列傳》引淳于髡的話說：「日暮酒闌，合尊促坐；男女同席，履舄交錯，杯盤狼籍，堂上燭滅；主人留髡而送客，羅襦襟解，微聞薌澤；當此之時，髡心最歡，能飲一石。」充分說明酒與色之間的關聯。

但淳于髡也對齊威王說：「酒極則亂，樂極生悲，萬事皆然。」照這樣說來，開懷飲醇酒，固然是人生一大樂事，但也要適可而止，不宜過量。

「酒」字說從頭

論餐酒，首須認識酒性。不同的酒，有不同的酒性也就有不同的用途。

中文的「酒」字，在文學上有多種解釋，《文書正譌》上說：「『酉』是『酒』字的古寫，『酉』旁邊加『水』表示酒的成分一半是水。」《辭源》上「酒」的定義是：「使高粱、米、麥或葡萄製成食醇的飲料。」一般中國人在觀念上，凡是含有酒精成分，喝了會醺醺若醉的飲料，不論是淡酒或烈酒，一律稱它為「酒」。

而且，中國人自始把中文的「酒」這一個字翻譯成外文時，清一色譯成英文的「Wine」，法文的「Win」，德文的「Wein」或西班牙文的「Vino」，自以為是譯得很確切。但如果我們從外文的字源加以探究，便會發現，這四種外文的「Wine」、「Win」、「Wein」或「Vino」字源及字義完全相同，都是一個字眼——「葡萄」，涵義都是「葡萄或葡萄的汁，不加任何香料，經過醱酵過程而釀造出來的東西。」

因此，凡屬不是用葡萄或葡萄汁釀製，或即使用葡萄或葡萄汁作原料，但釀造時並未經過醱酵過程；或原料是葡萄或葡萄汁，也經過醱酵，但加了香料所釀造的產品，都不能用這個字。

一般都知道「酒」有「淡酒」（Wine）與「烈酒」（Liquor）之分，也有「釀造酒」與「蒸餾酒」之分。

如果我們再從英文中去探究，便不難發現英語中對各種酒類的「正名」工作做得非常細密而精確：

㈠凡屬用葡萄醱酵所釀造而成的稱為「Wine」，中國人俗稱「酒」或「葡萄酒」。

㈡倘若製法與葡萄酒相似，原料卻並非葡萄所釀造的，得在「Wine」字前面冠上原料之名，如原料是「防風草」的，叫「Parsnip Wine」。

法國、德國和義大利等多數國家的釀酒法都嚴格規定，用新鮮葡萄釀成的才能叫「Wine」，只有希臘例外，他們用葡萄乾釀葡萄酒，這種已流傳三千年的古老傳統釀酒法，沿用迄今。

㈢將穀類中澱粉轉化為糖，再行醱酵所釀造的，稱為「Beer」，中文取其音，叫「啤酒」。

㈣將穀類的澱粉轉化為糖，使醱酵產生「醇」（酒精），並經過蒸餾所釀造的，在英國稱為「Spirits」，在美國稱「Liquors」。

㈤將自各種原料醱酵所產生的「醇」，配以各種植物香料，並加相當多分量糖漿（syrup）所釀造的稱為「Liquors」。

以此推論，臺灣菸酒股份有限公司所釀造的紹興酒，翻譯成英文便應譯音為「Shaohsing」，荔枝酒譯成「Lychee Wine」，青梅酒譯成「Plum Wine」，金橘酒譯成「Kumquat Wine」等並不離譜；但若要將高粱、大麴那樣的烈酒也依樣畫葫蘆，譯成「Sorghum Wine」或「Kaoliang Wine」，那不僅是對那些初次飲這種酒的洋人開玩笑，洋人會因此認為那明知是烈酒而騙他說是淡酒，會認為你欠缺常識，對酒類基本的常識都沒有，進而貽笑國際。

筆者曾多次陪外賓參訪金門，防衛司令官款宴每必以小酒杯斟高粱酒待客，而且常顯「軍人本色」，以「指揮官」口吻下「酒令」乾杯，以表「豪放」、「好客」，原屬無可厚非，但明明說是「Sorghum Wine」而酒瓶標籤紙也是這樣標示的！又酒杯既小，多數洋人不防有他，跟著主人「乾杯」之後，仰頭一乾而盡，迨酒至喉頭，始知是烈酒滿杯下肚，也就悔不當初，但為時已晚，吞吐不能，瞪著藍色的大眼睛連說：「上當！上當！」其中有一位洋人便幽了一默說：「貴國的『溫』（Wine）既然都是如此厲害，貴國的『厲塊兒』（Liquor）必定更酗。」

高粱酒原本就屬於「厲塊兒」家族，「厲」是它的本性，壓根兒沒有「溫」情。因此，專家認為，高粱酒照它的強烈酒性──含醇量，如果不仿照紹興酒的譯法索性譯成「Kaoliang」，那麼譯成「Sorghum Wisky」或「Sorghum Liquor」，或者「Sorghum Spirit」則較為恰當。至於金門「大麯酒」，「麯」同「麴」，照《辭海》上的解釋是：「把麥子蒸過，使發霉而成的東西用來釀酒──酒麴。」麴中最重要的成分是「麴菌」（Aspergillin，亦可譯成「麴黴」）屬囊子菌類，體作纖維狀，自多細胞組成，為下等菌類，能變澱粉為糖類，是酒麯製成主要的作用。因此「麯」用英文稱呼，應是「Ferment for brewing」。因此，「大麯酒」這個名字，如照字面翻譯很困難，充其量譯成「Ta Chyu」，或同樣譯成「Sorghum Liquor」或「Sorghum Wisky」。

除金門高粱酒、大麯酒外，還有好些中國酒也是烈性的，翻譯成英文時，也應照酒性，如「烏梅酒」可譯成「Plum Liquor」；「五加皮」若不直譯成「Wu Chia Pee」，則可譯成「Wu Chia Pee Liquor」；「玫瑰露」可譯成「Rose Liquor」，或索性譯成「Meikueilou」。

最普遍化的文明飲料——啤酒

啤酒有「液體麵包」之稱

啤酒是全球性的飲料，愛好者遍布全世界每一個角落。

在許多西方國家大都會「百老匯」（Broadway）的夜總會或酒吧間，小市鎮的鄉村俱樂部，或在臺北市石牌土雞城的啤酒屋，許多人靠著櫃檯圍坐，手上端著又粗又重、又大又笨的啤酒杯豪飲，更有人乾脆提著啤酒瓶聚集在一起，聽「酒仙」講述「小城故事」，一飲就是四、五瓶或七、八瓶，甚至十多瓶。

為什麼他們對這種浮泛著白色泡沫，其味苦澀，其色澤並不好看的麥液如此有興趣，難免令人迷惑。西洋人習稱無足輕重的人或物為「small beer」，乃因飲啤酒不論多少，已習以為常並不在意。

美國作家郝思曼（A.E. Housman）對啤酒特別讚賞，他在作品中說：「麥芽（Malt 喻啤酒；Malt Liquor，國人稱為麥芽酒，即啤酒的一種）足以證明上帝對人類的愛從。」

啤酒因酒精含量不高，而所含氨基酸、維他命及礦物質最為豐富，每瓶啤酒所含的熱量高達二百八十八卡路里，故一般「癮君子」習稱它是「液體麵包」（liquid bread）。

啤酒的歷史

啤酒的歷史，與葡萄酒一樣悠久。根據典籍的記載，古埃及人用尼羅河的水發麥芽釀啤酒，稱之為「上帝的禮物」。早在西元前四千年，啤酒在古埃及法老王時代被當作珍品，是宗教儀式、國家慶典、盛大喜宴所不可缺少的飲料，也是當時埃及人最喜歡的飲料。後來傳到羅馬，再傳到希臘，故典籍中提到古代釀造啤酒的國家有埃及、巴比侖、羅馬和希臘。歐洲新石器時代遺物中，曾發現甚多釀造及裝盛啤酒的器皿，證明古埃及人用啤酒獻神及陪葬。

《聖經．舊約》記載：希伯來族長挪亞，在大洪水成災前，受到上帝啟示，帶著家人、家畜，和瓶裝啤酒、葡萄酒、烈酒和油，逃上方舟避難。西元前四十九年，亞歷山大大帝建立橫跨歐、亞、非的大帝國，但最使他得意的是羅比崗的啤酒。

德國釀造啤酒也有極為悠久的歷史。在庫爾巴哈地區發現的雙耳細頸啤酒罈，要遠溯到西元前八百年，顯示那時候啤酒釀造業已很普遍。西元一〇四〇年，德國慕尼黑以北的菲安托芬修道院開始釀造啤酒，許多教士參與其中。因此，人們視釀啤酒的技術為宗教領域的巫術。直至一八七六年，路易．巴斯德（Louis Pasteur）所著《醱酵原理》一書問世，世人才恍然大悟，理解到釀酒之事人人都能，並不為奇。

德國人非常重視他們傳統的啤酒釀造方法。一四九一年，德國巴伐利亞啤酒釀造管制五人委員會，開始抽查慕尼黑所有的啤酒館，每星期好幾次，查驗是否有人擅自竄改傳統的德國啤酒釀造法。查驗的方式很簡單：查驗員並不事先通知，臨時換上鹿皮褲到各酒館，將酒館正在出售的啤酒倒一些在板凳上，由查驗員坐上去，一小時後試著站起來，如果這些啤酒是照傳統方法釀造的，啤酒的酒膠必然緊黏著鹿皮褲的後褲襠難解難分，如果不是，便沒有這種酒膠黏性。

一五一六年，巴伐利亞制定聞名的「純酒法」，明文規定啤酒的原料限於大麥、蛇麻花及水，後修定添加酵母。這項立法法典為歷史上最早的消費人保障條款，保障巴伐利亞啤酒的品質絕對純淨，迄今仍嚴格執行，毫無改變。可是，某些英國的啤酒，早自撒克遜人時代以來，一直是用大麥以外的其他穀物釀成，其中含有非麥芽的穀物、米及玉米，而少數啤酒甚至用鯨魚的魚鰾所釀成。

一六二〇年，「五月花」客貨輪歷盡千險萬難，遠渡重洋，目的地原是美國新大陸南端的維琴尼亞，後來中途改變航程，提早在美國東北的麻薩諸塞州普利茅斯（Plymouth）登陸，更改航程的原因非只一端，但「啤酒用罄」是其中之一。當時「五月花」的一位船員在一六二〇年十二月十九日的日記這樣記載：

「我們已無法再前駛，也無法作進一步考慮，因船上的糧食已消耗得差不多了，尤其是啤酒……。」

由於這一歷史的真實故事，自一六二〇年開始，在全美各地都遵守一項傳統，每年七月四日歡宴時，啤酒一旦喝光，便宣布散席。

歷史上許多海上航行，都載啤酒作飲料。飲水放久了會變壞，啤酒反而可以久存。

慕尼黑菲安斯托芬修道院現在的名氣愈來愈大，因其一直盛產啤酒，暢銷世界各國。

在德國，啤酒的運輸，傳統上每家酒廠都用自備的「運酒馬隊」。運酒馬車上插滿了各式鮮豔的旗幟；每匹運酒的馬，從頭、頸到背，都懸著五彩繽紛的彩帶，趕馬的「馬伕」身著當地傳統民族服裝，整個運酒馬隊就像一支文化遊行隊伍。這種傳統，即使在汽車發明以後到現在，仍有許多啤酒廠繼續保持。

啤酒的種類及特性

啤酒是用大麥發芽，再與其他澱粉等原料混合釀成，因釀造的過程不同，而分成「生啤酒」（Raw Beer或稱Draught Beer，普稱Beer on drought，即桶裝分杯出售的啤酒）與「熟啤酒」。又因焙焦的程度不同，因而顏色有濃淡之別，製造商把色淡的稱「淺啤酒」（Light Beer、Lar-Pilsener，或稱Small Beer），是指酒性溫和的啤酒；色濃的稱為「濃啤酒」（Thick Beer、Larger，或稱 Double Beer，亦稱 Beer of dark color）。

美國麥美倫（Macmillan）印刷公司出版的魏尼爾（Mrchael A, Weiner）所著《啤酒指南》（The Taster's Guide to Beer）一書，共列舉全世界一百八十七種不同的啤酒，說明啤酒在這個世界上是如此多彩多姿。一般啤酒可概分為九種，其特性各有千秋。

㈠烈啤酒（Strout 或稱 Special Brew、Strong Larger Beer）：與普通啤酒同類，但酒精度較高；對啤酒的愛好者而言，它像愛爾蘭的說書人，身懷令人「口」服「心」服的絕技。

㈡黑啤酒（Porter）：色澤較深，酒精度較一般啤酒高，約五度左右，味濃而甜。烈性黑啤酒（Bock Beer）散發出黑美人般迷人的體香。

㈢熟啤酒（Lager）：有著濃郁的麥芽和酒麴的香味，入口時冷冽有如貼近河床的冷流，其動人處又像感人的聖歌。熟啤酒在經過攝氏六十度低溫殺菌後，把啤酒中餘下的酵母殺死，使其不再繼續醱酵，故久貯亦不會變質。瓶裝的熟啤酒是從十八世紀法國哲人巴斯德發明低溫殺菌法後才有的。

㈣麥啤酒（Ale）：將麥芽以另一種方式處理後釀成，含大量糖質。

㈤麥芽酒（Malt Liquor）：香醇爽口，風味絕佳。

㈥生啤酒：未經高溫處理的啤酒。酵素繼續活動，故酒精度頗高。生啤酒與瓶裝啤酒的區別主要在於是否經過高溫殺菌。瓶裝啤酒是以六十度的熱度連續二十分鐘來殺菌；生啤酒則沒有經過這道手續。啤酒經過醱酵熱殺菌，殺死有害的細菌，但酵母仍可以安然無恙。啤酒中留有酵母，會繼續在酒中繁殖，酵母對身體並無害處。瓶裝啤酒長期放置亦無妨。事實上，酵母在零度狀態時是不能生存的。在一公克含量中，並在零度時，酵母可能完全消失，處理過程中必須做到絕對乾淨，而且生啤酒的處理更須審慎，所有容器均須殺菌，釀造生啤酒及熱殺菌啤酒的工廠均須是完全無菌狀態，不能疏忽任何一部分，然這些處理費用都相當昂貴。

生啤酒未經過低溫殺菌過程，含活性酵母，鮮美可口，營養豐富，故臺灣各地盛行的「啤酒屋」以生啤酒招徠，門庭若市。但生啤酒必須予以冷藏，方可久貯。

(七)淺啤酒：此為一九八〇年代以來啤酒迷飲用的新趨勢，除香醇濃度較低外，其他成分相同。一般而論，西德北部出產的啤酒較為醇濃，南部啤酒則較清淡。啤酒的濃度視原麥汁提煉出的精華來決定。在醱酵前須檢查糖度，以德國來說，超過百分之十一，故德國啤酒糖度最濃，日本次之，占百分之十·八，美國啤酒又比日本啤酒薄。

在美國，因酒味淡的酒比較少，就以秉性溫和的啤酒來取代一般淡酒；在歐洲，因酒精味較淡的酒很普遍，故啤酒便相對地顯得較濃。

(八)濃啤酒：以德國慕尼黑所出產的「救世主」啤酒、「山羊」啤酒為全世界濃啤酒中之翹楚。專家認為，啤酒在未來味道仍然會漸漸變濃，這主要是一般人舌頭要求味道濃。現今在市面上充斥的料理及食品，都是要求味道濃。一九六〇年代，原麥汁的濃度為十·

二，一九七〇年為十．八，一九八〇年代超過十一，也許是生活方式改變了味覺。好在啤酒環肥燕瘦，飲者盡可隨自己的喜好，自由選擇濃的或「清淡」的啤酒。

(九)混合啤酒：這是西方「啤酒仙」在一九八〇年代後期才有的「新發現」，顧名思義，它是在啤酒中摻入烈酒（Liquor）、果汁或其他液汁，也有用不同種類的啤酒混合拌勻飲用的實例，不一而足。聽起來像是雞尾酒，但不能列入雞尾酒，主要是啤酒另樹一格不能與一般酒類相提並論。最流行的有四種：

1.愛爾蘭式的混合啤酒：在一只啤酒杯內注入四分之三的啤酒，然後注入四分之一的琴酒攪勻後，成了另一種酸酸苦苦、楚楚動人的混合酒。

2.果汁啤酒：在一只啤酒杯內，先傾入四分之三的啤酒，再加入四分之一的番茄汁、蘋果汁或橘子汁，攪勻後，啤酒中的苦味消失，令人有另一種「鮮美」的感覺，可促進消化，使皮膚柔美。

3.雞蛋啤酒：在一只啤酒杯內，先盛滿四分之三的啤酒，然後將雞蛋一枚倒豎，在尖端開一小洞，讓蛋白流入啤酒中，拌勻後飲用。據說，這樣的混合啤酒，營養倍增，且可促使皮膚白嫩。

4.黑白雙啤酒：在一只啤酒杯中注入二分之一的黑啤酒，再摻入另一半普通啤酒，變成黑白不分、濃淡適中，是英國啤酒客最欣賞的飲法。

全世界愛喝啤酒的人數，成幾何級數增加，講究和懂得飲啤酒的人愈來愈多，每個啤酒客都有他追求的不同標準。在許多西方啤酒迷的聚會上，不難發現他們對各啤酒不同處的品評與爭論。軟性飲料的愛好者只固執於那一分甜味及其解渴的功能，真正的酒徒則追求不同的意境，而啤酒迷又是另一種類型。

講究傳統的啤酒迷，對德國傳統的啤酒情有獨鍾，批評那些新近流行卡路里低到「離了譜」的「淡啤酒」，喝起來毫無味道，不是正統的啤酒；而時髦的「淡啤酒」愛好者則譏諷「烈啤酒」只是「比泥水好不了多少」。

酷好馬丁尼等軟性酒的人藐視啤酒迷，認為他們是「一群只知牛飲不懂品酒藝術的傻瓜」。其實，道地的啤酒迷中，多的是第一流的鑑賞家。他們雖然不如法國名牌白蘭地的品酒師那麼有名氣，但他們豐富的啤酒知識，則會令人目瞪口呆。

正統的啤酒迷喜歡飲「傳統式」的瓶裝啤酒；新潮派的啤酒迷卻偏愛罐裝啤酒，特別是一拉環就開的罐裝啤酒。他們嘲笑那些固執於瓶裝啤酒的人們過於落伍守舊，「跟不上時代」。他們認為罐裝啤酒比瓶裝更衛生、更方便，使冷度維持較久。當泡沫上湧時，嘴唇立即享受到舒適的金屬接觸感。

德國除外的歐洲啤酒迷都堅持捷克皮爾斯尼啤酒是全世界最好的啤酒；「德國啤酒」迷或「荷蘭啤酒」迷則認為，德、荷兩國的啤酒中得過獎的名牌啤酒，才是真正的舉世無雙。

馬來亞所產的「虎牌」啤酒，在倫敦啤酒大賽中得過好幾個金牌，在東南亞及亞西各國暢銷。

「臺灣啤酒」在歐、亞、美三大洲有多次得獎的紀錄，證明確是出類拔萃，在美國也擁有廣大的「臺灣啤酒」迷。「臺灣啤酒」的品質勝過「青島啤酒」，但「青島啤酒」迷說「青島啤酒」是德國傳統揉合青島特有的純淨泉水所釀成的中西合成飲品，才足以「代表」中國，因雷根總統也喜歡並在公開場所讚揚過「青島啤酒」。其實世人甚少知道「臺灣啤酒」也是道地的德國傳統釀造法，摻合臺灣埔里優雅脫俗的清泉所成而極為難得的佳釀。

啤酒的主要原料

釀造啤酒的主要原料為麥芽與啤酒花。「臺灣啤酒」則在麥芽之外另加少許蓬萊米，其所用麥芽，係由「二條種」大麥釀成。此種「二條種」大麥專用於製造啤酒，盛產於歐洲及澳洲，品質優良。在經過長年不斷研究改進麥芽製法，製成品質優良的麥芽之後，所釀成的「臺灣啤酒」，含多量氨基酸等營養物質，酒質香醇，泡沫多而細，持久而不易消失。

麥芽在啤酒釀化醱酵過程中，其所含的蛋白質，轉化為氨基酸、維他命B及葡萄糖等，幾乎在酒液中保存完整，成為啤酒中營養成分的重要元素。

「啤酒花」英文名字叫「Hop」，中文正式名稱是「蛇麻花」，或稱「蛇麻草」。因專用於釀造啤酒，故稱「啤酒花」。「蛇麻花」是一種多年生蔓性植物的花，屬於纏繞草本植物，色彩嫩綠嬌豔，雌雄異株，除了在農場大量種植供作啤酒原料外，也適於在庭院種植欣賞。美國西北地區的華盛頓與奧勒岡兩州都盛產蛇麻花，中國大陸的華北、新疆及東北地區產量頗多，臺灣埔里地區亦大量種植。

釀啤酒所採用的蛇麻花部位，是尚未授粉的蛇麻花雌花花序。在雌花瓣的背面基部，有帶黏性的金黃色小粒，英文名為「Lupulin」的腺體，是釀酒的主要成分。而蛇麻花中所含香蛇麻腺，在啤酒釀造過程的主要作用是給啤酒帶來特有的芬芳香氣和苦味，也使麥汁及啤酒具澄清作用。

摘採蛇麻花也是一門高深的學問，整個蛇麻花中，只有極少部分可以提供香味及苦味，又因常受季節影響，導致蛇麻花的品質低劣，而直接影響到啤酒的品質。

「臺灣啤酒」所採用的蛇麻花係西德的「Halletter Middle Early」名種，並委託慕尼黑啤酒研究所檢驗鑑定品質及在極低溫下真空包裝儲存，故能長期保持蛇麻花原有的新鮮品質，得以釀成芬芳清新的啤酒。

蛇麻花的外觀略呈卵形，只有一粒米的大小，帶青黃色，與中藥藥材鋪執五花茶的槐花米極為相似，故甚多人誤認槐花米為蛇麻花。其實，槐花米屬於豆科高大落葉喬木槐樹的花蕾，槐樹遍及全中國各地，故槐花米產量甚多。這種槐花米只有苦味而無香味，除入藥能治療痢疾及腸風下血外，也在工業上用作染料。

現代科技昌明，人造化學品充斥世界各地，有些國家的啤酒釀造廠已有採用人造化學品取代蛇麻花的趨勢，如採用鞣酸，一種無味、無臭的合成化學品，亦存在一些植物的分泌液中。用鞣酸代替蛇麻花釀造啤酒，不僅可節省成本，而且可以縮短釀酒的過程。但是這是一種違反傳統也是違反大自然的釀酒方法，為絕大多數啤酒廠商所不取。

許多的啤酒廠商如美國的瑞年啤酒廠及宓勒爾啤酒廠等，特別為此發表聲明，表明他們重視自然釀造方法，不走捷徑，絕對不在任何情況下採用鞣酸，務求保持啤酒的純淨優良品質。

啤酒的存放期限和飲用法

世界上是否也有「陳年」啤酒？答案絕對是否定的。

啤酒確是酒類中的一種，是相當美味的酒精飲料，有它香醇的一面。但與其他酒類不同，絕非「愈陳愈香」，而是以新鮮為尚，「愈新愈好」。其飲用溫度，夏季以攝氏六到八度最為適宜，冬季以十到十二度最為適宜。啤酒在開瓶時會冒泡沫，泡沫的作用，主要在抑制啤酒中碳酸的散發及防止酒液酸化。因此，喝啤酒時，最好一開瓶便趁氣泡往上冒時，一口氣喝光。如果開瓶後留置，即使重新蓋緊加封，泡沫仍會從縫隙溜走，酒質會變成酸淡，馥味消失。

啤酒裝瓶出廠後，存放期最好不要超過四個月；如果出廠後存放超過半年，尚未開瓶喝，即使酒質未變壞，瓶底可能會發現白色的沉澱物，香味也會逐漸消退。所以，如果出廠上市已超過半年的啤酒，最好不要喝。

當你上街購買啤酒時，你不妨留意瓶蓋上、酒瓶標示紙上或啤酒罐上，有無「新鮮期限」，如美國、荷蘭、丹麥等國「皇家啤酒」和這些國家在非洲國家設廠所釀就地產銷的啤酒，都有如「Best before April 1999」等的標示。世界各國啤酒，多數並不標明「新鮮期限」，但一般規模較大講求信譽的國際性啤酒釀造廠商，如美國「美樂」（Miller）啤酒的瓶、樽蓋子上及罐子上，都印有一連串的數字，如 10-21-99 等，這些數字係說明「新鮮期限為一九九九年十月二十一日」。超過了這一期限，「美樂」釀酒廠會全數收回，以確保新鮮度及信譽。

啤酒既然不能長久存放，故不妨在要喝時才去買，數量以當前所需為限，盡可能買啤酒瓶、罐上已標示「新鮮期限」的啤酒。未明確標示的啤酒，尤不宜存放太久。

飲啤酒前，宜將它冰凍到攝氏十度左右。冰得太冷，會失去原有香味；太溫，不該有的苦澀味道就會出現。冰到攝氏十度左右，啤酒的芳香才會充分揮發，而從冰箱取出來後，宜放置約一刻鐘才喝最為爽口。啤酒中的二氧化碳使啤酒充滿活力，因此，在倒出酒汁時會出現厚厚的一層泡沫。倒啤酒時不宜太慢，若太慢，啤酒內的二氧化碳全部進入杯底，泡沫就少；若太快，泡沫容易溢出。喝啤酒時要連泡沫和酒汁一起喝，如果等泡沫化了才喝，口感就會全失。

啤酒的妙用

啤酒在食物的調味方面占重要地位：烹調菜肴時，傾入少許啤酒，會更香醇可口；把啤酒摻入麵粉中調和，然後用油煎成甜餅，其味鮮美；煮魚時，如果先用啤酒將魚浸潤，可除腥味，且可使魚肉變嫩；辛辣的咖哩、辣椒，唯有啤酒的清冽可以消除其中的燥氣。

此外，啤酒也可用來燉牛肉。世界名菜之一——荷蘭燉肉，就是啤酒燉成的。瑞士人把牛奶和啤酒調麵包，作成點心。

在丹麥的菜單裡，還有一種叫「啤酒湯」，也是用啤酒為主要材料燒成的。在這一方面，以「吃道」著稱的中國人，猶遜一籌。

洗髮後用啤酒潤絲，能使髮絲柔軟光潔，防止發癢及頭皮屑生出；淺啤酒噴在頭髮上燙乾，可使髮絲緊貼；用啤酒洗頭，能促進頭髮生機，使髮絲柔和。

古埃及的女性，以啤酒的泡沫當作美容的材料。她們認為，啤酒泡沫是最佳的化妝水。

啤酒也是花卉的好肥料，將啤酒澆在花盆內，能使花卉長得更為茂盛。

玻璃器皿汙髒，用啤酒少許潤溼後再加擦拭，會使玻璃光澤無比。

多彩多姿的啤酒杯

啤酒杯的種類，琳瑯滿目，名目繁多。

歐美人士，尤其是德國人，不但酷愛啤酒，連對啤酒杯也十分講究。雖形狀各異，大小有別，但是有一個共同的特點：即使是最小的啤酒杯，也比其他任何飲料的杯子大。

在德、法、英、荷、比等歐洲國家酒館裡，常可發現一種形狀和大小都像一只「長統靴」的啤酒杯，如果盛滿，容量可達三公升。這應是「啤酒王國」的「啤酒杯之王」。捧著這種啤酒杯喝啤酒的人，即使沒有「洋」量，也必有「海」量。

過去，這種靴形啤酒杯，在歐洲各國好勝逞強的大學生行列中最為流行；現在不少酒館也備有這種用以較「量」的大型啤酒杯。

啤酒杯與其他酒杯不同的另一特點是，啤酒杯不只是玻璃的，也有陶瓷的、木雕的，還有象牙的、錫鑄的、銅鑄的，並有「金杯」、「銀杯」之類等，容量大，做工細。

啤酒杯上的畫更是優美奇特，藝術家在啤酒杯上繪上有代表性的圖畫，可謂獨樹一格。有歷史名人的肖像，也有各種鳥獸的彩畫；有雅緻的風景，也有絢麗的花卉。這種啤酒杯，不只是酒館才有，各觀光區紀念品店的櫥窗裡都有陳列，是觀光客旅行途中所要收購的對象。在許多風景遊覽區，到處可以見到出售啤酒杯的攤子，足見啤酒杯處處受人歡迎與喜愛。

時至二十世紀末葉，啤酒杯更成了一種與「集郵」、「蒐集錢幣」等相提並論的收藏家蒐集的目標。在德、法、英、荷四國，已有「啤酒杯愛好者俱樂部」的設立，會員都是「啤酒迷」，自不待言。他們經常輪流舉辦「啤酒杯展示會」，其所展示的啤酒杯，世界各地古往今來，應有盡有。有一對德國會員夫婦在波昂所舉辦的展示會上，展出歷代大小不同的各式啤酒杯共三千多個，美不勝收，吸引了成千上萬的「啤酒迷」前往觀賞。其中最獨特的一個是法國在十七世紀帝王時代，流傳一只用人類骷髏頭骨鑲珍珠的啤酒杯，這多少有點駭人聽聞吧。

世界啤酒漫談

德國是啤酒的故鄉

日耳曼民族被公認為是最嗜啤酒的民族。他們嗜酒如命，飲啤酒如喝水。他們經常在酒館排隊買啤酒，一次動輒數公升，習以為常。

從前西德平均每人每年飲啤酒一百五十五公升，是歐洲共同市場國家中飲啤酒最多的國家，每年耗費在飲啤酒上的錢，多達兩百億馬克。德國人體內的水分大多取諸於啤酒。他們到了中年以後，大都腹部凸出，腰圍粗大，與啤酒的滋養不無關連。

德國是啤酒的故鄉。十二世紀時，德國啤酒首先正式採用蛇麻花釀造，令人喝起來有清爽的苦味和芬芳的快感後，啤酒的地位開始被全世界各地嗜酒人士所肯定。

巴伐利亞是全世界最密集的啤酒產地

德國南部的巴伐利亞省是全世界最大最密集的啤酒產地，人口一千四百萬，共擁有九百三十一家啤酒釀造廠，占全德國啤酒釀造廠總數的三分之一。

法國地理學家寇萊曼對巴伐利亞省啤酒深表讚美，他的名言是：「在巴伐利亞，啤酒構成自然界水、土、氣、火四大要素之外的第五要素。」傳統的巴伐利亞「祝酒詞」是「旨哉斯酒」。

巴伐利亞既然產如此多的啤酒，便重視啤酒，更領頭飲啤酒。巴伐利亞人稱他們當地所產的啤酒為「巴伐利亞之乳」。他們覺得，一杯巴伐利亞啤酒上面如果沒有蓋著一層酒沫，是非常「失面子」的事。

在巴伐利亞省，每年有兩個啤酒節，「烈啤酒節」的節慶在三月，「黑啤酒節」的節慶在五月。每逢啤酒節慶之前，所有啤酒館都有一個共同的傳統：為常客預定座位，生客須耐心等待，俟有人離座後才能有輪到的機會。

慕尼黑的傳統啤酒館

慕尼黑是「啤酒國」德國的「啤酒之都」，是巴伐利亞省的最大城市，也是巴伐利亞省的政府所在地，位於巴伐利亞省的中央平原，距柏林西面三百一十哩，是南北歐的匯合地。

整個慕尼黑市區，充滿了各式古老建築與揉合色彩的美感。

慕尼黑的建築，有古羅馬式、拜占廷式、歌德式與日耳曼式等，其所共同顯現出來的是多樣文化綜合的均勻協調感。日耳曼式的屋宇，屋頂陡斜，牆壁用鵝卵石砌成，在中央開著古色斑駁的拱門。慕尼黑建市迄今已八百多年，各種名勝古蹟保持完好。一九七二年的奧運會更提高了慕尼黑在世人心目中的形象——固若金湯的堡壘，美雅精緻的別墅，莊嚴雄偉的教堂，身著中古時代服裝及長統皮靴、面色紅潤、精神抖擻的巴伐利亞人。每一年赴慕尼黑觀光的外國遊客如過江之鯽，多達三百萬人以上，超過慕尼黑市原有人口的兩倍。

世界上差不多每個國家都有啤酒釀造廠、啤酒窖、啤酒館，但若與慕尼黑較量，容或是舉目馳名的佼佼者，也得略遜一籌。慕尼黑每家啤酒館都有其獨特的風格。

在慕尼黑市政廳左後方朝東北方不遠處，是慕尼黑全市最大的「啤酒花園」——霍夫布勞啤酒館（Hofbraeuhaus）。它的東面是伊莎河（Isar），這條河把慕尼黑市從中分成兩半。這家花園式庭院周圍一片寧靜，但位於庭院中央的啤酒館卻是喧囂無比。

霍夫布勞啤酒館占地廣袤，氣派雄偉。它自一五八九年開始營業迄今，歷久不衰。館內酒廊長達七十五米，壁上畫是美輪美奐、鑲著藍色的直櫺玻璃窗。酒廊上陳列著數百張桌子和兩千兩百個座位，酒肆櫃檯上啤酒杯無數，容量一公升的啤酒杯隨處可見。啤酒館中央有一支六人銅管樂隊，日夜不斷輪流演奏著活潑輕鬆的傳統曲調；「啤酒女郎」穿著整潔的藍白格子布圍裙，托著冒泡沫的啤酒杯，嬝娜多姿地穿梭其間，從她們柔嫩纖細的玉手賣出的啤酒，每天多達六千公升以上。每一顧客，入座既定，動輒豪飲數公升，每次只飲一公升的啤酒客為數極少。

如果單以座位的數目而論，慕尼黑座位最多的啤酒館首推「洛雲堡」啤酒窖，共有三千五百個座位，比最大的啤酒館還要多出一千三百個，但生意遠遜於霍夫布勞啤酒館。

慕尼黑另一家叫奧克斯汀納（Augustina）啤酒館，所在地早前原是一片墳場，後來才改建成啤酒館，花園及酒館規模都很大，不遜霍夫布勞啤酒館，只是沒有樂隊。

多彩多姿的慕尼黑「啤酒節」

德國人素以「嚴以律己」與「講求工作效率」著稱，但他們也有輕鬆的一面。以慕尼黑為例，每年有兩個盡情狂歡的節日：一個是三至四月的「狂歡節」(Fasching)，另一個則是九至十月的「啤酒節」(Oktober fest)。

「狂歡節」與巴西每年一度的「嘉年華會」有點類似，因是「異教」緣故，有時在三月舉行，亦或在四月才舉行。每逢此日，整個慕尼黑市人山人海，一片歡騰，渾然忘我，往往開懷暢飲至不知東方之既白，盡情陶醉。一旦酒醒，恍如隔世。

「啤酒節」於每年九月中開始，一連十六天。此際時令，人人提著既粗又大的「克魯格」(Krug)傳統啤酒杯，夜夜高歌痛飲，通宵達旦，不知今夕是何夕。

即使在慕尼黑市郊，也是熱鬧非凡，無分男女老幼，都坐在栗子樹下，一面啃著香腸、烤雞、豬腳、麵包，一面飲著冷冽清脆的啤酒。街頭巷尾、車站、地下鐵，處處可以見到躺臥酣睡的醉漢。

「啤酒節」的正式揭幕，是在每年九月第三個禮拜六的中午十二時整。儀式簡單而隆重，按傳統方式進行，先放十二響禮炮，然後由主持典禮的慕尼黑市長打開第一桶啤酒的木桶蓋，典禮即告完成。

當揭幕式舉行之前，在禮臺的四周，即已擺滿了上千的啤酒攤位，成千上萬的啤酒客團團圍坐，以興奮和狂熱的心情，期待這每年一度的歡樂時刻。

典禮甫告完成，市長尚未來得及步下禮臺，佇立在旁、亭亭玉立穿著德國傳統服飾的「啤酒女郎」隨即以輕盈的步伐，將預先準備好容量達一公升的單耳大杯新鮮啤酒，川流不息地送到每一位啤酒客的面前。當這些「啤酒女郎」穿梭在啤酒客之間時，每一女郎左右手各執四至五大杯啤酒，以箭步穿插往返，恍如特技表演，其手力之大，令人嘆為觀止。

每年有數以百萬的人參加啤酒節的狂飲。以一九九七年為例，參加的人數，共達六百六十萬人，總共喝掉了五百萬公升的啤酒，吃掉了約一百萬根臘腸、七十萬份炸雞、十萬隻豬腳、四十隻鹿、六十條牛。為了迎接這個狂歡的節慶，藉此大量「推陳出新」，慕尼黑市政府營利機構及民間，尤其是各大聞名的啤酒釀造廠，每必準備經年。

慕尼黑「啤酒節」肇始於一八一〇年，當年十月十日，巴伐利亞諸侯的太子儲君路德維格（Ludwing）親王與鄰邦薩克森．希爾德堡豪森的黛麗莎（Theres）公主成親，由宮廷發起民間飲酒狂歡慶祝。慕尼黑人為了紀念這場空前盛大的皇家與民間共歡的婚宴，從那時候起，一直沿襲這個慶典迄今，近兩百年來，中間只有因戰爭及疾病因素曾停辦過二十四次，二〇〇二年是第一百六十九次舉行啤酒節。

德國以啤酒聞名於世，生意人為了促銷啤酒，演變成為一年一度的「啤酒節」；更為了保持濃厚德國色彩之民俗，吸引外地遊客，擴展觀光企業，增加稅收，受到政府及社會各界的一致重視，慶祝活動日益擴大，諸如樂隊演奏、德國傳統音樂欣賞、雜技表演、歌劇、舞蹈等，五花八門，無奇不有，都列為慶祝活動的基本節目，全為招徠遊客。

澳洲啤酒消耗量居世界第二

澳洲地區啤酒的消耗量，在全世界排名僅次於德國，位居第二。

澳洲最早於十七世紀為荷蘭人所發現，一七八七年英海軍艦長菲力浦（Arthur Philip）率領第一艦隊，正式以英王喬治三世之名登陸澳洲，並將其納入英國殖民地版圖，用作惡性重大罪犯放逐隔離之所，這些罪犯與世隔離，生活枯燥無味，自己釀酒狂飲澆愁。他們就是澳洲最早的「移民」，也是今日澳洲人的祖先。十九世紀，澳洲人口增多，共成立六個英殖民地，分別成立自治政府。一九〇一年一月一日，該六個殖民地聯合組成聯邦政府，至一九八六年，人口達一千六百零三萬，但他們最怕有人問到或提到他們借酒澆愁渡日的罪犯祖先。

澳洲人在傳統上就是嗜酒的民族，尤其喜歡喝啤酒。澳洲有三B：Beer、Beach、Barbecue。海島國家海岸線長、海灘多，陽光充足，遍處綠草如茵，最適於戶外活動、啤酒與烤肉，在這種場合，也就相得益彰，尤以啤酒為然。他們在細緻柔軟的沙灘上，面對「上空」的美女，免不了啤酒增加情調；吃烤肉須有啤酒去除油腥味；各種球類運動或慢跑運動少不了啤酒解渴與滋潤筋骨；在餐館，酒比菜更受重視；在酒吧、夜總會，每逢周末，裡裡外外，三五成群，坐著站著「純喝酒」，非到酩酊大醉，才肯搖頭晃腦離開酒廊，走不了幾步，又橫躺在遍地酒瓶的街頭。

美國啤酒釀造廠規模龐大

當美國於一九三三年解除禁酒時，美國人一窩蜂釀造啤酒，全美國啤酒釀造廠總數達七百家，至一九七七年，只剩下四十五家，但規模擴大。至一九八五年，全美國五家包括安休塞—布希（Anheuser-Bush）、瑞力茲（Schitz）、培勃斯特（Pabst）、庫爾斯（Coors）、美樂（Miller）最大的啤酒廠，所產的啤酒占據全美國百分之八十五的啤酒市場。

美國人自一九八〇年以來，從「啤酒所含熱量低」的這一觀念，傾向於以啤酒取代烈酒，並進一步趨向於飲「淡啤酒」。這一新觀念給啤酒業帶來新的生意，也造成了新的困擾，像美樂、瑞力茲、安休塞—布希，這一類首屈一指的大牌啤酒釀造廠，也要低聲下氣地極力去爭取「淡啤酒」市場。因為競爭激烈，加上生產成本高，使利潤降得很低。

美樂啤酒

美國現行最暢銷的啤酒大多為德國移民所經營釀造。

宓爾瓦基地處美國北方，是威斯康辛最大城市，居民絕大多數為德裔和北歐後裔，具有條頓族喝啤酒的天性。啤酒業來自遺傳，宓爾瓦基原本是一個產牛奶的小鎮，如今成為美國最大啤酒城，供應全美國百分之五十的啤酒。該市因以啤酒聞名，故職業棒球隊隊長和投手也大多是啤酒釀造人（brewer）。在宓爾瓦基喝啤酒，多以「杯中可以撐船」的巨型大杯（Pitcher）為容器，非海量者無法消受。

早在十九世紀中葉，年輕的德國釀酒師福特玉．美樂帶著卓越的釀酒技術和滿腔熱忱，要在新大陸開拓啤酒的新市場。他於一八五五年，以八千美元的代價收購了宓爾瓦基（Milkaukee）一家行將倒閉的啤酒釀造廠，改用自己的名字作商標，專門生產高品質的啤酒，深受顧客愛戴，從此「美樂」（Miller）牌啤酒，脫胎換骨，銷售量扶搖直上。

美樂啤酒釀造廠的出品行銷五大洲，其成功的要訣是美樂自己多年來一直奉行的座右銘——「永遠保持品質第一」。在過去一百多年悠久歷史中，美樂啤酒釀造廠嚴格地遵守創始人所定下的這一格言。迄今為止，美樂啤酒釀造廠已經發展成為全球第二大啤酒釀造廠，年產四千萬桶啤酒，其牌子包括「美樂」、「路雲堡」及「力特」（Lite）等。

美樂啤酒，酒質醇厚，入口清爽，有賴於嚴格的品質管制。在全美國六個釀造廠內，單就從事品質管制的人員就超過六百人，品管的項目，多達一百五十餘項，從檢驗水質、品嘗酒味到食品化學分解，包羅無遺，其認真之程度，可見一斑。

美樂啤酒釀造廠經長年研究，設計了一套完整的摘採蛇麻花的程序，並已向美政府登記取得專利。在這套完整過程中，可以完全遴選蛇麻花中有釀造啤酒功能的部分，將其他部分完全捨棄，如此可使啤酒品質穩定，不因受陽光照射而變質。

美樂啤酒釀造廠現已歸併入莫利斯菸草公司，因此，美樂啤酒有了龐大而健全的推銷網，更可以暢銷於全美國及世界各地。

瑞年啤酒

赴美國西雅圖觀光，飛機在西雅圖南端與塔科瑪市交界處之西塔克機場降落後，循第五號高速公路朝加拿大方向車行十五哩，在離西雅圖市鬧區約兩哩之處，即可遠遠望見一座建築物上豎著一個彤紅色的「R」字，那是美國「瑞年」（Rainer）啤酒的商標，也是瑞年啤酒釀造廠的所在地。

瑞年啤酒釀造廠係於一八七八年由一位德國移民韓黎奇（Andrew Hemrich）所創，一個多世紀以來蓬勃發展，風行美國西北部，銷售量首屈一指，深受美國社會大眾所喜愛。

一九七七年，瑞年啤酒釀造廠與畢爾曼啤酒釀造廠（Beileman Brewing Co）合併，即成為全美國第四大的啤酒釀造廠。在創辦初期，年產量僅為二百桶，每桶容量三十一加侖，在與畢爾曼啤酒釀造廠合併後，至一九八一年，瑞年啤酒釀造廠年產量達二百萬桶。

釀造瑞年啤酒的主要原料是大麥芽和啤酒花；副原料為白米、玉蜀黍和糖漿，視不同之季節及時令而定。

在一九二〇年代前，只有玻璃瓶裝，一大一小，以後才有罐裝。瓶、罐上標籤印著華盛頓州山嶺常年積雪有如日本富士山的瑞年峰（Mount Rainer）。

瑞年啤酒釀造廠全廠完全機械化、自動化。瑞年啤酒之得以暢銷，在於品質管制能做到味淡而香，分量非常精確，故酒質始終維持穩定。

其他品牌啤酒

美國尚有其他品牌的啤酒，如「奧林匹克」牌、「站人」牌及「太陽」牌等。

「奧林匹克」啤酒釀造廠也在西雅圖以南，規模也很大。瓶、罐標籤上印有標語「It is the water」。這句標語很傳神，譯成中文，應該是「是由於水質好。」

此外，美國尚有一種沒有品牌的啤酒，美國人稱它為「Generic Beer」。這種啤酒的瓶罐上沒有任何圖樣、色彩、廣告文字，除了有一個又粗又大的「Beer」英文字外，一片空白。因此也有人稱它是「啤酒」牌啤酒。

美國商人最懂得「出奇致勝」之道，美國此一無品牌啤酒的問世，是一種創新，也是一種反動。它的用意是告訴啤酒客，他們這種啤酒所講求的是「品質」、「價廉物美」，而非品牌或廣告；為了達到「價廉物美」的目標，捨棄裝潢、廣告，完全以「真材實料」的姿態，赤裸裸地與顧客相見。

其實，不用品牌的本身就是一種更能招徠顧客的奇招，如美國波士頓「茶葉船」附近碼頭，有一家眾人皆知以海鮮聞名的「No name」餐館。這家捨棄招牌只求「珍味」的海鮮館，曾有歷代及當代不少名人如艾森豪・雷根總統等光顧，餐館大廳入口處貼滿了許多名人前後在那裡用餐的照片和報紙的剪貼，這種「實事求是」的作法本身就是最好的廣告。

但美國這種無品牌的啤酒而言，正因為節省了不少廣告費及裝潢色彩等設計製作費，售價也就特別便宜，僅及其他名牌啤酒售價的百分之五十，而其品質之佳，確是「有口皆碑」，而為所有顧客一致公認。因此，這種無品牌的啤酒，自一九七九年十一月開始上市之後，迅即成為市場上「競相購飲」的熱門商品，聲譽與日俱增，開創及經營這種無品牌啤酒的華盛頓州西雅圖「大眾釀造公司」也因此一本萬利，財源滾滾而來，大發利市。可惜這家釀造廠資本並非雄厚，產品僅在美國西部六州推銷，生產力有限而擴展困難，是主要原因。

海峽兩岸的啤酒

中國大陸的啤酒風

個人僅知中國大陸在中共統治下，吸菸風氣特熾，殊不知喝酒風氣亦盛。

中國大陸的啤酒生產量，一九八七年達五百多萬噸，較一九八六年增加百分之二十五，高居世界第六位。據馬拉威《時代日報》（Daily Times）一九八八年一月五日引據一九八八年一月三日出版的《中國日報》的商業週刊（Business Weekly）報導稱：浙江省農民，由於大量種植大麥釀造啤酒，因而造成糧食不足的危機。糧食專家呼籲抑制啤酒生產並警告說：「全中國糧食已不敷供應，大幅釀造啤酒的結果，將發生糧荒。」中共畢竟不同於西方國家，而把啤酒當作是「液體麵包」。

另一方面，由於大陸各地啤酒業大幅擴展的結果，啤酒原料中麥芽與蛇麻花以外的其他原料，如白米及玉蜀黍等雜糧摻雜過多，啤酒品質變劣。

青島啤酒

中國大陸啤酒外銷，以「青島啤酒」占大宗。一九七〇年代末期，美國流行「中國熱」，

「青島啤酒」一度在美國暢銷。在全美國四百多種進口啤酒中，「青島啤酒」占第十九位。在一九八一年至一九八三年，仍持續出現高紀錄。筆者於一九七七年至一九八三年，在美國各地訪問，從東到西，從南到北，包括偏遠的阿拉斯加州，絕大多數餐館、旅館及食品雜貨店，都有「青島啤酒」出售。

一八九七年，德軍藉口一名德國教士被中國人殺害，占據黃海岸邊的青島，至一九〇三年，德國人把德國啤酒釀造技術引進中國，他們在青島設立並經營啤酒釀造廠。受僱在廠內工作的中國員工，從中學會了釀造德國啤酒的技術。德國人撤走後，中國人保留了啤酒釀造廠，繼續生產啤酒。

「青島啤酒」所用的水，是取自距「青島啤酒釀造廠」所在地青島市二十哩外市郊嶗山礦泉晶瑩的泉水；而「青島啤酒」的主要原料也是大麥芽、白米及蛇麻花，其釀造方法則完全是德國傳統的古方，故能進軍國際市場。

「青島啤酒」理所當然是整個中國大陸所釀造的品質最佳的啤酒。據一九八三年六月十一日西雅圖《西華報》報導：自一九四九年至一九八二年，「青島啤酒」的產量增加四十倍。產品中百分之七十外銷，最大的市場是美國，由「帝王酒公司」承銷全美。

為了符合美國標準，「帝王酒公司」向「青島啤酒釀造廠」提出三項改良方案：㈠更換標籤；㈡以新科技方法，將啤酒加壓；㈢酒瓶內盛酒之高度做到完全一致，「青島啤酒釀造廠」一一照辦。

臺灣啤酒

臺灣地區每年啤酒消耗量，在五千萬打以上，除進口啤酒外，臺灣菸酒股份有限公司每年生產啤酒四百多萬公石。「臺灣啤酒」在世界各國享有盛譽，除了德國慕尼黑所產的「德國啤酒」能構成威脅外，其他洋啤酒都不能與「臺灣啤酒」匹敵。

「臺灣啤酒」享譽國際，主要在於配方與釀造法採「德國模式」，另酌摻蓬萊米。

在一九八〇年代中期前，美國各地餐飲、旅館業，是「青島啤酒」的天下，但在一九八〇年代中期後，「臺灣啤酒」幾乎取代了「青島啤酒」的地位。

綜合美國社會大眾對「臺灣啤酒」的評語是：「它就是味道好。它的味道不太濃，也不太淡，嘗它一口，你便會覺得齒頰香醇，整個人清醒起來。它輕柔地涼潤你的喉嚨，喝下它後你仍會感到那清冽的液體從喉管滑下去的快意。它不像其他啤酒，會令你有那種『飽腹』的感覺。」

「臺灣啤酒」於一九七七年，在香港亞洲《華爾街日報》所舉辦的「亞澳地區啤酒品評會」中，僅次於新加坡「虎牌啤酒」的二十三分，以二十二分獲得第二名的優勝。較中國大陸老牌的「青島啤酒」尤超過十分，「青島啤酒」只得了十二分。同時更遠超過日本、南韓、香港、菲律賓等地所釀造的名牌啤酒。此項品評會所標榜的滿分是二十八分，其品評之嚴格可想而知。

就在一九七七年同一年，美國《新西方》（New West）雜誌社在加利福尼亞州舉辦「啤酒品評會」，共有二十三種品牌的啤酒參加，「臺灣啤酒」再度嶄露頭角，獲得「優等獎」。

一九七八年，「臺灣啤酒」參加「世界評選會」所舉辦的「第十七屆啤酒及無酒精飲料評選會」，評選結果，瓶裝的「臺灣啤酒」獲最高評價，贏得金質獎章一枚及獎狀一紙，罐裝「臺灣啤酒」獲銀質獎章一枚及獎狀一紙，此為「臺灣啤酒」第三次獲獎。

啤酒學校

時至今日，啤酒釀造已成了一門高深的專門學問，歐美國家已有「啤酒大學」或「啤酒科系」的設立。

德國巴伐利亞農業啤酒大學

德國的巴伐利亞人為了傳授正確的啤酒傳統釀造法，世代相傳且不致走樣起見，特別在全世界釀造啤酒歷史最悠久的菲安斯托芬修道院原址的啤酒廠，創設了一所專門教學釀造啤酒的「農業啤酒大學」，單就「啤酒釀造系」的學生人數而言，便有三千人，他們來自世界各地，如巴西、日本及荷蘭等，須修習四年半課程，待考試及格後可獲「釀造技術碩士」學位。

這所大學有它自己專作研究用的「實驗啤酒廠」，實驗課程主要部分規定學生必須釀造自己獨立研製的「碩士啤酒」，由專家評審，按「酒沫持續久暫」（通常至少五分鐘）、均勻度、濃度和苦澀味成分等分別評分。全球各地啤酒廠也都送「樣品」來這家「實驗啤酒廠」化驗分析，而這家「實驗啤酒廠」研究分析工作尤其深入。據這所大學的「實驗啤酒廠」研究分析發現，一杯啤酒含有數百種氣味和味道的混合體，而另一方面，利用氣體色層分離法，可以把一種啤酒分析到百億分之一的單位。

柏林大學啤酒系

德國柏林大學有「啤酒系」，由來已久，有「海量」的人才能錄取，而喝酒成了他們的功課，每天花數小時，六人一組到酒廠一起品嘗已裝桶的啤酒是否合乎標準，如果合乎標準，就簽字加封。其修學三年畢業，可獲「釀酒師」頭銜。系內附設有啤酒廠，其所釀造的啤酒，深獲啤酒鑑賞專家的好評。

基於這許多因素，世界各地的學生，來此學習釀造啤酒技能的甚多。

柏林大學學生俱樂部經常刻意訓練新會員喝啤酒，直至能在一個晚上喝完兩加侖啤酒，才能成為正式會員。

美國加州大學戴維斯分校啤酒系及研究所

加州大學戴維斯分校是全美國各大專院校中唯一設「啤酒釀造學系」及「啤酒研究所」的大學。它在一八七〇年代設立這門科系，迄今已有數十年的歷史。

選修加大啤酒釀造學系的學生，嚴格限制須修滿生物學、微生物學及其他相關課程，並經審查合格。每年秋季開課，須先修滿基本「酒」課及格後，才能繼續念下一學期的實驗課。合格後頒發碩士學位。

加大戴維斯分校並設有「啤酒實驗所」，係由此一分校極負盛名的農學院所屬「食品科學系」負責管理。實驗所牆上貼滿了每種啤酒的海報，地板上擺滿了釀造啤酒的各式機器與產品，琳瑯滿目，儼然是一個小型的「啤酒國」。

學生們在進入實驗階段後，首先從市面上所有出售的各式啤酒中選出二十種，分別化驗分析後開始創造他們自己的啤酒產品。他們可以自己嘗試釀造類似德國風味的黑啤酒，也可以試釀一種低碳化合物的酒，但必須有創意和創新，絕對不可心存「抄襲」或「仿冒」。

此外，加大戴維斯分校大學部另設有「葡萄生產與釀造技術學系」，它與啤酒學系是孿生兄弟，同樣開創於一八七〇年代，是美國大學類似學系中歷史最悠久而且設施最完備的。

這一學系擁有葡萄園一百五十英畝，由十四位教授擔任教課與實驗指揮，學生名額限定為一百五十五人，必須修完物理、化學及工程方面的課程並經審查合格後，方准註冊入學。

此外，這一學系擁有一座巨大的地下酒窖，在這酒窖中，收藏約九萬五千瓶學生所試釀的酒，都是放在酒窖裡慢慢變陳，並等待評審。這個酒窖所有的酒，在經過一個由啤酒學系教授所組成的「評審小組」品嘗後，必須一律銷毀，不可供人飲用或在市面銷售。

加大戴維斯分校也設有一門「酒類品嘗」課程，用科學的方法，評鑑酒的品味，包括使用電腦分析及以數學方式評析酒的味道，用以匡正及輔助古老傳統品酒方法的不足，與美國其他三百所大學所排的「酒類鑑賞」課程迥然不同。而學生在選修「酒類品嘗」課程之前，必須先修完「葡萄汁與酒類分析」及「酒類製造」課程，經審查合格才准註冊。

從加大戴維斯分校啤酒學系或啤酒研究所畢業的學生，無論學位高低，都是全世界各大啤酒公司爭相聘用的「啤酒專家」，前途似錦，通常年薪最高達三萬多美元。啤酒公司希望他們以其所學發揮潛能，突破傳統，發明釀造啤酒的新原料、新公式，使品質徹底改良，而成為極品啤酒。

研修「啤酒課」的學生之中，有些一心一意計畫在釀酒工業方面開拓自己的事業，另外一些則是只在找個兼差，但終都成了「天之驕子」，尚未畢業，就有公司來校約聘。

臺灣菸酒股份有限公司為了使臺灣啤酒品質更為精良、可口，並提高生產效率，經常遴派啤酒釀造技師前往這些歐美大學啤酒科系、研究所及實驗所，研究啤酒釀造新方法與新技術，並與這些大學經常保持密切聯繫。

世界啤酒趣聞

㈠啤酒的釀造方法，據說是巴比倫人所發明。最初為寺院僧侶的專利品，後來傳入埃及，隨著社會的演變，才逐漸發展成啤酒工商業。在地理大發現時代，航行時，飲水貯在船上久了會變鹹，啤酒便取代了飲水的地位。一六二二年，英國新教徒欲前往新大陸的維吉尼亞，終因啤酒貯量不敷飲用而中途折返，在英格蘭安頓。

㈡德國兩種出名的啤酒中，「救世主」這種啤酒的牌號，據說是德國古代巴伐利亞王賞賜的。當時巴伐利亞王后患了一場大病，歷經全國名醫診斷，服過全世界最名貴的藥品，諸屬罔效，正在奄奄一息靜待死神降臨之際，有一個僧侶聞悉此事，大膽闖入宮廷，要求晉見國王，奉獻「還生靈丹」。國王雖然一時未敢相信，但事已至此，就不妨一試，便囑大臣將那僧侶奉獻的「靈丹」接下。

王后服了僧侶的「靈丹」之後，果然非常靈驗，不久，王后恢復了健康。此一意外的喜訊，使國王分外高興，兩度召見那僧侶，予以重賞。為了紀念這種「靈藥」的功效，便賜名為「救世主」。

原來所謂的「還生靈丹」，就是今日的啤酒。現在推想起來，那位王后的病痛，顯然是因缺乏維生素B所引起，而啤酒所含這種養分非常豐富，怪不得如此靈驗了。

㈢凡屬德國慕尼黑的人，大都會嘗試去「啤酒公園」一逛。慕尼黑這些所謂「啤酒公園」，其實是在公園的栗子樹蔭下，放著無數張小木檯，顧客團團圍坐，一面飲清涼啤酒、一面閒聊，天南地北，海闊天空，頗似四川夏天在露天茶館擺「龍門陣」，又可一面欣賞公園內的樂隊演奏，非常寫意。

「啤酒公園」的栗子樹，枝葉非常茂盛，足以供顧客遮蔭。可是，慕尼黑人在栗子樹下飲啤酒的傳統溯源到尚未有冷凍設備之前，德國人習慣在栗子樹下挖地窖，將啤酒貯藏在地窖裡，使啤酒保持清涼可口，到了夏天，也就在栗子樹下就地取飲，久而久之，發展成了在栗子樹下開啤酒館的習俗。

㈣美國德克薩斯州有一家啤酒館，對前往光顧的顧客，按時間收費，而不是按所飲瓶數或杯數計帳。顧客進門買票時即選定時數買票入內，憑票在規定時間內盡其狂飲，不另收費。儘管「酒仙」多，一個個喝得滾瓜爛醉、東倒西歪離去，這家啤酒館仍大賺其錢，而且生意愈來愈好。

㈤美國威斯康辛州於一九八七年秋天舉辦一次喝啤酒比賽，自由報名，亦無條件限制。結果由一名法國人富列德獲得冠軍，他的體重達三百零八磅，他在三十四秒之內，將一加侖啤酒一飲而盡，面不改色。

㈥非洲有些國家的偏遠地區部落釀啤酒時，常遭象群來襲。象亦喜歡喝啤酒，且常能在數里之外嗅出釀造啤酒時所散發的啤酒氣味，而帶著全「家」大小成群結隊而來，在啤酒廠內亂闖，並將啤酒桶搗碎，用鼻子將啤酒注入口內，待有幾分醉意之後，便在原野嬉戲狂舞作樂。

(七)澳洲達爾文港一家啤酒廠的酒窖裡，窖藏有無數八加侖十桶裝啤酒。某日發現其中放置最久的一桶被白蟻蛀空，散發出強烈的啤酒氣味，經走近檢視，桶內只剩下大堆粉屑，始知啤酒已被大群白蟻喝光。啤酒釀造專家很想在桶旁找些「醉蟻」帶回進行研究，卻因時日已久，這些白蟻「飲客」在啤酒喝罄後已不見蹤影。

(八)美國洛杉磯好萊塢有位叫「哈格．約翰生」影星，平時的嗜好是蒐集啤酒招牌紙，至一九八八年三月，已蒐集了三千多種，但他自己對啤酒只是「嘗試過」，並不熱衷，他表示對啤酒本身缺乏興趣的原因是不喜歡啤酒中「蛇麻花」的苦澀。

(九)在一九五〇年代，澳洲南威爾斯有位名叫馬康．莫溫利的人，用一年的時間，在露營地附近拾取九千多個啤酒瓶，堆積成一座小山，原本是要運出販售，得款後捐給慈善機構當作救濟金，但未料到運費太貴，得不償失，便用這些啤酒瓶在露營地區就地砌造一道圍牆，花了三個月才完成。

莫溫利這道啤酒瓶圍牆，顯然是空前絕後的一道，因不久以後，罐裝啤酒問世，露營地區啤酒瓶已少見。

(十)回教國家禁酒，伊拉克人卻是酷愛喝啤酒的回教民族。在伊國歷史上，美索不達米亞平原的閃族人，曾因禁止喝啤酒而引發暴亂，傷亡枕藉。伊國漢摩拉比大帝是世界法典的鼻祖，他在釐訂《漢摩拉比法典》的同時，訂下二百八十二條啤酒釀造和銷售法規。伊拉克是世界最早實施類公費制度的國家，也是啤酒消費量最大國家之一。有人詭稱，聯合國對伊拉克制裁最有效的方法，莫過於禁止伊拉克進口啤酒，因伊拉克每年自歐洲各國及澳洲進口大量啤酒。

高雅別緻的香檳酒

上流社會的點綴品

香檳酒（Champagne）是以白葡萄為原料釀造的有氣體的酒，呈褐黃色、淡綠色或琥珀色，富有獨特的香味，酒精含量通常為百分之十，所含糖分比其他酒類多，約為百分之七至百分之十二，純香檳酒糖分則為百分之三，酸分含量通常為百分之〇・五。另一種用紫葡萄做原料，用同樣方法釀造而有氣體的酒叫「勃根地」（Burgundy），以法國東南部盛產這種酒的勃根地市得名。這種酒也是泡沫酒（Sparkling Wine），在拔酒瓶的軟木塞時都會冒出泡沫，在國際亦享盛譽，但不及香檳酒。

在各種慶典，如國慶、授勳、慶功、結婚、祝壽、新船下水、客貨航空機命名等，都少不了香檳。情侶談愛喝香檳，也有人用它當開胃酒、餐中酒或餐後酒。

香檳酒在開瓶時那清脆的「砰」的一聲，像一門大砲的砲聲那麼宏亮悅耳，使帶有期待的賓客的心都隨即飛躍。有人認為開香檳酒是一種享受，令人懷念。但時下開香檳酒講究「開瓶禮儀」，避免開瓶出聲帶來騷擾。十七世紀時，聖保羅教堂司祭長東培里尼神父發明以玻璃瓶盛酒，瓶口封以軟木塞，能長久保存酒香，尤其是香檳酒的氣泡。

香檳酒開瓶後，酒香隨氣泡上冒，整個場所立即洋溢著香醇的氣氛與賓客們滿懷的喜悅。

香檳酒在吉日良辰、豪華晚宴上稱得上是「天之驕子」，與宴的達官貴人、紳士淑女，笑容可鞠，捧著一只盛滿玉液瓊漿的高腳杯，互相交談，氣氛是何等高雅而融洽。在家庭非正式酒會或盛宴中，香檳酒會使整個廳內充滿了溫馨，並增添無限的情趣與光彩。

香檳酒在窖藏過程中，由於其中所含的糖分與酒精逐漸醱酵，產生二氧化碳，故開始飲用時，會有泡泡出現，這種泡泡必須是愈細愈佳，稍稍搖晃，便可清晰看出泡泡猶似一縷細絲裊裊上昇，更充分顯現出這種微甜酸佳釀的勁道。

但香檳中也有一種無泡香檳，英文叫「Still Champagne」，也算是正統的香檳，只是並不十分流行。法國人對其他國家仿製、打入碳酸氣而像汽水般的香檳是最看不起的。

香檳酒為法國人賺取不少外匯，占所有外銷酒類所得六分之一強，法國政府為了保持法國香檳的信譽，釀酒法規特別明文規定，只有巴黎東部的三個城市——愛伊（Ay）、倫斯（Rsims）、伊帕勒（Epernay）才准種植釀造香檳酒的葡萄，這三個地區用這種特別的葡萄品種釀造的氣泡酒，才有資格稱為香檳。

這三個城鎮出產香檳酒的歷史悠久，由於經年累月不斷研究，有獨特的釀造方法，其所釀香檳酒品質高超，為其他任何地區所不及亦無法仿造，「香檳省」（Champagne Province）所釀造之美酒馳名天下。

法國香檳酒在法國港口裝船的實際價格甚低，只有法國以外地區約市面價格三分之一至十分之一。香檳酒一旦裝運離開法國，就像脫韁之馬，價格猛升至三倍、十倍至十多倍不等，即使運到僅有一洋之隔的美國紐約也不例外。

香檳酒的偶然發現

西洋酒史說釀造香檳酒的方法，是十七世紀的一個法國天主教神父陶姆庇里隆（Brother Dom Perignon）在無意間發明。歐洲最普遍的說法是：香檳酒的發現，原來只是一項偶然，並非研究所得。

法國東部香檳省的氣候較其他地區寒冷，往往每年葡萄收成後釀造的葡萄酒，遲到年底還不能完全醱酵成熟，要到翌年春季才會再醱酵。正因為如此，在香檳省地區釀酒，都用臘封酒罈。

一六一八年，湊巧有一家釀酒廠，因臘已用罄，將餘下的一小部分酒罈改用糖封，當這批酒裝瓶運到市面不久，即被退了回來。退回的原因，是顧客一打開酒瓶蓋，酒即衝出，而且一直冒氣泡，認為酒質已發生變化，是顧客所不能接受的「劣酒」。

這家酒廠起初也覺得非常奇怪，他們事先並沒有預想到會有這種情形發生。為了生意，他們只好將這些「劣酒」收回，進行研究。研究又研究，驟然發現原來是部分固封酒罈用的糖由罈口滲入，使酒發生變化，成了另一種有氣體、不同酒質的酒。

有了這一偶然發現，這家酒廠將計就計，如法炮製，另釀一批，姑且以「香檳省」這個地區的名稱為酒名，以「新酒」的態勢舉辦品嘗會，請人品嘗，俾向各市場推銷。

經品酒專家品嘗後，發現品質非但不是「劣酒」，而且不同凡響。後來一位法國天主教神父費拉科詹恩（Brother Ferali Jean）發明用西班牙槲樹軟木作酒瓶塞後，使冒氣泡的香檳酒得以長期保存。一六六〇年代英國查理二世復辟，恢復王政的慶典所用的酒，就是這種香檳酒。

香檳酒之種類

出產香檳酒的國家很多，品牌亦不勝枚舉，通常可分為四類：

㈠標準香檳酒（Standard Champagne）。

㈡用白葡萄釀造的清淡香檳酒（Blanc de Blanc Champagne）。

㈢玫瑰香檳酒（Rose Champagne）。

㈣葡萄豐收年釀造的特級香檳酒（Vintage Champagne）。

釀造香檳酒的葡萄

法國的法律明文規定，只准在巴黎東部的「香檳省」區界內才可種植釀造香檳酒的葡萄。

釀造香檳酒的葡萄通常為上等的勃根地（Burgundy）葡萄，通常是紫葡萄（Piont Noir）與白葡萄（Pinot Blanc）混合，混用的比例可高達四比一。「Pinot Blanc」是一種上等白葡萄的名字。

這種釀造香檳酒的葡萄品質與色澤都特別受重視。紫葡萄如果過熟，就會有若干色素摻入成品中，故摘取及搬運時也要避免將葡萄顆粒碰破，以免過早醱酵而影響香檳酒釀成後的明澈色彩。由於紫葡萄皮本身含有色素，要使香檳酒釀成後了無雜色，頗為不易。

臺灣菸酒股份有限公司所釀的高瓶白葡萄酒，味道近似中級，瓶上標牌有「Pinot Blanc」字樣，即係標明用上等白葡萄釀成，這種白葡萄與同種紫葡萄（Pinot Noir）混合，即可釀成上等的香檳酒。

這種釀造香檳酒的葡萄榨汁共分三次完成：

㈠第一次所榨的汁約二分之一，專供釀造香檳酒用。榨汁後葡萄果肉中尚餘下約二分之一弱的汁。

㈡第二次榨汁取得的葡萄汁，則用來釀造次等的泡沫酒（Sparkling Wines）。

㈢第三次再榨所得的葡萄汁，則用來釀造普通葡萄酒（Vin Ordinaire）。

香檳酒的釀造特色與過程

釀造香檳酒與其他葡萄酒，在方法及處理過程上，其顯著的不同點，是在「泡沫」部分。使冒泡沫並非難事，僅須將酒在釀好後泡沫作用尚未完成前裝瓶，然後緊封瓶塞即可。然而以這種方法製造泡沫，雖然在拔軟木塞時會有泡沫衝出，所衝出的泡沫是混濁的，也就是這種含泡沫的酒中有雜物，不能像「Sparkling」這個字的涵義一樣清澈發光，故只能稱作「沸騰酒」或「冒泡酒」（Effervescing Wine），而不能稱它為「泡沫酒」（Sparkling Wine）。

泡沫酒的釀造，通常有三種方法：

(一)桶造法（Tank Method）。通常使用密封的塘瓷大鋼桶，裝盛已完成第一次醱酵的葡萄酒，並加糖及酵母，使再次醱酵，至大部分活動停頓後使其溫度降低、酵母下沉，然後將酒過濾裝瓶，而壓力不減，使它做一個月的再醱酵。以這種方法釀造的泡沫酒，酒質遜於香檳酒。

(二)注入法（Impregnation Method）。是將適當的葡萄酒冷卻後灌入適度的二氧化碳，當溫度降低時，氣體在液體內的溶解度亦隨之升高，故裝瓶時要保持冷卻，當開瓶時則室溫摻入，二氧化碳隨即變為氣泡逸出。由於二氧化碳在醇內比在水裡更易於溶解，故開瓶氣泡會迅速消失，此為注入法的缺點。

㈢香檳法（Method Champenoi'se），亦即「玻璃瓶裝法」，在玻璃瓶內繼續醱酵，這是最耗費也最繁雜的一種，真正的上等香檳酒都是用這種「香檳法」釀造。

用「香檳法」釀造的泡沫酒，因經過第二次醱酵，其所產生的二氧化碳，會與醇化合成焦性碳酸乙醇（Ethylpyrocarbonate）可使氣泡在一段相當長的時期內不斷上升。

香檳酒的釀造五步驟

㈠即初次醱酵，與釀造白葡萄酒的方法大致相同。只是要盡早將葡萄酒（Wine）與釀造過程中沉澱的渣滓（lees）分開，並經過加強澈清處理程序，使成為一種酸性較強但無泡無色、清澈可鑑的白葡萄酒。

㈡是再次醱酵，將經第一次醱酵後所釀成的酒液注入特別堅固的玻璃瓶內，加糖汁及經人工培養作用特強而不受高濃度碳酸影響的純質酵母，使存裝瓶後再產生醱酵作用，將所產生的氣體高壓用鐵絲繫緊的軟木瓶塞封在瓶口內端。

㈢是將裝瓶後的香檳酒放入地窖內，將地窖的溫度調整到華氏六十至六十五度。此時瓶內酵素將糖變成了醇，混合後的液體，再變成為「不甜葡萄酒」（Dry Wine）而含有最高可達每平方九十磅高壓力的二氧化碳氣體。這種高壓力，在早期香檳酒瓶不夠堅固的時代，在酒窖中工作的釀酒工人經常被炸破的香檳酒瓶玻璃刺傷。

㈣也是最艱難的一個步驟，是在醱酵即將結束而瓶內已含有好香檳酒和已死亡的酵母細胞時，將酒窖的溫度下降至華氏四十度，將所有已裝滿香檳的酒瓶微斜倒豎一個半月至兩個月，使瓶內已死亡的酵母細胞所形成的固體微粒徐徐向瓶頸下沉，而終告消失殆盡。此時，每天須有一位專家（remueur）在酒窖內，將每瓶酒倒持向左向右各略為旋轉一下，使傾斜度漸低。左右旋轉方向每天相差約為八分之一轉，至兩個月時，全部酒瓶垂直倒豎，瓶內固體雜質也就全部沉澱靠近在軟木塞的尾端。

這種酒瓶的移動，動作最為迅速，外行人很難辨別。但熟練的上乘專家平均每天可移動三萬瓶香檳酒。

㈤稱為「D'egorgement」，由另一種專家（d'egogenur）將酒瓶保持垂直倒持，一手將軟木塞拔出，使靠近軟木塞尾端的沉澱物在一剎那間流出，迅即用姆指將瓶口堵住，並靈巧地插入另一只軟木塞。這種專家通常須訓練五年以上才能勝任，因為如果動作太快，沉澱物不能流出；如果太慢，酒流出會過多。要恰如其分，極不容易。

正因為如此困難，有人發明一種新的方法，即將瓶頸靠近軟木塞處約一吋的酒凍結成冰。拔軟木塞時，含有沉澱物的冰塊適時跌落。此時，只要處理的專家動作明快就行。在這種情況下，香檳酒瓶通常並未灌滿，酒也甚至不含甜味（dry），須要加糖（dosage），加糖多寡，全視銷售地區顧客的愛好而定。

從以上所說的情形分析，一瓶香檳酒的釀造過程，即使以今日科學的昌明，至少也得經過一年半才能完成。釀成之後，又得再經過至少四至五年的窖藏，味道才會醇美——這就是香檳酒之所以高貴的原因。

香檳好壞看年分

法國香檳酒通常用比諾．洛娃、比諾．穆尼亞和夏托尼三種最佳稀有的葡萄釀成，其註有年分，好年分為「Vintage Champngne」，價格特高，非好年分為「Non Vintage Champagne」，表明這類香檳不是用特定年分的單一葡萄釀成，而是混合多種葡萄釀成，價格較低。法國香檳釀酒廠商評定一九二八、一九四七、一九五二、一九五三、一九五九、一九六四、一九六六和一九七〇年釀成的香檳為「金色年代極品」，另一九八一、一九八二、一九八三、一九八五、一九八六、一九八八、一九八九、一九九〇、一九九一、一九九二年分為最佳香檳。

香檳酒的杯子與啜飲法

香檳酒的杯子有兩種，一種是扁形的，另一種是長筒形的。有人喜歡用扁形的香檳酒杯：扁形杯的優點是香檳酒注入後泡沫消失較快，缺點是香味也隨著散發掉了。也有人喜歡用長形的香檳酒杯：長形杯的優點是香檳酒注入時能沖起細細的泡沫，孕出細緻的芬芳品味，因杯口小杯身長，嘴唇甫接觸到杯口，香味就迎著鼻子往上衝，令人有陶然薰醉之感，缺點是泡沫不易散發。這兩種香檳酒杯孰優孰劣，見仁見智，全憑各人所好，並無定論。但正式的香檳酒杯是細長型的。

開啟香檳酒軟木塞時要盡可能平穩，待瓶內氣體安定時，再將宛如夜空燦爛星光的玉液徐徐注入酒杯。

因香檳酒杯係長腳杯，故端著香檳酒杯時須托住杯底，喝香檳酒時不妨一面欣賞杯中源源上湧的泡沫，一面將酒杯略傾，讓香檳的玉液貼近你的唇邊稍停，讓香醇的氣味撲鼻，然後才啜一小口，含在舌尖，會有非常爽口的感覺。

出身低微的貴婦——蘇格蘭威士忌

威士忌（Whisky）這個字源自蘇格蘭高地的格里爾（Gaelil）土語，涵義是「生命之水」，它與法國白蘭地被稱為「生命之水」（Eau De Vie）不謀而合，殊途同歸。

威士忌老家是愛爾蘭

威士忌是用大麥釀造蒸餾而成的美酒，愛爾蘭人認為威士忌的發源地是愛爾蘭而非蘇格蘭。據愛爾蘭人的傳統說法，早在西元五〇〇年，愛爾蘭僧侶聖帕德克在教會的釀酒廠用蒸餾法釀成威士忌。一七二年，英王亨利二世遠征愛爾蘭時，首次在愛爾蘭嘗到威士忌，深表讚賞，除了立刻全部收購、分賞將士外，並諭旨推廣而傳到蘇格蘭，然後由西而東，至一四八五年薔薇戰爭時開始遍及英倫各地。

由於愛爾蘭是威士忌的老家，為使有所區別，凡在愛爾蘭出產的威士忌都標明為「愛爾蘭威士忌」（Irish Whiskey）；凡產自蘇格蘭的威士忌，都標明為「蘇格蘭威士忌」（Scotch Whisky）。

我們如能留心細看，會發現「蘇格蘭威士忌」所用威士忌英文與一般威士忌不同，中間少了一個「e」字，但讀法一樣。

蘇格蘭威士忌出身低微

蘇格蘭人認為「蘇格蘭威士忌」是西元四七六年至一〇〇〇年歐洲史上「黑暗時代」的產物，它是在蘇格蘭高原一個極偏遠的小村落出生，而且在極為貧困落後的境遇中成長。其儀態高雅，性格柔軟，優點極多，在各種麥芽酒中獨占鰲頭，卻很少人知道它的出身的確是極為低微。

「蘇格蘭威士忌」的發源地是格拉斯閣，原是一處窮鄉僻野、三餐不繼且生活枯燥的山區，居民與世相隔，藉釀酒和借酒澆愁調劑生活；頭一天釀好，第二天就喝，味道火辣辣，下嚥時像雷霆萬鈞。其後，人們無意中學會了將酒窖藏，使酒變陳，喝起來也就不同凡響。

十七世紀時，在蘇格蘭生產麥芽威士忌已經成了蒸蒸日上的鄉村工業。

有人認為，「蘇格蘭威士忌」的釀造法，原是與製造酒精的方法如出一轍，可能由僧侶經由埃及和希臘傳入蘇格蘭；而其所用的蒸餾法，中國人早已發明，也是早前由僧侶自中國傳到北非洲及中東地區再傳到歐美的。

直到現在，蘇格蘭人用來釀造「蘇格蘭威士忌」的「蘇格蘭威士忌的傳統釀造法」與法國通稱「低級酒的釀造法」無分軒輊，而其初出鍋爐的「蘇格蘭威士忌」，其味道之劣，比法國早年農村土法釀出的酒還相差甚多。它既是出於低級酒誕生過程，只是經過窖藏後才變成佳釀，其奧祕到底在哪裡，永遠是一個謎。

「蘇格蘭威士忌」在蘇格爾發跡，從一種山地農舍的拙劣飲料，一躍而為有口皆碑的國際性飲料之後，蘇格蘭成了威士忌王國的權威中心，譽滿全球，連蘇格蘭也因而受到全世界重視，「蘇格蘭」（Scotch）變成了「威士忌」的代名詞，猶似天主教在梵蒂岡發跡後，不僅成了天主教的中心，也成了全世界的基督教宗教中心。

蘇格蘭人的萬靈丹

「蘇格蘭威士忌」之所以令人嚮往陶醉，是它那琥珀色的色彩及那光影裡所蘊含著強烈、而由內向外擴散的香醇氣氛。其在世界各地廣受歡迎，是因為不分寒冷或炎熱，無論晨昏晝夜，喝起來總是非常爽口，而且比較不容易引起宿醒。

蘇格蘭人以喝他們當地出產的威士忌為人生一大樂事。他們說喝威士忌喝到逸興遄飛時，威士忌像是唱著讚美詩滲入你的全身，使你渾身舒暢。

蘇格蘭人更把威士忌當成「萬靈丹」。他們在患傷風感冒時，用滾水沖威士忌加糖服用，便自認為已霍然痊癒；長有「青春痘」的少女，用威士忌搽揉，「青春痘」就會逐漸消失而不會再長；嬰兒啼哭時吃浸過威士忌的方糖，就能使嬰兒安靜如恆（可能是酒精的麻醉作用使他昏沉疲倦而停止吵鬧）。他們在風笛上塗些威士忌，說是這樣可以使它「音調鏗鏘而聲韻縈迴」。所有這些都是蘇格蘭人流傳下來的一貫做法，沒有絲毫刻意做作。這樣做既不是宣傳，更不是廣告。

蘇格蘭人很重視他們當地釀造的威士忌，把它看得比自己身上的血液還重要。

在英國流行一個笑話，足以說明蘇格蘭人對他們當地所釀造的威士忌多麼重要：某一個冰天雪地的聖誕夜，一個蘇格蘭人去看近鄰的親戚，回程時把一瓶親戚送他的威士忌小心翼翼地藏在大衣下面的褲口袋裡，因雪地結冰路滑，不由得撲通一聲，摔了個大跤，翻落在地，爬起來後有「粉身碎骨」之感，並下意識地覺得腿上有溼汨汨的液體流出，他趕緊伸手一摸，緊張地低頭正視那沾在手上鮮紅的液體，見是自己腿摔破所流出的血，因而如釋重負地說：「幸好只是一點血，不是威士忌。」

發跡過程的一頁滄桑史

多少世紀以來，蘇格蘭人用自己的智慧，循傳統上法，釀造成一種叫「維斯基碧沙」的酒，後來改稱為「威士忌」，之後又冠上「蘇格蘭」，標上「蘇格蘭威士忌」予以正名，流傳既久，「蘇格蘭」成了威士忌的暱稱。這一發跡的過程，確有它一段非比尋常的滄桑史。

「蘇格蘭威士忌」從一種山地農家的劣酒窖藏變醇，再由蘇格蘭高地和低地數十種各具特色不同威士忌混合後再窖藏，成為現在的佳釀，並使它成為蜚聲國際的驕子。

威士忌混合了以後，其所以仍要注回橡木桶的原因是，要使這無數種威士忌在木桶縫隙的空氣中結合得更交融、更完美，時間通常是四至六個月，由配酒師自定。

為了使蒸餾後沒有顏色的威士忌增加顏色，通常用兩種方法，一種是加入少許的糖，另一種是把威士忌放進裝過雪莉（Shelley）酒的木桶中，使它感受木桶的顏色。

威士忌混合的方程式，通常列入最高機密。除此而外，配酒師也很重要，他們有一個世界性的渾號，叫「酒鼻」，必須具備高度的調酒、品酒技巧、經驗與藝術修養，後兩者尤其重要。他們無需舌頭品味，只要鼻子一聞，就可分辨出每一桶威士忌的蒸餾及成熟程度是否已達到標準。蘇格蘭釀酒工人的嗅覺也特別靈敏，酒出來以後，他們只須一聞，就能立刻判斷出酒的優劣。每個牌子的配酒方程式各有不同，但都得檢驗確定，認為已達所訂標準，才准出廠。

據英國酒史記載：一七四六年，英格蘭與蘇格蘭為「徵收酒稅權」，兩軍在寇洛頓（Culloden）交戰，蘇格蘭軍戰敗，蘇格蘭威士忌酒稅從此由英國徵收，自此以後，蘇格蘭威士忌也隨著大英帝國的崛起而風行全球。一八三一年，愛爾蘭稅務官寇菲發明釀酒蒸餾器，使釀酒業突飛猛進。至一八五〇年代，愛丁堡人艾歇爾發明將麥芽威士忌與穀米威士忌摻在一起，使成為另一種輕盈醇厚煙薰味較輕而別具風味的威士忌。當時的酒業鉅子布坎南（Buchanan）、海格（Haig）、德華爾（Dewar）、華爾克（Walker）及麥基（Mackie）都認為「蘇格蘭威士忌」發展至此，已成極品，乃投下鉅資，向世界各地大力促銷，獲得暴利。

但在促銷初期，布坎南卻遭到很多阻力。他是最早在倫敦促銷這種混合威士忌的酒商。當時有一家大旅館的老闆，始終不肯同意在他的旅館銷售這種混合的「蘇格蘭威士忌」，布坎南便特別招來十多個時髦的失業演員，參加他特別在這家旅館餐廳安排的盛大晚宴。當他們進入旅館餐廳坐定後，酒保走過來，問席上的主客要喝什麼酒，主客回答說：「要混合威士忌」，酒保很難為情地沉吟半晌說：「對不起，我們沒有這種酒。」「什麼，沒有混合威士忌？」僱來的這批職業性失業演員，以熟練的口氣，齊聲故表驚訝並尖叫：「那我們不能在這裡吃晚飯。」跟著一個個攏帽拂袖離去，餐館內當時顧客滿座，看得目瞪口呆，這家旅館的老闆只好同意從此銷售混合威士忌。

十九世紀末葉，史科特（Sir Walter Scott）爵士在其所寫的一部小說中，對這種混合的「蘇格蘭威士忌」有極為神奇的描述，引起世人對「蘇格蘭威士忌」和它出產地點蘇格蘭連帶發生興趣。不久，英國維多利亞女王也因此開始愛上了這種酒，並表示非常嚮往蘇格蘭人悠閒浪漫的生活方式。「蘇格蘭威士忌」隨即成了白金漢宮的御酒。

第二次世界大戰期間，英國財政枯竭，威士忌外銷成了唯一財源。可是，由於原料及勞工均告短缺，所有酒廠先後倒閉而關門歇業。儘管如此，各酒廠的酒窖存貨在一九三九年至一九四二年仍然很多，英國政府下令徵用，運銷美國，償付了所有向美國採購戰艦所欠的鉅款。

自一九五〇年代以後，蘇格蘭威士忌釀造廠有增無減，一九八〇年代已增至一百三十一家，他們互相競爭，繼續研究發展，使麥芽威士忌及混合威士忌增加到三百多種。

儘管人類已進入電腦時代，在蘇格蘭一百三十多家威士忌釀造廠中，有九十八家仍沿用傳統式的蒸餾機器釀造他們的「蘇格蘭威士忌」。這種蒸餾機器外表奇形怪狀，像個鍊金爐，夙有「聰明的化學師」之譽的釀酒師，也因此成了「煉金術士」，氣派十足。釀酒對他們來說，既不純是科學，也不純是技術，更不純是手藝，而是一種科技與藝術的綜合體，妙意無窮；在裝瓶之前，僅憑調酒師的嗅覺品鑑，這就是藝術的最高境界。

在「蘇格蘭威士忌」如此漫長的發展過程中，尚有一項內在因素，使釀造廠商飽受打擊，幾乎瀕臨破產：英國自從英格蘭將蘇格蘭合併後，英格蘭人也開始對麥芽威士忌發生了濃厚的興趣和愛好，產量隨著嗜酒者人數倍增，引起了英政府稅務局的覬覦。英政府首先透過立法，令所有酒廠登記，照章徵稅，嚴禁私釀，酒商及一般人民均覺極不合理而群起反抗。那些喜歡自己在家裡釀酒作樂的蘇格蘭人更是義憤填膺，認為他們既可以在自己家裡煮麥片，就沒有理由不可以自己用麥子釀酒。

自此一個多世紀，英國稅務局官員與蘇格蘭農民展開頑強的對抗爭鬥。結果，蘇格蘭農民敵不過英政府的「公權力」，大小威士忌釀酒廠相繼倒閉，有些甚至從此一蹶不振，留下生鏽的釀酒機器在風塵中供人憑弔，心有不甘。

蘇格蘭農民因失去「釀酒的自由」，更是不甘罷休，繼續成群結隊，與稅吏火拼，而且勢力愈來愈大，火拼局面愈演愈烈，迫使官方不得不顧及憲法，遷就事實收回告示，改在「寓禁於徵」的原則下，將原已查封的私酒釀造廠發還，恢復准許私釀威士忌。

一八二二年英國稅務局規定，對蘇格蘭農民自釀威士忌容量四十加侖以上的蒸餾器，徵收執照費十磅，每一標準加侖（約等於四．五五公升），威士忌徵稅兩先令三便士。格林利維特的史密斯首先向英國稅務局繳費登記，領取執照，蘇格蘭人及愛爾蘭人都群相指責，認為他不應向英國政府低頭。

一八二四年，安米茲．格林利維特（Amiths Glenlivet）酒廠創始人葛爾治．史密斯（Goarge Smith），在官方以他不辦登記，因此宣布要將其甫新建完成的酒廠焚毀而走頭無路之際，花了十枚金幣買了兩把手槍隨身佩帶，並僱用四名武裝護衛，輪流守夜，維護廠內安全。

某日，又有四名英政府稅務局官員前來查禁，史密斯原想火拼，又恐寡不敵眾而作罷。因心有不甘，乃朝正在釀酒的鍋爐連開兩槍，剎那間火花四濺，黑硝濃煙瀰漫全廠，稅務官員驚愕之餘，拔槍追捕，他也就趁此混亂局面奪路出廠，反鎖廠門，登騎逃脫，至今格林利維特酒廠仍保存這兩把手槍。

口味無與倫比，釀法奧妙獨特

「蘇格蘭威士忌」的釀造過程的確有它神祕與神奇的所在。許多國家能照德國方程式釀出德國啤酒，加拿大的亞伯特能照俄國的方程式釀出相同品質伏特加酒，英國也能釀出與法國媲美的葡萄酒，但世界上除蘇格蘭外，還沒有其他任何地區能仿造出「蘇格蘭威士忌」。

日本人處心積慮，不惜重金於一九八〇年採購蘇格蘭大麥，延聘蘇格蘭釀酒師，在日本釀造「蘇格蘭威士忌」，存心要取代蘇格蘭。恰巧在同一年，「蘇格蘭威士忌」在英國本土的銷路減低了百分之十，在海外市場減退了百分之五，這使得蘇格爾威士忌釀造廠商大起恐慌，擔心日本會偷走「蘇格蘭威士忌」的祕方，最後使得「蘇格蘭威士忌」也像汽車工業一樣，受到日本人嚴重的傷害，而從此一蹶不振。

更甚的是，有人認為「日本威士忌」有朝一日會像日本汽車與電子產品的崛起，在國際市場取代「蘇格蘭威士忌」，那更是不可思議。

日本僅次於美國，是「蘇格蘭威士忌」的第二大外國市場。因此，單就日本本身市場而言，就足資蘇格蘭釀酒商們警惕。

日本威士忌釀造廠商確曾嘗試過用蘇格蘭的單方釀日本威士忌，去打開國際市場，可是最終放棄了這念頭。這是因為「日本威士忌」在日本國內銷數雖然龐大，但在國際市場的銷售數字並非樂觀，而在仿造「蘇格蘭威士忌」這一方面，雖經多次嘗試，依然失敗。

英國人尤其是蘇格蘭人對此卻不敢掉以輕心，他們認為「日本威士忌」就算到目前為止還無法進軍國際市場，但誰又能說這些模仿性很強而又狡黠的日本人，在二十年後不會呢？

在另一方面，對「蘇格蘭威士忌」釀酒廠商來說，數千年世代相傳的釀造法毫無神祕可言。他們不但不怕別人仿造，而且許多釀酒廠樂於向他人闡述他們特殊的釀造法，以資炫耀。每年到蘇格蘭的遊客，數以萬計，他們主要是去參觀蘇格蘭高原山地沿「威士忌山徑」設立的聞名酒廠，諸如格林費道基、格林法克斯、史特奈塞斯及坦都等。這些釀酒廠都是歷史悠久，各具特色，他們樂於讓人參觀釀造的過程及所用的原料——大麥芽及泥煤苔等，毫無隱瞞，甚至允許參觀者作筆記及在酒廠內照相，無所顧忌。

許多人認為「蘇格蘭威士忌」之所以永遠獨具一格，無可替代，與它那種奇特的釀酒器有非常密切的關連。此外，威士忌有兩千多種廠牌，各有它自己與不同的味道與風格，在調酒時千變萬化，無法確定哪一種最適宜，任憑釀酒師自己決定。

再說釀造方面，即使是在蘇格蘭毗鄰而居，規模與性質相同的兩家麥芽威士忌的釀造廠，相距既近，使用原料及釀造方法相同，使用同一山澗泉水，可是釀出來的威士忌，味道卻迴然不同。問題出在哪裡，誰也不能明白。「仿冒」、「抄襲」，在這種情形下全歸無用。有人只好說那是「酒蟲」作怪，麥芽和水裡、蒸餾器裡和鑵子上都可能有「酒蟲」。這是在無奈之後的一種自我解嘲和一種諷刺。

也有人認為：「蘇格蘭威士忌」所具特有醇香的奧祕，除了釀酒器的奇形怪狀、當地優良品種的大麥與祖傳祕方外，是因為特有的純淨水質與空氣、燻燒用的泥煤苔煙味和麥田溪水泥土裡特有的氣息，使在木桶中窖藏的威士忌成熟芳醇，這是超自然主宰選擇蘇格蘭作為「世界威士忌王國」的主因。

(一)麥：蘇格蘭有史以來，是以手邊現成的原料用土法釀酒，從數世紀到現在依然如此，他們所種大麥的品種是世代相傳而從未經過「改良」的。傳統的說法是，產在蘇格蘭東北部德維朗（Deveron）與尼斯（Ness）兩河流域之間的大麥原本就是釀造純正上品威士忌獨一無二的好原料。

(二)水：他們把麥田裡收穫的大麥浸在汲自山澗溪流的水裡讓它發芽。蘇格蘭威士忌協會認定，「蘇格蘭威士忌」所用的水，是從紅色花崗岩隙中流出來的「軟水」，故能釀出佳品；但如果用另一流經山麓在岩石上泛起漣漪的棕色山泉釀酒，則難以下咽。可是在蘇格蘭茵維爾尼斯（Inverness）郡的格林霍爾（Glenmhor）釀酒廠，曾在一個叫尼斯（Ness）的湖中取水釀成威士忌，並不遜色。但無論如何，每家釀酒廠都有它自己的清澈泉澗溪流，專供釀酒用水，而且絕對不摻含有氯味道的自來水，因為它會破壞酒味。

(三)泥煤苔：將浸溼了大麥芽放進爐中時，為了使它吸收泥土和煙薰的氣味，烘乾時下面必須墊上一層泥炭；經過這一階段，威士忌裡也就有了泥土和薰煙的芬芳。並非任何泥土均可作為威士忌的泥煤苔，以「蘇格蘭威士忌」所用的泥煤苔來說，全屬於愛克帕

（Acapa）河北岸的「郝比思特」（Hobister）平原上及「法莫塞克」（Faemussach）平原上才發掘得到。

薰乾的大麥再攙進熱水，使澱粉變成帶甜味的麥芽汁。將麥芽汁冷卻後，倒進大桶，並加入酵母粉發酵，約四十八小時，糖汁即變成酒精，然後把這種液體倒入一個龐大的洋蔥形銅製蒸餾器內蒸餾，上升的蒸氣在一個高圓柱筒裡凝結成為無色液體，再經過一次蒸餾，成為更醇、更可口的酒精液汁。

這種初出爐的威士忌，是純白的，內含酒精成分極高，咸稱「純麥芽威士忌」或「醇膠」。這種純威士忌愈來愈為行家所珍視，因它只占市場百分之二，其餘約百分之九十八都是混成品——「蘇格蘭威士忌」。

在蘇格蘭南端的阿斯里島（Islay）出產一種叫「Laphroiag」、最特殊的威士忌，味道像煙薰的鹹魚，卻十分爽口。該島盛產帶海水鹹味的泥煤，約翰斯頓（Donald Alex Johnston）兄弟用這種泥煤釀麥芽威士忌，因風味特殊而暢銷全球。

(四)空氣：蘇格蘭擁有能把酒釀到十全十美的那種柔和、清涼、潮溼的空氣。類似的空氣在紐西蘭也有，但專家們曾在紐西蘭以釀造「蘇格蘭威士忌」的方法釀酒，並未成功。威士忌在蒸餾過後，必須在木桶中貯藏一段時期，使它「成熟」，這是空氣發揮了它的魔力。所有英國聞名的威士忌釀造廠全都設在蘇格蘭空曠多風的高原或海岸地區，沒有任何一家設在都市地區。

品質優劣看窖藏年分

威士忌和白蘭地一樣，是在木桶裡陳年變成佳釀，蘇格蘭威士忌所用的木桶是美國前總統柯林頓的故鄉，阿肯色斯州的白橡木製成的。

「蘇格蘭威士忌」對年分管制很嚴，英國一九六九年的財稅法案禁止在木桶內窖藏未及三年的威士忌出售。剛進桶的威士忌會產生毒素，經過至少三年，空氣透過木桶蒸發，驅除酒中不良的成分，留下的都是精華——香噴噴的「蘇格蘭威士忌」液汁。酒汁的顏色愈深，表示它的陳年年分愈高。但如今顏色可用人工色素調配，就必須靠嗅覺和味覺去評定。

純麥芽釀成的威士忌窖藏的年分要比其他摻有穀類釀成的威士忌長得多，通常至少要窖藏五年或更久，始可飲用。較淡的純麥芽威士忌通常窖藏七至八年，較濃的純麥芽威士忌通常須窖藏十至十二年，味道才會香醇濃郁。

在這一長年累月的窖藏過程中，最使一向慣於節儉的蘇格蘭人難過的是酒氣的蒸發。為了使它成為陳年上品，而且顏色悅目，得將酒液貯入西班牙雪莉酒木桶或美國的玉蜀黍威士忌木桶，在這過程中，每年約有百分之二的威士忌液化為濃霧，消失無蹤。以全部蘇格蘭威士忌總產量計算，就等於每年要喪失一億六千萬瓶威士忌，足夠十個小國家的國民飲用十年。蘇格蘭人無奈，只好攤開雙手、用帶幽默的口吻說：「那些酒升了天，供天使飲用。」

這就說明，釀好酒須投下很大的資本和很多的時間，經過長年累月，才能收回成本，絲毫沒有斟酌和妥協的餘地。因此，年分愈久的威士忌，愈被視為上品，出售的價格也就愈貴。這是成本使然，不純粹是「物以稀為貴」的價值觀。

上品的威士忌，在從木桶中汲出裝瓶時呈琥珀色。如果色似焦糖，那便是劣酒。

「蘇格蘭威士忌」與其他烈酒一樣，一旦裝進酒瓶，便不再增加年分，但也不會變質，這是「蘇格蘭威士忌」與法國名牌白蘭地所具獨一無二的同一優點，它也不必用「冷」或「熱」的方法來儲藏。如果藏在太冷的地方，瓶內威士忌液汁會看來似霧，但一旦溫度恢復正常，酒液的顏色、濃度和光澤也恢復正常。

「蘇格蘭威士忌」的酒精含量多少是一般癮君子所關心的問題。通常威士忌或白蘭地的上品，在經過再蒸餾及長年窖藏之後，酒精含量通常會比初釀而又初出鍋爐的酒液低很多，而且味道變成香醇，不再辛辣，淺酌對身體無害。

要檢驗出酒液內酒精的含量，是一件需要技巧的工作。早在一七四〇年以前，蘇格蘭的威士忌釀酒廠商是用火藥來做試驗，將威士忌與火藥混合後點燃，如能立刻點燃，就顯示酒精夠強，如不能點燃，就顯示酒精濃度不夠。直到一七四〇年，英國人發明了「重計」，後來又發明了「浮秤」，才得以正確測出酒精的含量標準。

英國威士忌包括「蘇格蘭威士忌」的酒精含量標準，內銷訂為百分之七十；出口外銷則訂為百分之七十五或更高。

正牌威士忌在蘇格蘭

許多國家出產威士忌，世界各國自釀內銷的威士忌不下於一萬種，但能嶄露頭角雄視全球的，屈指算來只有寥寥三種。其中首屈一指銷數最高的當然是英國的「蘇格蘭威士忌」，是用穀類釀造的；其次是美國的「波本」（Bourbon），是用玉蜀黍釀造的；第三是「加拿大威士忌」（Canadian Rye），是用燕麥釀造的。這三種聞名遐邇的上品威士忌中各有多種廠牌：英國「蘇格蘭威士忌」有十四種，美國「波本」也有九種，「加拿大威士忌」則只有三種。

有些國家所產的威士忌品質惡劣，被飲者冠上渾號，如丹麥的威士忌叫「汽油」，德國威士忌叫「烈水」，日本威士忌叫「淡水」，阿爾及利亞威士忌叫「俄羅斯老酒」，捷克威士忌叫「野貓」。

蘇格蘭威士忌廠商內部為爭奪世界市場而彼此互鬥，長年火拼的結果，到一九二五年，五大家族終於達成協議，將酒分成以下五類，各顯神通：

㈠約翰．華爾克（John Walker）以生產「黑牌」和「紅牌」、「藍牌」和「金牌」的約翰．華爾克威士忌風靡世界。一九〇八年，改名為「強尼．華爾克」（Johnny Walker）威士忌。

㈡約翰．帝華爾（John Dewar），以生產「白牌」威士忌（White Labe）行銷全球。

㈢馬季（Mackie & Co）以生產「白馬牌」威士忌（White Horse）行銷國際市場。

㈣詹姆斯．布肯南（James Buchanan）以出產「黑白牌」威士忌（Black & White）著稱。

㈤約翰．海格（John Haig）以生產「海格．海格」威士忌（Haig & Haig）而享盛譽。海格威士忌歷史最為悠久，早在一八七〇年代，即年產一百二十多萬加侖。海格和布肯南都因產酒有功而獲封男爵。

如今，蘇格蘭威士忌暢銷到全球一百七十多個國家及地區，無論是在倫敦、巴黎、紐約、東京、甚至莫斯科，都可買到「蘇格蘭威士忌」的上品。嗜飲「蘇格蘭威士忌」的人遍及長年冰天雪地的南極與北極和阿拉斯加的凍土地帶，燠熱難熬的巴西莽密叢林，澳洲內陸的沙漠地區和非洲撒哈拉地區。連位在西南太平洋，面積只有二十六平方公里、人口只有八千四百人的吐瓦魯（Tuvalu）小王國也都有向英國進口威士忌的紀錄。面積只有二十一平方公里、人口只有八千人的諾魯共和國（Republic of Nauru）亦復如此。連前烏干達獨裁者亞敏也曾一面大喊「打倒殖民地帝國主義」，一面包租專機到英國購運「蘇格蘭威士忌」回國享用。喝上品威士忌而又講究氣派的，自然是非歐洲的上流社會莫屬，但美酒無論對豪富與貧賤、貴族與平民，均一視同仁。任何人飲用，都不會因此貶低了美酒的身價。

讚美「蘇格蘭威士忌」的暢銷書《豐美威士忌》（Whisky Galore）作者莫坎奇爵士說：「愛情未必使地球打轉，威士忌卻使它旋轉的速度加倍快捷。」這正是蘇格蘭威士忌「威」震全球的最佳寫照。

威士忌的飲用法

喝威士忌通常加冰塊（on the rocks）、蘇打水（soda）、冰水或薑汁，通常用大型威士忌玻璃酒杯；但也有不加的，如果不加混合物，則用小玻璃杯。多數酒中豪傑飲蘇格蘭威士忌時，寧願讓香甜的濃醇滲透他的血管，直達毛細管，使渾身舒暢，這叫做「寧取其『純』（purity）」。只有極少數人，在飲用時把蘇格蘭威士忌與其他酒類混合成雞尾酒。

蘇格蘭人對他們自己所釀造的威士忌，不僅倍加推崇，而且虔誠敬重崇拜。他們認為在蘇格蘭威士忌酒中摻水加冰或蘇打等任何東西，都是對它的褻瀆。蘇格蘭人將他們所釀的威士忌比喻成「鋼鐵鑄造的壯漢」，認為「摻水會使它生鏽」。

此外，多數英國人都會避免在吃蠔或其他硬殼的海鮮時喝威士忌，理由是會因此引起腸胃不適。也許這是他們的傳統習性，但在醫學上找不出適當的依據。

生命之水——白蘭地

有益健康的美酒

洋酒中最為人稱道和受人歡迎的烈酒，要屬白蘭地。白蘭地在全世界每年的消耗量是數以億計，在烈酒中僅次於威士忌，居於第二位，法國人稱頌它為「生命之水」。

白蘭地含有濃郁的醇香，是高級的名貴酒之一，而法國白蘭地較諸其他任何國家的白蘭地為佳。法國白蘭地其所以傲視酒壇，稱雄於世，乃是因為法國酒歷史悠久，釀酒設備齊全且係傳統式，釀造極為得法所致。

時至今日，能夠釀造白蘭地酒的國家為數不鮮，其可飲性也很高。僅美國加利福尼亞州一地每年所產，即占全美總產量五分之四，在美國酒類銷售總量中占第三位，比法國白蘭地每一年總產量還要多，其釀造法也是用連續蒸餾，因此較機械化，品質極佳，且不斷進步。

南非也是世界上釀造白蘭地最多的國家，白蘭地釀造量數字驚人，主要外銷到北歐、西非、德國、加拿大、馬來西亞及在歐洲法國鄰近的國家。西班牙所釀造的白蘭地，在品質上僅次於法國的柯涅克（Cognac）與阿瑪涅克（Armagnac）。

希臘出產白蘭地為數亦頗多，亦冠上「柯涅克」名稱，品質有好有壞，參差不齊。

義大利也釀造白蘭地，只是品質有待迎頭趕上。

法國詩人雨果（Victor Hugo，一八二〇年至一八〇五年，法國詩人、小說家兼戲劇家）亦稱白蘭地是「神的飲品」，東方人稱之為「媚藥」，甚至有人說它有益心臟。

白蘭地的確有許多功能，一般人都認為白蘭地是一種有益健康的飲品，最顯著的證明是：據法國全國白蘭地業總工會的調查，在法國盛產白蘭地而且愛喝白蘭地的夏諾省，是全世界百歲人瑞數目最多地區之一，而死於酒精中毒的人數卻低到全法國各省區倒數第二。

白蘭地不僅適合豪華宴席，也適於靜夜獨啜。當晚餐過後，在淡淡的月色下，捧著一杯盪漾著妖豔光澤、令人陶醉的琥珀玉液，細細啜飲，氣定神閒，原來平凡的夜景便會變得浪漫而充滿詩意；當午餐過後的咖啡時間，將一塊方糖放在茶匙上，淋上些許白蘭地，然後用根火柴在底下燒，白蘭地的醇香溶入方糖，再將這塊方糖摻入咖啡，就成了所謂「美酒加咖啡」；巧克力糖浸白蘭地後吃，也別有風味。

白蘭地的原料

舉世聞名的白蘭地，在釀成白蘭地之前是葡萄酒。也就是說：白蘭地是用葡萄酒經過蒸餾所釀成的烈酒（Liquor）。酒類都是以體積計算含醇量，白蘭地的含醇量約百分之四十二。

能有資格釀造白蘭地的葡萄品種只有三種，即白福爾、哥倫巴與聖文米利安。而柯涅克市地區及與西班牙交界的阿瑪涅克地區所出產的葡萄，品質優越，風味特佳，最適於蒸餾白蘭地。

製造白蘭地，可用白葡萄為原料，也可以用紅葡萄，但用紅葡萄製的白蘭地，味道較差。「白蘭地」這一名詞，是指用任何一種果實，經過發酵及蒸餾的過程所製成的酒，也就是說，白蘭地的原料除葡萄外，也可用其他各種水果作釀造的原料，如蘋果、橘子、桃子、杏子等。

凡屬葡萄以外的水果為原料所釀成的白蘭地，通常會在「Brandy」之前冠一修飾字樣，如「Apple Brandy」、「Ornage Brandy」、「Peach Brandy」、「Cherry Brandy」及「Apricot Brandy」等。用蘋果所釀的蘋果酒（Cider）所蒸餾成的蘋果白蘭地則有一特別稱呼，叫「Apple jack」。

用葡萄以外的水果做原料釀造白蘭地的情形，各國都有，稱呼自亦因語文不同而有差別。在中歐西部普遍釀造流行的「櫻桃白蘭地」德文叫「Kirsch」，而南斯拉夫聞名於世的「李子白蘭地」南文叫「Slirovitz」。特別的是，法國諾曼地所產的蘋果白蘭地「卡瓦多斯」，法文叫「Calvados」，是世界上最有名的蘋果白蘭地。艾森豪在第二次大戰末期率盟軍在諾曼地登陸成功，一窩蜂地搶著這種酒狂飲慶祝，一個個醉臥沙場。

白蘭地的種類及釀造法

法國白蘭地依其一九三六年所通過的《酒類管制法》（Appellation Controlee），將法國畫分為好幾個「酒區」（departements），各區都盛產別具風味且各有其代表性的白蘭地。

用葡萄作原料所釀成的白蘭地，最聞名遐邇的是「柯涅克」，其次是「阿瑪涅克」（Armag-nac）。這兩種白蘭地的釀造廠牌，法國《酒類管制法》以明文限制在這兩個地區蒸餾製成，也唯有這樣，才可使用這兩個名稱。但另一種叫「馬克白蘭地」（Marc Brandy），不僅法國各地都可製造，甚多其他國家也可製造。

釀造白蘭地的成串葡萄必須帶著陽光的溫暖進入酒廠，榨出葡萄果漿時必須輕巧柔和，適度而止，不可將果核及果莖榨碎而產生酸素。果漿榨好後成為淺色混濁液汁，倒入大桶，讓其天然醱酵。

經榨所獲的葡萄液汁，其含酸量本身即能產生比較清澄的醱酵，無不良味道，故以後也不需加二氧化硫。通常釀好的葡萄酒，要留到冬天，才開始用傳統的蒸餾器蒸餾。

在法國，白蘭地有好幾百種。最聞名遐邇、風靡全球的有：

柯涅克白蘭地

「柯涅克」已是一個國際通用的名詞，依照法國《酒類管制法》，製造白蘭地而能以「柯涅克」為名的，僅局限於以柯涅克市為中心，面積約六萬餘公頃（約合十五萬英畝）的一塊地方。

品酒專家又將柯涅克產酒區依其所產白蘭地品質的優劣，畫分成七個不同的分區，也就是七種不同的等級。依其順序為：Grand Champagne、Petite Champagne、Borderies、Fins Bois、Bon Bois、Bois Ordinaires、Bos Communs。

柯涅克白蘭地酒廠釀酒廳的型態，猶似中世紀巫師用的大實驗室，每個釀酒廠裡面有十個數公尺高與十七世紀設計完全相同的銅蒸餾鍋，每個蒸餾鍋都是用手捶打鑄造的龐然大物，其容量約為二百五十加侖，可用煤或木柴加熱。

白蘭地蒸餾的過程很複雜。通常是前後三次分別蒸餾，先把葡萄液汁注入乾蒸餾鍋中加熱六小時，其所產生的蒸氣通過繞著冷冰箱的螺旋管後冷凝成霧狀體（brouillis），再經第二次蒸餾，即「適當加熱」（bonne chauffe），歷時十小時，經釀酒師品嘗，確定合乎規格後，濾去蒸餾過程中初期及後期所產生的雜質，而留「適當加熱」所產生的精華，成為一種清澈無色的酒液，含有百分之七十的醇度。

這種「雙蒸法」據說是十七世紀法國酒業鉅子克魯瑪朗所創始。當時他擁有在柯涅克地區最多最好的葡萄園，因將整個時間與精力投注於葡萄的種植與釀酒，以致忽略了妻子。某日，他發現他的妻子有了外遇，怒不可遏，便趁他們幽會時把她和她的情夫一起殺死，犯下了雙重謀殺罪，心情沮喪。為了發洩滿懷憂鬱，不自禁地將他所心愛的葡萄酒一連蒸餾了兩次，長達十多小時，待他神志清醒時，趕緊將鍋爐熄滅，原以為鍋中的酒已有焦味，品嘗之下，才發現原先純粹的葡萄酒在品味上已完全改變成另一種香醇味美的瓊液。

克魯瑪朗在同業的敦促下，將這一過程寫成方程式，並進一步研究設計，發明了釀白蘭地的「雙蒸法」。

新釀成的柯涅克白蘭地，從技術的觀點而論，在裝桶窖藏階段完成以前，仍只是一種「燒酒」，是無色的，裝入橡木桶後才被感染上橡木的顏色。有時，白蘭地製造廠商為了達到商業上所要求的標準，也用「焦糖」（caramel）著色。

柯涅克白蘭地通常具有芬芳品味，但也因葡萄品種所含特性、葡萄生長的土壤與氣候不同、藏酒的橡木桶及桶藏期長短有所差異，酒的品質亦不一致。

柯涅克白蘭地最著名的有三種：Martell、Remy及Napoleon。

阿瑪涅克白蘭地

阿瑪涅克白蘭地也是世界知名的好酒，它的產地阿瑪涅克，在法國的熱爾（Gers）酒區內，因其最著名的「Base Armagnac」而得名。這一釀酒業擁有九十六家釀酒廠與經銷行號，所僱用的員工占全阿瑪涅克市就業人口中百分之三十，單就葡萄園裡種植葡萄的人數而論，就有一萬五千人。

阿瑪涅克白蘭地當然是這地區的榮譽出品，呈銅色，含有李子或紫羅蘭的香醇味。產量雖僅及柯涅克白蘭地的四分之一，但每年銷售數仍達約六百萬公升，半數外銷到世界各地，每年為法國賺取約一百五十萬法郎。品質最佳的有三種，其等級依序為Grand-armagnac、Fine-armagnac、Petit-armagnac。

釀造阿瑪涅克白蘭地所用的原料是白葡萄酒，其葡萄品種與柯涅克白蘭地釀造所用相同，阿瑪涅克白蘭地之所以如此名貴，具有比柯涅克白蘭地更勝一籌的顏色品味，箇中祕訣除了窖藏經年外，主要是小心翼翼，不辭辛勞，沿用歷經數世紀迄今的傳統蒸餾法製造的一貫作業。原理很簡單，但運用容器連通運送蒸餾的化學過程卻很繁雜。

釀造阿瑪涅克白蘭地蒸餾器的結構與釀造柯涅克白蘭地的蒸餾器迥然不同。用作原料的白葡萄不能一次注入，而是在蒸餾過程中不斷注入，蒸餾時剩下的廢液，也不是一次流出，而是在蒸餾過程中作間歇性的抽出。

阿瑪涅克白蘭地進行蒸餾的步驟是在釀酒師用溫度計、流量計、酒精比量計，最重要的是他靈敏的鼻子與舌頭監督之下，先把葡萄汁液注入橡木桶中天然醱酵，然後用管子導入蒸餾器的第一圓筒。此圓筒中有一螺旋管可將酒液加熱至攝氏八十度，跟著用虹引管將酒液導入第二個圓筒，依次以一個接一個的階式蒸發器注入間隔錯發的盤中。

因第二圓筒溫度為攝氏一百度，酒中能揮發的成分都已蒸發，重新回到螺旋管器內進行冷卻凝結。

在此過程中，釀酒師必須全神貫注酒與燃料的流量和流程，隨時加以適量地調整。最後從螺旋管器流出來的無色汁液，其酒精含量約百分之五十三，散發著濃郁的醇香，含有白蘭地所當具備的一切基本成分。

這種剛出爐的新鮮白蘭地，在十七世紀至十九世紀時，容許在市面出售。但嚴格說來，白蘭地在這一階段，在未經過窖藏以前，仍然只是「燒酒」的成分而已，故自一九三六年法國《酒類管制法》頒布以來，初出爐的白蘭地禁止在市面流通。

阿瑪涅克白蘭地只有注入橡木桶內窖藏後才會變陳而且香味更濃，顏色也因受橡木桶的感應而變成柔和的琥珀色。

阿瑪涅克白蘭地的產地包括熱爾縣的大部分及洛特—加龍（Lot-et-Garonne）縣的小部分。整個產區的形狀有如一葡萄葉的三瓣。因葡萄品種、氣候不同，每瓣都有其個別特性的白蘭地產品，靠東部的一瓣是「上阿瑪涅克」，中瓣是「泰納萊茲」，西瓣是「下阿瑪涅克」，下阿瑪涅克所出產的文蓋當（Aygardent）白蘭地是極品。

馬克白蘭地（Marc Brandy）

這是從榨過了葡萄液的殘餘葡萄皮與其榨渣（marc）再榨所得的葡萄液釀成，喝後令人心曠神怡。凡屬這類的產品，英語統稱「Marc Brandy」；在美國加利福尼亞州卻按義大利語，習慣稱「Grappa」；在法國稱「Eau-de-vie de Marc」，藉資與白葡萄汁所釀成的「Eau-de-vie de Vin」有所區分；在德國稱「Trester-Branntwein」；在南非稱「Dop-Brandy」。在海明威的小說裡多次提到，好萊塢帥哥弗林（Errol Flymn）在《妾似朝陽又照君》（The Sun Also Rises）小說改編的影片中爛醉如泥。他所喝的酒，就是馬克白蘭地。

瑞士和德國也生產這種白蘭地，他們稱它為「白色烈酒」（Alcools Blancs）。

李斯白蘭地（Lees Brandy）

這種白蘭地是在葡萄酒釀好完成後，把酒吸出，另將酒桶內殘餘的酵母渣滓（lees）蒸餾成白蘭地。

這種白蘭地在法國地區稱「Eau-de-vie de Lees」；在德國地區稱「Hefe-Branntwein」。比較著名的李斯白蘭地也產在法國的勃根地（Burgundy），但是不叫李斯，而叫「Fine Burgundy」。

白蘭地的窖藏

法國白蘭地窖藏所用的橡木桶，是在法國蒙勒松森林區乾燥土壤生長、具有粉紅色紋理的橡木，也用加斯科涅（Gascony）的黑橡木，照法國自高盧人時代所流傳下來的製桶方法，用手工製成，每一桶的容量為一百加侖。

高盧人是西元三〇〇年法蘭克攻占法蘭西以前的獷野民族。那時候，這一地區不叫法蘭西，而叫高盧。高盧人受羅馬統治三百年，繼承羅馬人製造精美木器及房屋的特長。高盧人製橡木桶更具有特殊技巧，可做到天衣無縫。

橡木砍伐成木材後，在用來製桶以前，要存放好幾年。製成後的新桶，在用來裝白蘭地窖藏以前，還得要用高壓蒸汽洗滌，並須在以容積計算百分之〇．五至百分之一的酒精溶液裡浸沒相當時日。

說也奇怪，法國白蘭地只肯對蒙勒松森林區的橡木俯首稱臣。法國釀酒廠商曾經試驗過用其他地區的橡木製桶，白蘭地酒液都會遁形溜出而不能馴服變陳。為了使白蘭地變陳而色香味俱佳，必須付出相當的代價——那就是俗稱「給了天使的一分」，亦即從橡木桶中蒸發溜走掉的一部分。

用橡木桶窖藏白蘭地，「損失」極大，主要是酒可從橡木桶的微孔浸出。醇（酒精）香要比水浸時逸消更快，即使是用蒙勒松森林區的橡木，按窖藏期通常五年至十年計算，平均損失往往高達原體積四分之一。極上選的白蘭地，有用橡木桶窖藏達二十年甚至三十年的，損失自然更大。據估計：全國每年白蘭地在窖藏期內蒸發掉的分量，相當於三千萬瓶，幾及法國人一年的耗酒量。

為了減少這一方面的損失，釀酒廠商使用不同年分白蘭地調配辦法（blending），用來混調的陳年白蘭地，年分有高達二十年至三十年者。

在法國白蘭地釀酒地區的各酒廠地窖，現在仍多多少少窖藏著一些上了年代的陳年酒桶。如柯涅克市馬爹利（Martell）釀酒廠的酒窖裡，就有橡木桶上用粉筆標明「一九一八」、「一九二五」、「一九二二」的釀造年號；另一處有分別標明「一八六八年釀造，一九一八年十月二十三日移置於瑞安夫人室」及「一八三〇年釀造，一九六一年十月十九日移置於瑞安夫人室」字樣的兩隻巨型酒罈，用稻草覆蓋著。

另外，在阿瑪涅克釀酒區，諾嘉羅的戴蒂嘉林釀酒廠曾有過一八二九年裝桶的阿瑪涅克白蘭地，在橡木桶內窖藏了四十年，到一八六九年才在法國第三共和成立時裝瓶。

類似年分的陳年白蘭地，價值連城，一旦擁有，誰也不肯輕易拱讓。

下阿瑪涅克的薩馬倫兄弟（Jean-George Samalens）在《阿瑪涅克白蘭地愛好者手冊》中就寫著：「阿瑪涅克美酒是一部由偉大樂隊演奏的交響樂，年代就是樂器，其中有鼓、小提琴、雙簧管與銅管樂器。」

酒窖通常很陰涼，酒桶橫放排列成行，上用粉筆標示釀造年分。釀酒師照顧這些酒桶之仔細，有如母親照顧兒女。他必須經常用虹吸管從桶內吸取白蘭地的樣品，注入瑩澈精美的鬱金香形玻璃杯中，觀察品嘗、鑑定品質，當他決定某種白蘭地的香醇度已適於裝瓶時，他就得採取以下兩個步驟：

(一)摻和：將年分不同的白蘭地混和。

(二)減低酒精度：這原是釀酒師在白蘭地整個釀造過程中隨時都要連貫進行的工作，使白蘭地的酒精含量，由蒸餾階段完成時的一〇四到一四〇標準酒精度，降到顛峰狀態的八十四標準酒精度。

倘聽任天然蒸發，要達到這一標準，須十五年至七十年。為了加速而縮短時間，釀酒師須在白蘭地窖藏期內，摻入些許叫「小水」的神祕液體。這種液體注入的成分多少，那是每家白蘭地釀造廠的高度機密。

白蘭地裝瓶，通常用蠟封口。白蘭地是否陳年佳釀，主要是在橡木桶中窖藏的年分。一旦裝瓶後便不再變陳，故白蘭地很少標明酒的年分。

白蘭地標誌的辨識

報載：一位義大利女郎，拿著一瓶「拿破崙」牌的白蘭地，在羅馬兜售，喊價五千美元。

這不算是世界上最貴的一瓶白蘭地。據說，這瓶白蘭地已有一百六十五年，這種牌號和年代的白蘭地，事實上全世界可能最多只有三瓶，除這位義大利女郎所兜售的一瓶外，法國前總統戴高樂家中曾有過一瓶，現在不知「酒落誰家」，而阿根廷一位商人珍藏著另一瓶。

白蘭地，一如紹興酒釀成以後，必須連桶窖藏於酒窖，經過相當年月，通常是五年至十年，才會芬芳醇美而且愈久愈醇。

當你參與洋人宴會，舉著「大腹便便」白蘭地酒杯的時候；當你在國外旅遊，想帶一瓶免稅白蘭地返國的時候；或你走入臺灣菸酒股份有限公司門市部窗櫥，覬覦陳列在櫥內琳瑯滿目的各式洋酒時，偶一留神，你就會發現白蘭地酒瓶的招牌紙上諸如「VSOP」、「VX」、「VO」等許多標誌，這些標誌到底代表什麼？

市面上，各觀光旅館、大飯店、酒吧、夜總會，經常有名牌的白蘭地出現。許多名牌以外的白蘭地，實際上只是用了少量真正的白蘭地摻出一大批的劣混合酒，美其名曰白蘭地。一九八八年四月報載，坦尚尼亞出產的香蕉烈酒，在荷蘭裝瓶，招牌紙上居然也是「三星，陳年白蘭地．拿破崙」。遇到這種情形，又當如何辨識。

要擅長挑選好的、真正的白蘭地，必然要先學會辨識瓶身的招牌紙上有關酒的出處及曾窖藏於橡木桶年分的名詞代號、釀造酒廠廠牌等。

據一般所知，「V」是代表「十分的」、「非常的」、「真正的」（very）；「S」代表「優良的」、「絕美的」、「最好的」（super）；「O」代表「陳年的」、「窖藏久的」（old）；「P」代表「純美的」（pure）。「VSOP」合起來，代表「真正優良的陳醇美酒」。「VX」代表「十分特別」（very extraordinary）；「VO」代表「真正陳年」（very old）。

白蘭地酒瓶招牌紙上，也有印著「★」的，「局外人」就比較難以辨認了。據了解，這些「★」亦無非是白蘭地釀造廠商為了宣傳所出的「點子」，用來標示及宣揚酒的醇美程度。

這些「★」的由來是這樣的：

一八一一年，對法國來說，是酒的一個「好年分」，不僅全法國葡萄大豐收，而且品質奇佳，釀酒廠商們欣喜若狂。湊巧那時候正是天文學家首次發現彗星，舉世矚目，酒商們「感恩」之餘，稱道這一年為酒的「彗星年」。酒商們對酒的生意經是「最敏感的動物」，靈機一動，感到上好的葡萄必須加緊充分利用，如全部釀葡萄酒，必然過剩，而且不適久貯，便一面多釀造葡萄酒，一面將葡萄酒蒸餾成白蘭地。因為品質參差不齊，無法照傳統分類，乃在這一年加釀的白蘭地酒瓶招牌紙上，一律印上一顆星作標誌。

後來加釀的白蘭地愈來愈多，釀酒廠商互相競爭，當一顆星的白蘭地問世不久，兩顆星的白蘭地也相繼出產，如此遞增，結果增至五顆之多，當這些加釀白蘭地上市的時候，數量之多，也是天文數，市面上只見「滿天星斗」。至此，酒商們深感以「★」的多寡來表示酒的好壞，固然簡單醒目，能收宣傳之效，但競爭愈激烈，星的數字也將愈多，漫無止境，其弊甚大，故改用英文字母代替。

但現在市面上又常見到一種有三顆星標誌的白蘭地，據所知是一種用酒齡平均在七年或八年的白蘭地摻成的混合酒。

所謂老牌的「三星白蘭地」，是指法國的軒尼詩柯涅克白蘭地（Henessy Cognac），為法國柯涅克釀酒區的產品。因此，嚴格說來，這種酒應當叫「三星柯涅克」，而不可叫白蘭地。因凡屬在柯涅克地區出產的這類蒸餾酒，都叫柯涅克，不在柯涅克地區出產的這類蒸餾酒，儘管含有柯涅克白蘭地的味道，也不能稱柯涅克，而要稱白蘭地。

另一值得注意的發展是，在此同時，拿破崙在全歐洲稱雄，各釀酒廠商在「星戰」之餘，又競相將自己品質最佳的白蘭地稱「拿破崙」（Napoleon）。

雖然這種叫「拿破崙」的白蘭地，都是各釀酒廠最好的酒，又通稱為「拿破崙」，可是拿破崙牌有好幾十種，而同一品牌的拿破崙，酒的品質差別甚大，十分混亂，故「拿破崙」這一標誌，並未為法國政府官方所認定。

儘管如此，柯涅克廠牌仍一直保持良好信譽，凡屬「拿破崙」牌，只要確定是柯涅克的標誌，便是真正美好的「拿破崙」佳釀。

拿破崙牌白蘭地的窖藏年分不能少於五年半，有「Reserve」字眼的白蘭地，表示已在橡木桶裡窖藏了四年；有「Vilelle Reserve」字眼的，表示至少在橡木桶裡窖藏了五年；有「VSOP」字眼的白蘭地，酒齡也至少要在四年半以上。

有「XO」或「Louis XIII」字眼的白蘭地，在臺灣最流行也最受歡迎，價格也相當昂貴，在觀光餐旅社，售價新臺幣一萬元。這兩個字眼，表示這兩種廠牌的白蘭地，已在橡木桶裡窖藏了至少三十年。

另一點值得注意的是：用來摻酒的白蘭地，酒齡至少須在三年以上，不得少於三年。

法國白蘭地的外銷

法國的白蘭地，數世紀以來聲譽能始終維持不墜，主要是靠外銷。十八世紀時，全國每年外銷數只有五萬六千桶，至一九八〇年代後期增至每年三千多萬桶，相等於一億多瓶，為法國賺取三十億法郎的外匯。外銷最多的是柯涅克，三百多家酒廠中有四家歷史最為悠久的釀酒廠，數世紀以來，外銷數占法國全部白蘭地外銷的百分之七十，這四家古老釀酒廠分別為：㈠馬爹利（Martell）釀酒廠，建於一七一五年；㈡馬丁（Kemy Martin）釀酒廠，建於一七二四年；㈢柯華西亞（Courvoisier）釀酒廠，建於一七六〇年；㈣軒尼詩（Hennessy）釀酒廠，建於一七六五年。

法國白蘭地外銷最大的主顧是英國，其次是美國，第三是德國，第四是香港。

白蘭地的飲用法

白蘭地是最高貴飲料，須在高雅的氣氛中以溫文儒雅的態度，閒情逸致的心情，雙手捧著那鬱金香形的白蘭地酒杯，不是立刻開始「牛」飲，而是先低下頭，注視杯裡所盛著的這自然界如此美妙的作物，讓你的腦海裡浮現那一片金黃色陽光下紫綠色豐碩的葡萄園，高聳而幽暗的橡樹林，然後旋動一下那杯中的玉液瓊漿，再用鼻子吸取那「杯中物」所蒸發的醇香，再淺淺地啜呷一小口，它會像天鵝絨般光滑柔和地從嘴唇及舌尖，循咽喉緩緩滑落，餘香縈繞，使你陶然心醉，若仙若夢，久久不能自已，如此從容啜飲，有助於血液循環與消化。

這就是飲用白蘭地時所能達到的最高意境，也正是白蘭地的正確飲用法。

白蘭地酒杯的辨識與使用

喝柯涅克白蘭地所用的酒杯，是口小而肚大。最早盛裝柯涅克白蘭地的杯子，流行大得像小西瓜一樣的大型酒杯，現在已不流行，甚至完全絕跡，但喝柯涅克白蘭地的酒杯必然是趨向於口小腹大。這種設計主要是：酒杯腹部呈圓凸形，剛好托在手心裡，藉手心的熱氣，使酒香漸漸蒸發。啜飲白蘭地以前，須先用手輕輕晃動，使杯中的酒都可以充分感應和接受到你手心的溫度。醇香從小的杯口出來，當你的嘴唇和舌尖啜到酒液時，你的鼻子也同時享受到酒的馥香。換句話說，喝白蘭地時，需將鼻子、嘴唇和舌尖連成一體，才算正確。這也正是上帝創造人的器官時將口與鼻連在一起的作用，更奇妙的設計是：鼻子剛好在嘴的上端突出，而且鼻孔朝下，讓口鼻能一起體驗啜飲醇酒和吃到佳餚時的感受，令人不禁喟嘆，這真是上帝絕佳的傑作。

白蘭地是烈酒，而且是上品酒，斟白蘭地入杯時，請記住，每次最多只斟酒杯容量之五分之一杯，這絕非顯示主人小氣。一般大型的白蘭地酒杯，如果盛滿，容量是八盎斯（即八英兩），也可盛三盎斯（三英兩）。取捨和選擇，悉依你的酒量作決定。但懂得享受白蘭地的癮君子，即使五分之一杯白蘭地，也足夠捧在手上愜意地享受一至兩個小時。

白蘭地趣聞

白蘭地在成為美酒之前，原是一種藥品。在八世紀時，阿拉伯人將蒸餾法連同用酒精治病的方法帶到法國南部。他們用蒸餾法製酒，同時把蒸餾酒中的酒精作為治療發寒、熱消散劑。

用白蘭地治療的方法很特別，是把布放入一瓶白蘭地中浸透，再用此布將病人包紮起來，使病患霍然痊癒。有了這些功能，白蘭地因此被崇尚為「生命之水」（Eau-de-vie，現僅以此字稱燒酒。）

浸了酒精的布易於燃燒。一三八七年，昏君查理・奈瓦爾國王生病，就是用這方法治療。他在身上裹著浸透了白蘭地的布時吸菸，結果一不小心讓浸了白蘭地的布著了火，火焰迅速蔓及全身，他被當場燒死。因此「生命之水」於俄頃之間變成了「喪命之水」。

一八〇五年，英國名將納爾遜（Nelson）死於當時停泊在特拉法加布岬的旗艦上。英國海軍人員將他的屍體用白蘭地酒浸著，以確保抵達英國時不會腐敗，果然在運抵英國後仍完整如初。

酒與美人，同為英雄所好，拿破崙是蓋世英雄，當更不例外。英國詩人唐森（E. Samuel Johnson）曾說：只有具英雄氣概的人才有資格喝白蘭地。他心目中的英雄是拿破崙，而拿破崙酷好白蘭地。當拿破崙雄霸歐洲時，隨著勢力的擴張，喝白蘭地蔚為風氣。拿破崙的簽名式成了這種酒的正字標幟。一八一二年六月，拿破崙親率六十萬大軍征伐俄國，隨軍補給品中就有大批白蘭地。因酒可禦寒，拿破崙大軍在九月進入莫斯科空城一個月無動靜，始知已入圈套，下令撤退，時值嚴冬，撤退時沿途裝備丟棄殆盡，獨白蘭地仍緊隨後撤部隊。除大部分已喝光外，若有餘額成桶回巴黎，後來就高價拍賣，大發利市。

法國酒商喜歡拿女人的年齡來比喻陳年白蘭地的年限。說「女人的金色年華是二十五歲到四十歲之間，女人四十一枝花，四十以後開始枯萎，白蘭地也是一樣。」這是笑話，姑妄聽之。

「XO」原在法國白蘭地官方等級之外，是在法國白蘭地「四巨頭」之一的軒尼詩（Hennessy）首創後獲酒商青睞，其他酒廠也一窩蜂跟著釀造而登金榜。「XO」之所以出人頭地，是因為它和香水一樣，由專家用調配頂級香水的方式製成，「XO」的成分是幾十個年分的陳年老酒。白蘭地在蒸餾剛出爐時，酒汁粗獷刺鼻，難以入口，存放在橡木桶內多時，才由粗獷變為柔順。頂級的「XO」，全是用好幾種幾十年甚至上百年的陳年老酒調配而成，老酒年分愈高，比例愈大，品味愈甘醇柔順，口感愈爽。用來調配老酒的「XO」白蘭地本酒，最好是用已窖藏五年的白蘭地，此時辛辣年歲已過，正適合迎接高齡的老酒。「XO」通常用木盒或紙盒包裝，此木盒像美國西部片中的「棺材」，在東方人看來不雅，西方人卻不忌諱。

浪漫的雞尾酒

雞尾酒會是最流行的社交活動

雞尾酒（Cocktail）是美國人的偉大發現，現今全世界各國任何派對（party）都少不了它。在歐美國家，雞尾酒會幾乎成了外交與社交活動的代名詞，非常流行，大至國慶紀念日，小至介紹同業朋友、為同事朋友餞行，或本人向朋友告別等均可舉行，它揉和了待人接物的藝術，公共的禮儀與傳統。在美國，雞尾酒會更受重視，因此，有人很幽默地說：「美國在政治上有兩大黨——民主黨與共和黨；但在社交與外交活動的場合，全美國只有一個大黨——『雞尾酒』黨。」

雞尾酒會大都在下午五時以後才開始舉行，歷時一小時半至兩小時，起迄時間通常在請柬上註明。「雞尾酒會」自這個世界有了「雞尾酒」後應運而生，而且順理成章地在全世界各國流行，連共產國家也一概容許。它之所以如此風行，最主要的原因，是因為這種酒會比較輕鬆方便，大家可以無所顧忌，談笑風生，沒有絲毫拘束。不僅可與舊朋友共敘情懷，也可藉此結交新朋友，不像其他宴會莊嚴拘謹，而且只須花最小額的金錢，就可以邀請最多的賓客；其次，是它的場面可大可小，沒有一定的規格與限制，既可以選擇一幢高樓大廈，邀請成千賓客，在整幢樓展開杯觥交錯，亦可「就地取材」，在一間蕞爾小室內，邀三五至友，小酌閒聊，隨心之所欲。前者可盡量鋪張，後者則所花無幾。

雞尾酒會未必只供應雞尾酒

在一般人的心目中，既是雞尾酒會，所供的飲料必然是雞尾酒，才名副其實，然而事實上並不盡然。雞尾酒會的「雞尾」一詞，並不表明酒的性質與雞尾有關，酒會上亦沒有任何象徵「雞尾」的裝飾。

在西方人的觀念中，並不認為雞尾酒會便應喝雞尾酒。他們強調的是酒會和酒，只要是酒，而且只要是一般所愛的酒，在任何酒會，都很適宜。酒會加上「雞尾」也不過是把這種酒會取個名字而已，正如「太空餐廳」不僅沒有太空食品，就連太空人阿姆斯壯登陸月球時的食譜也沒有，亦如在巴黎飯店未必就能找得到凱旋門一樣。

另一方面，雞尾酒種類繁多，調製法與品味均各迴異，酒會貴客眾多，如果都喝雞尾酒，而且任賓客挑選自己所喜愛的品味，無論人手、技術、材料及場地等，都會發生困擾。大多數的「酒仙」不會只熱衷雞尾酒。獨鍾於葡萄酒的人，連拿破崙白蘭地的醇香也未必能使他動心；喜歡喝杜松子酒的人也未必認為喝了威士忌，人生的境界會更高。

雞尾酒會上通常以雞尾酒為主，除雞尾酒以外供應些什麼酒，須依酒會的目的、賓客的身分、人數、邀請者的經濟能力、酒會時間與地點等而定；且另備甜、乾雪莉酒（Sherry）、威士忌、啤酒、果汁或番茄汁者。官場中的酒會比較注重形式，香檳酒與潘契（Punch，以酒、水、牛奶、檸檬等果汁，再調以砂糖、香料等而成的混合飲料，亦即一般所稱的雞尾酒）常被採用。

大型雞尾酒會所用的雞尾酒，通常只有一種，最多兩至三種而已。私人酒會比較注重實質，如邀請的對象都是第一流的品酒專家，而人數也不多，主人就可考慮設置一個開放式的酒吧（open bar），在酒類與人手情形許可下具有較大彈性。在這樣的雞尾酒會上，參與酒會的賓客就可在濃郁融洽的氣氛中，盡情享受其所最喜愛的各式美酒。

雞尾酒的調配

雞尾酒是一種混合而成的雜味酒，用各種不同酒類與其他飲料摻合而成。市面上有現成的雞尾酒（ready made cocktails）出售，亦可定製，但大多是應用時自行調配。

雞尾酒的基本酒大多是烈酒，又叫「利口酒」（Liqueur）。諸如白蘭地（Brandy）、威士忌（Whisky）、杜松子（Jin）、伏特加（Vodka）及龍舌蘭（Tequila）、苦艾酒（Vermouth）等；用來摻配的飲料則是檸檬汁、橘子汁、椰子汁、番茄汁、薄荷精，也有用七喜（Seven up）或牛奶的。

正因為雞尾酒中有烈酒的香醇和芬芳的水果成分，甜度高、風味佳，有促進消化的作用。雞尾酒因調配的材料與方法不同，可分為一百餘種各式各樣的雞尾酒，有如各式各樣的菜餚，都是臨時調配。菜餚通常由廚師依照「食譜」準備，雞尾酒則通常由調酒師照「酒譜」準備。調酒師須熟記酒譜，才能得心應手。遇上某些客人，特別喜歡叫一些稀奇古怪的「不正規的酒」(Special Order)，不僅在「酒譜」上鮮見，連《調酒大全》上也未必找得到，調酒師只有靠經驗行事。例如，有一種叫「冒焰火山」(Flaming Volcano) 的雞尾酒，容器彷若火鍋，中間放酒精點燃，趁冒著熊熊火焰時招搖過席，端到桌上，看似十分「風光」，實則味道不倫不類。

另一種叫「血腥瑪麗」(Bloody Mary) 的雞尾酒，其調配法是用一又二分之一盎斯的伏特加酒為基本酒，摻番茄汁一又二分之一盎斯，再加四分之一茶匙的鮮檸檬汁及少許辣椒粉或胡椒，加冰塊輕攪一下，注入雞尾酒杯中端上，以「富刺激性」取勝，味道怪誕無比，居然也能叫座。

這些「離了譜」的雞尾酒，全是餐館酒肆，生意人賺錢的花招。

也有人喜歡用多種酒——烈酒與淡酒摻混成雞尾酒，如法國畫家勞特萊克 (Henri Toulouse Lautrec，一八六四年至一九〇一年) 晚年自創一種叫「戰慄」(Tremble) 的雞尾酒，是用白蘭地摻入蘭姆酒、苦艾酒、啤酒及其他不知名的酒，混合而成，其味之怪，可以想見。他酷好這種怪雞尾酒，每晚至少一杯。他就在這種雞尾酒的薰醉境界中，完成了一百多幅流傳後世的石板畫，並使得他臨終前於一八九八年至一八九九年完成《西奈山麓畫集》的巨著。

目前最為流行的正規雞尾酒，約有：

(一)馬丁尼之一（Martini Cocktail Dry）。配方是：英人牌杜松子酒（Beefeater Gin）一盎斯與馬丁尼不甜苦艾酒（Martini Dry Vermouth）四分之一盎斯，在調酒杯中加冰塊拌勻，倒入雞尾酒杯中（mixing glass），加橄欖一只加以添飾。

(二)馬丁尼之三（Martini Cocktail Dry）。配方是：法國苦艾酒（Vermonuth）三分之一盎斯、不甜杜松子酒（Dry Gin）三分之一盎斯、香橙苦精（Orange Bitters）三分之二茶匙拌勻，倒入雞尾酒杯中，再加橄欖。

(三)馬丁尼雞尾酒之三（Martini Cockail Sweet）。配方是：義大利苦艾酒（Italian Vermouth）四分之三盎斯、不甜杜松子酒（Dry Gin）一又二分之一盎斯、香橙苦精（Orange Bitters）三分之一茶匙，加冰塊拌勻，倒入雞尾酒杯中，加上以黑櫻桃酒（Maraschino）浸過的酒漬櫻桃一枚予以裝飾。

(四)香檳雞尾酒（Champagne Cocktail）。配方是：白蘭地酒（Whisky）三分之二茶匙、安格式苦精（Angostura Bitters）三分之一茶匙、班尼狄克頓香草酒（Benedictine）三分之二茶匙、一塊糖、一片橘子皮，拌勻後倒入雞尾酒杯中，加以黑櫻桃酒（Maraschino）浸過的酒漬櫻桃一枚，摻冷香檳酒。

(五)華爾道夫雞尾酒（Waldorf Cocktail）。配方是：義大利苦艾酒（Italian Vermouth）三分之一盎斯、裸麥威士忌（Rye Whisky）三分之一盎斯、茴香酒（Anisette）三分之一盎斯、香橙苦精（Orange Bitters）一茶匙，搖動後倒入雞尾酒杯中，再加冰塊。

㈥舊式雞尾酒之一（Old Fashioned Cocktail-Bourbon）。配方是：美國波本威士忌（Bourbon Whisky）一又二分之一盎斯、安格式苦精（Angostura Bitters）三分之一茶匙、香橙苦精（Orange Bitters）三分之二茶匙、半塊糖，攪拌後倒入雞尾酒杯中，加鳳梨一片、橘子一片、以黑櫻桃酒（Maraschino）浸過的酒漬櫻桃一枚及冰一立方塊。

㈦舊式雞尾酒之二（Old Fashioned Cocktail-Seagram’s V.O.）。配方是：加拿大聞名的施格蘭威士忌（Seagram’s V.O. Whisky）一盎斯加少許苦精（Bitters）、薑汁汽水（Ginger Ale），加糖一茶匙、蘇打水一盎斯，拌勻後倒入雞尾酒杯中，加檸檬一片、橘子一片、以黑櫻桃酒（Maraschino）浸過的酒漬櫻桃一枚及冰一立方塊。

㈧曼哈頓雞尾酒之一（Manhattan Cocktail-Seagram’s V.O.）。配方是：加拿大聞名遐邇的施格蘭威士忌（Sergram’s V.O. Whisky）一盎斯與馬丁尼甜味苦艾酒（Martini Sweet Vermouth）二分之一盎斯，再加冰塊，並在調酒杯中攪拌後，倒入雞尾酒杯中，加櫻桃一枚。

㈨曼哈頓雞尾酒之二（Manhattan Cocktail-Rye）。配方是：裸麥威士忌（Rye Whisky）三分之二盎斯、義大利苦艾酒（Italian Vermouth）三分之一盎斯、安格式苦精（Angostura Bitters）三分之一茶匙，拌勻後注入雞尾酒杯中，加冰塊及以黑櫻桃酒（Maraschino）浸過的酒漬櫻桃一枚予以點綴。

(十)曼哈頓雞尾酒之三（Manhattan Cocktali-Rum）。配方是：牙買加甘蔗酒（Jamaica Rum）三分之二盎斯、義大利苦艾酒（Italian Vermouth）三分之一盎斯、安格式苦精（Angostura Bitters）三分之一茶匙，拌勻後注入雞尾酒杯中，加冰塊及以黑櫻桃酒（Maraschino）浸過的酒漬櫻桃一枚。

(十一)曼哈頓雞尾酒之四（Manhattan Cocktail-Scotch）。配方是：蘇格蘭威士忌（Scotch Whisky）三分之二盎斯、義大利苦艾酒（Italian Vermouth）三分之一盎斯、安格式苦精（Angostura Bitters）三分之一盎斯，攪和後注入雞尾酒杯中，加以黑櫻桃酒（Maraschino）浸過的酒漬櫻桃一枚及冰塊。

(十二)曼哈頓雞尾酒之五（Manhattan Cocktail-Seagram's V.O.）。配方是：施格蘭威士忌（Seagram's V.O. Whisky）一盎斯、馬丁尼甜味苦艾酒（Martini Sweet Vermouth）半盎斯，攪拌後注入雞尾酒杯中，加冰塊及以黑櫻桃酒（Maraschino）浸過的酒漬櫻桃一枚。

(十三)蜜月雞尾酒（Honeymoon Cocktail）。配方是：波特葡萄酒（Port Wine）三分之二盎斯、裸麥威士忌（Rye Whisky）三分之一盎斯、雞蛋一枚、糖半茶匙，搖動後加冰塊。

(十四)瑞勃洛雞尾酒（Robroy Cocktail）。配方是：起瓦士蘇格蘭威士忌（Chivas Regal Scotch）一盎斯、馬丁尼甜味苦艾酒（Martini Sweet Vermouth）半盎斯，加少許苦精（Bitters），在調酒杯中拌合後，倒入雞尾酒杯中，並加櫻桃一枚。

（十五）德克力雞尾酒之一（Daiguiri Cocktail-Jamaica Rum）。配方是：牙買加甘蔗酒（Jamaica Rum）二盎斯、柑香酒（Curacao）三分之二茶匙、橘子汁一茶匙、糖一茶匙、檸檬汁半茶匙，搖動後加冰塊。

（十六）德克力雞尾酒之二（Daiguiri Cocktail-Ronrico Rum White）。配方是：白色甘蔗酒（Ronrico）一盎斯、萊姆（lime）或檸檬（lemon）半盎斯，加糖一茶匙，搖動後倒入雞尾酒杯中。

（十七）夏威夷雞尾酒（Hawaiian Cocktail）。配方是：不甜杜松子酒（Dry Gin）半盎斯、石榴糖漿（Grenadine）四分之一盎斯、鳳梨汁四分之一盎斯，搖動後注入雞尾酒杯中加冰塊。

（十八）上海雞尾酒（Shanghai Cocktail）。配方是：牙買加甘蔗酒（Jamaica Rum）三分之二盎斯、石榴糖漿（Grenadine）三分之一盎斯、安格式苦精（Angostura Bitters）三分之一茶匙、柑香酒（Curacao）一茶匙，搖動後倒入雞尾酒杯中。

（十九）螺旋鑽雞尾酒（Screw Driver Cocktail）。配方是：伏特加（Vodka）二盎斯、橘子汁三盎斯，加碎冰塊攪拌後倒入雞尾酒杯中。

（二十）瑪格麗特雞尾酒（Margarita Cocktail）。配方是：墨西哥龍舌蘭酒（Tequila）一又二分之一盎斯、調酒用的橘子甜酒（Triple sec）半盎斯，加半個檸檬或萊姆（lime，青色果實，類似檸檬）鮮汁，拌和後倒入雞尾酒杯中，並以檸檬或萊姆（lime）一片掛在杯緣點綴。這種雞尾酒調好後呈淡蘋果綠，亦可加用果汁機打細成鹽狀的碎冰塊。

(二十)披南科拉達雞尾酒（Pina Colada Cocktail）。配方是：甘蔗酒（Rum）二盎斯、椰子汁二盎斯、鳳梨汁三盎斯，拌和後加碎冰塊少許，再加鳳梨一片及櫻桃一枚。

(二一)紐約克（New York）。配方是：混合威士忌（Seagram's Seven Crowen Whisky）一盎斯與萊姆檸檬汁（Lime Lemon Juice）二分之一盎斯，再配少許櫻桃汁（Cherry Juice）拌合，搖動後倒入雞尾酒杯中。

(二二)史敦格。配方是：Martineau Brandy 一兩與白薄荷香甜酒（White Creme de Menthe）一盎斯，拌合搖動後倒入雞尾酒杯中。

(二四)威士忌索爾（Whiskey Sour Cocktail）。配方是：加拿大之混合威士忌（Seagram's Seven Crown Whisky）一盎斯與檸檬汁二分之一盎斯，加糖一匙，拌合搖動後倒入威士忌杯中，再加櫻桃片、橘子片或檸檬片。

(二五)奧德法斯（Old Fashioned）。配方是：施格蘭威士忌（Seagram's V.O. Whisky）一盎斯與少許蘇打水，加一匙糖、薑水及冰塊攪拌，倒入酒杯中，再加橘子片、櫻桃片或檸檬片。

(二六)吉特赫博（Kitti Highball）。配方是：紅葡萄酒摻薑汁及啤酒。

(二七)史勃力札。配方是：雪莉酒（Sherry）加七喜汽水（Seven up）或白葡萄酒摻汽水。

(二八)提吉拉日出。配方是：龍舌蘭（Tequila）或香檳（Champagne）摻橘子汁及蘋果汁，加櫻桃一枚。

(廿九)金雷特。配方是：杜松子酒（Jin）加檸檬汁。

以上是個人為服務對象的單人份雞尾酒配方。如果是團體，多數用「潘契」，分量依人數而定，舉例如下：

(一)香檳潘契（Champagne Cup Punch）八人分。配方是：香檳（Champagne）一夸爾（quart或Qt，等於四分之一加侖）、汽泡礦泉水（Seltzer）一夸爾、雪莉酒（Sherry Wine）四盎斯（Ounce或Oz，等於一英兩）、白蘭地（Brandy）二盎斯、白色柑香酒（White Curacao）二盎斯、黑櫻桃酒（Maraschino）二盎斯、安格式苦精（Angostura Bitters）一茶匙、糖漿一茶匙，再加檸檬三片、橘子三片，倒入潘契玻璃盆，加冰塊攪拌。

(二)西達潘契（Cider Cup Punch）八人分。配方是：蘋果酒（Cider）一夸爾、汽泡礦泉水（Seltzer）一品脫（Pint或Pt，等於八分之一加侖）、雪莉酒（Sherry Wine）四盎斯、白蘭地（Brandy）三盎斯、檸檬汁二分之一盎斯、鳳梨汁二盎斯，加糖及荳蔻與冰塊攪拌，放入潘契玻璃盆冰凍。

(三)威士忌潘契（Whiskey Punch）十二人分。配方是：裸麥威士忌（Rye Whiskey）二夸爾、汽泡礦泉水（Seltzer）四夸爾、橘子汁一品脫、檸檬汁一品脫，糖一磅、鳳梨二分之一片、橘子四分之一個、檸檬二片，倒入潘契玻璃盆冰凍。

(四)鳳梨潘契（Pineapple Punch）十人分。配方是：汽泡礦泉水（Seltzer）一夸爾、莫薩爾葡萄酒（Moselle Wine）一又二分之一夸爾、不甜杜松子酒（Dry Gin）一又二分之一夸爾、安格式苦精（Angostura Bitters）二茶匙、黑櫻桃酒（Maraschino）三盎斯、鳳梨汁四分之三盎斯、石榴糖漿（Grenadine）四分之三盎斯，另加鳳梨碎塊，放入潘契玻璃盆，盆外用冰冷凍。

(五)杜松子酒潘契（Gin Punch）二十人分。配方是：不甜杜松子酒（Dry Gin）四夸爾、汽泡礦泉水（Seltzer）四奈爾、黑櫻桃酒（Maraschino）四盎斯、橘子汁十二夸爾、檸檬汁六夸爾、糖四分之一磅，放入潘契玻璃盆中冰凍。

(六)馬德拉潘契（Madeira Punch），五十人分。配方是：馬德拉葡萄酒（Fine Madeira）四瓶、杜松子酒（Gin）一瓶、薑汁汽水（Ginger Ale）十二瓶、檸檬露（Lemon Squash）四分之一瓶、橘露（Orange Squash）四分之一瓶，先將杜松子酒（Gin）與檸檬露、橘露（Squash）混合摻拌。冰凍後，供賓客飲用時才加薑汁汽水（Ginger Ale）而不再攪拌。

(七)水果潘契（Fruit Punch）一百人分。配方是：甘蔗酒（Rum）或白蘭地（Brandy）或杜松子酒（Gin）八夸爾、汽泡礦泉水（Seltzer）八夸爾、香蕉蘋果或鳳梨碎片一夸爾、糖二磅、葡萄汁一夸爾、檸檬汁一夸爾、草莓汁二夸爾、櫻桃汁二夸爾、蔗莓（Rasp-berry）汁二夸爾，倒入潘契大玻璃盆中，摻拌冰凍。

雞尾酒注重花式、講究裝飾，故除了酒和用以搭配的各式飲料外，還須準備櫻桃、鳳梨塊、檸檬片、柳丁片、橘子片、竹籤及紙質小雨傘等。

各種玲瓏細緻的雞尾酒酒杯也是五花八門、琳瑯滿目，如高腳杯、低腳杯、圓形杯、圓錐杯等，不一而足，調酒師必須熟練，才能手腳靈活，臨忙不亂，手到拈來。

雞尾酒學校

雞尾酒的調配，不只是一種技術，而是一種藝術，也是一門高深的學問。

全世界酒館、餐廳、旅館或夜總會附設的酒吧多達千萬家，單就美國而論，就有將近三十萬家，調酒師供不應求。其薪水之高，超過一般碩士級，甚至可媲美博士級，因此全美國有好幾所雞尾酒訓練學校，專門培養調配雞尾酒的人才。

以「美國調酒師學校」（American Bar Tenders School）為例，它於一九六九年創立，現在全美國有二十五所分校，並附設數十套酒吧設備。學校課程以「教學」與「實習」兩者並重：教學部分在使學生了解各類酒的歷史、特性、釀造方法及過程，各種餐酒所宜搭配的菜餚，和各種雞尾酒調製的配方等；實習部分在使學生如何使用光怪陸離的雞尾酒調配工具，水果如何切片，雅緻但極脆弱易碎的杯盆如何清洗及酒櫃如何整理等。整個教學與實習過程是一種密集訓練，為期三週。學費高昂，但學校保證畢業後可代為介紹工作。

學生申請入學時須經過嚴格的「口試」，接受「問卷式」調查，以確定是否適於此一行業。從入學開始就得恪遵該校「三不」、「三要」的誡條。

所謂「三不」、「三要」是：1.「不」要時常板著臉孔（一副 long face），即「要」經常面帶笑容；2.「不」要涉入客人的談話，而「要」裝聾作啞；3.「不」可怠忽職守，而「要」勤於服務，保持整潔。

課程講授結束後的實習階段是分成兩人一組，一人充當調酒師，另一人充當客人，由專任教師從旁指導改正。指導教師會要求學生先學量配，再用眼力及心算確定配酒的分量，俾能在調供客人所需的雞尾酒時做到迅速確實。不可用即將用光的酒瓶在客人面前倒酒，使客人有「殘酒」或「酒量不夠」的感覺。接轉電話更是一種學問，即使客人在場，而且是熟客，也要先問明對方是誰，然後說：「得去找找看是否有這客人在場」，讓客人決定是否願意接聽，許多「懼內」的男士往往喜歡在獨自開懷飲酒時逃避太太的追蹤管束。凡此種種，都屬於其所特別強調的「服務」訓練。

課程與實習全部告一段落時，便可參加每週末所舉辦的結業考試。

考試很嚴，分筆試與口試及調酒測驗。調酒測驗尤其嚴格，時間限定五分鐘，考試官以「三、三、四」共十種各式各樣的雞尾酒叫名，首先叫三種，學生一聽便得立即牢記，並立即照酒名配方調配倒入正確的雞尾酒杯端上，往往還沒有調配好，考試官又叫第二組的三種，不出兩分鐘，又接著叫第三組的四種，除非熟背酒譜，訓練有素，臨場頭腦清晰，眼明手快，否則難以得心應手，獲得通過。如不獲通過，只好多加演練等到下個週末再考，直到通過調酒考試，學校認為可勝任調酒而獨當一面才算及格，才發結業證書，絕不含糊。

這所雞尾酒調酒師訓練學校平時與各酒館餐館及全美酒業公會都有密切聯繫，調酒師的需求與聘僱都輸入電腦，學生尚未結業，各酒業已在等待聘用，一離開學校，便直接前往工作，證明雇主對這所學校表示信任。全美國從東岸到西岸，都有這所學校的校友，真可謂是「桃李滿天下」。畢業生中除了有些原本是為了方便在家裡宴客而自己調酒或便於自調自酌之外，全部皆已就業。

全美酒業公會為了感謝這所學校提供最重要的人力資源，促進酒業發展，間接增加了酒類的銷售量，特別頒發獎狀及獎金。

葡萄酒的傳奇

話說法王路易十五偕皇族到巴黎市郊凡爾賽宮後的叢林狩獵，一位叫珍妮．波瓦索迪的純樸少婦為了表示對路易十五的仰慕，在他們歇息時欲上前獻上一罈「奈斐特城堡」紅葡萄酒，左右侍衛不敢轉呈葡萄酒，但路易十五早已看在眼裡，吩咐侍衛將美酒與佳人一起帶回凡爾賽宮，這位少婦因這瓶葡萄酒給她帶來了無比的幸運，一躍而成了彭巴特夫人，從此在宮中享盡榮華富貴。而那瓶葡萄酒所含的鮮豔濃郁的紅色，也隨著變成了「凡爾賽紅」，並成為當時全法國貴婦與淑女面頰、嘴唇及指甲上最流行的色彩。

全球年產葡萄酒五十億加侖

全世界葡萄酒產量驚人，平均每年在四十七億加侖以上，至二十世紀後半葉迄今產量最多，約為每年五十億加侖。從前面所述這個真實故事及全世界葡萄酒產銷量驚人的天文數字，可以推知世人對葡萄酒的愛好。

葡萄酒產銷量最高的首推法國，每年約十二億五千萬加侖，超過全球總產量百分之二十五，它與白蘭地及香檳酒在法國鼎足三立，稱雄於世。緊隨法國之後的是義大利，義大利盛產葡萄及葡萄酒，大有取代法國之勢，約每年生產九億七千萬加侖，占全球葡萄酒總產量百分之二十。產量占全球第三位的西班牙，年產量約四億九千萬加侖，占全球總產量約百分之十。此外，美國、智利、希臘、匈牙利及羅馬尼亞，葡萄酒的年產量都在一億加侖以上。德國葡萄酒年產量僅約五千萬加侖，低居第十四位，但以品質優越著稱於世，尤以白葡萄酒為全球之冠。法國夙有「葡萄酒王國」的雅號，事實上，約近七個世紀以來，法國一直在「酒」的世界稱霸。

在一九六〇年代以前，法國葡萄酒原料的主要來源是它在北非的殖民地阿爾及利亞。阿爾及利亞自一八四八年起成為法國的殖民地，全境二百四十萬平方公里的地域絕大部分是葡萄園。後來阿爾及利亞於一九五四年興起民族運動，法國為了保持在阿國的葡萄園，不惜掀起明知不會有好結果的「七年戰爭」，一九五八年五月，阿境法軍同情並支持阿爾及利亞人脫離法國政府。一九六一年七月法阿談判，一九六二年二月達成協議。

阿爾及利亞獨立之初，法國葡萄酒原料一度匱乏，原料供不應求的結果，法國葡萄酒產量因此急劇下降，迫使法國政府下定決心，在法國本土廣闢葡萄園，使法國葡萄產量保持「全球第一」。

葡萄酒的主要成分

葡萄酒是用葡萄榨汁釀造而成，適於佐餐，因含有營養成分，如飲用適量，當有益健康。因葡萄的品種及其在園裡成長的時間、土壤與其所受的陽光、雨量、收穫季節、釀造法，以及釀造後窖藏的年分、酒廠所在地的環境和廠牌等不同，其所含成分比例亦有差別，通常有甜、不甜、小甜、中甜、極甜等不同口味，酸度勁道，以及品嘗時香味在口中停留的久暫等，均各迥異。就一般而言，葡萄酒所含各種成分，多達二百五十種，其中最主要的有七種：

(一)由葡萄樹直接從泥土中吸收獲取的無微生物純水分：占百分之七十五至九十。

(二)由糖分醱酵產生的含醇變酒精：占百分之八．五。

(三)糖分：通常含〇．五至五十克不等。

(四)丹寧：〇．一至二．五克，僅紅葡萄酒中才有。

(五)天然色素：〇．五克。

(六)有機酸液：包括乳酒石酸、蘋果酸及少量氨基酸。

(七)礦物質維他命B、C、B_1、B_2、B_6、B_{12}。

葡萄酒中含醇的濃度，通常是液體中含醇的濃度。若到了某一限度，就會將其中負責醱酵的酵母殺死。因此，天然醱酵的葡萄酒所含的醇絕不會超過百分之十五，而大多數是百分之十二至十四。而許多釀造後只供當地消費的葡萄酒，含醇量往往少到百分之七。

臺灣菸酒股份有限公司自民國七十四年三月起上市的「葡萄酒」，酒精含量僅及百分之二，比啤酒的酒精含量百分之三．五更低，自不容易傷身。

葡萄酒的種類

世界各國葡萄酒品牌甚多，不下於數千種，各有特色，大抵以法國與德國所產品質最佳，歐洲共同市場國家所產銷的葡萄酒按規定須標明種類、品牌、產地，故比較容易辨識。

就法國葡萄酒而言，可概略區分為四種：

㈠餐中酒（Table Wines 或稱 Beverage Wines）：因係在用餐時於餐桌上提供，故稱餐中酒或餐酒。由於只含天然醇量，故餐中酒酒精成分通常不低於百分之八．五，亦不高於百分之十五。有些癮君子對這種醇度不滿意，於是產生了加強醇度的加醇葡萄酒（Fortified Wines），諸如雪莉酒（Sherry）以及波特酒（Port）、馬德拉酒（Madeira）等，其醇度提高可達百分之十八至二十或者更高。

餐中酒也有些是用多個不同產品或多個不同國家的葡萄酒摻混而成，出售時大都標明品牌。全世界聞名的道地葡萄酒品牌畢竟不多，僅法國與德國才有，即法國的 Claret 與 Burgundy 及德國的 Hock 與 Mosel（亦作 Moselle）。

Claret 是在法國西南部波爾多（Bordeaux）酒區出產的一種紅色葡萄酒，這一廠牌的葡萄酒的深紫紅色是專用的，故已演變成了顏色的專名。「Burgundy」的產區是法國東部的勃根地（Bourgogne）省，以紅色葡萄酒居多，亦有少數白葡萄酒，特稱為勃根地白酒（White Burgundies）。Mosel 是法、德邊界莫薩爾（Mosel）河谷地於德國境內所出產的白葡萄酒。Hock 是德國萊茵河流域所產的白葡萄酒，有較甜的，也有只含些許甜味的，「Hock」這個字來自美因茲（Mainz）附近的地名「Hochheim」。

㈡鄉村酒（Country Wines）：係以某一特殊品種的葡萄，在某一特定地區釀造，酒瓶上的標籤紙除標明品牌外，對釀造地名稱亦均有詳細記載。

㈢ VDQS（Vins Délimité de Qualité Supérieure）：通常係由政府所指定的品酒師品嘗及格再呈請政府批准，始可將「VDOS」的標籤紙貼上。不僅如此，這種酒傳統上即有一定的標準，並且有法規對生產的過程加以嚴格管制。

㈣ AOC（Appellation d'Origine Contrôlée）：這種酒的釀造區通常由政府指定，政府並訂有法規，對釀造過程嚴加限制，不能稍有逾越。酒釀成後，經當地政府指定的品酒師品嘗及格後，始可在酒瓶上貼上「AOC」的牌紙。

葡萄酒的等級與年分

葡萄酒是否應與白蘭地等烈酒一樣分成等級？答案是「肯定的」。

德國葡萄酒的等級非常明確。一般葡萄酒有三種等級，有頭銜的高級葡萄酒則分為六個等級，產量亦少，僅占總產量五分之一，此或即「物以稀為貴」。

這類高品質葡萄酒最高級是「精選級」（Auslese）；其次是「漿果精選級」（Bee renauslese）；第三是「冰酒級」（Eiswein）；第四是「乾漿果精選級」（Trocken beer enauslese）；第五是「內閣級」（Cabinet）；第六是「遲採級」（Pick up late）。

「冰酒級」的得名是因釀造這種酒的葡萄在未採收之前，是被包在一層冰霜裡。「乾漿果精選級」是挑選非常少雨且乾旱年的葡萄所釀造，故並非每年都有出產，因而珍貴。

愛爾蘭聲望卓著的品酒師兼化學師梅里遜（Mr L. W. Marrison）將歐美的葡萄酒分為四個等級：1.特優級（Great wines 或稱 Great beverage wines）；2.優良級（Fin wine）；3.普通級（Ordinary wines 或稱 Vin ordinaire）；4.標準級（Standard wines）。前三個等級是針對歐洲的葡萄酒予以區分，第四個等級則包括美國等地區在內的葡萄酒。

特優級的葡萄酒通常是指法國及德國所產品質優良的葡萄酒，但具備這品質的廠牌每年都會變動，如在勃根地白酒（White burgundy）中有幾家過去曾被專家選中，後來即未見再在名單中出現；許多過去曾被列入名單，後來卻未再被入選。優良級的葡萄酒是指味道鮮美而價格並不昂貴的葡萄酒，其又細分為二十種，這二十種中最好的通常被選作特優級葡萄酒的候補葡萄酒，最差的則只比普通級葡萄酒略勝一籌。普通級葡萄酒包括法國軍隊配給的皮納德葡萄酒（Pinard）及在歐洲各國酒吧夜總會桶裝零售的紅、白葡萄酒液。這類葡萄酒，品質粗劣，在市面通常是瓶裝零售，常有低階層人士買來供每日餐用，這是因法國人用餐時均乏湯類緣故。

歐洲各國所釀造的葡萄酒，因受天候影響，每因「年分」（天候）好壞而品質優劣相差懸殊。在美國、加拿大、澳洲與南部非洲地區，不但氣候年年恆定，而且從種葡萄到釀造葡萄酒的過程，都是充分運用科學技術，故品質極為可靠，年年都能保持一定的標準，不可能有變化，但酒的品質絕對趕不上德、法兩國的「特優級」與「優良級」葡萄酒，而只能稱為「標準級」。

美國加利福尼亞洲的紅、白葡萄酒每以加侖為單位來大量出售，每加侖價僅五美元，可是價廉未必物美，口味非一般人所能接受。

由於美國人怕胖，葡萄酒釀造廠商為了酒的銷路，使酒的口味不但不甜且稍為加澀，甚或苦、酸兩味混淆。飲了這種酒之後，非但不會發胖，反而會使你更瘦，是「減肥」的良劑。

美國家庭主婦用紅葡萄酒烹魚或燒牛排，每次用約半杯葡萄酒調勻後再燒，味道鮮美腴嫩。

法國亞爾薩斯地區所產葡萄酒，大多色彩清澄，味道芬芳醇美，但只要開了瓶，便不能長久保持。這種品質的葡萄酒，在臺灣每〇・六公升瓶裝，售價就要新臺幣一千元（約合三十四美元）以上。

法、德許多聞名葡萄酒釀造廠商為了維持良好聲譽，在釀造過程中，對品質非常注意講求。遇到氣候欠佳的年歲，他們只好無可奈何地摘下這些品質較劣的葡萄釀成葡萄酒後，以低廉價格，整批銷給不計較牌名的酒商，避免用自己的牌名出售，以免影響聲譽。

法國、德國、義大利及西班牙等歐洲產酒國家，都有自己品質管理的釀酒法規，從養葡萄、使葡萄發酵及對葡萄酒的裝桶與窖藏等，都有嚴謹的規定，故所釀的酒都非等閒之輩。

葡萄酒因等級不同，價值亦有天壤之別。聞名遐邇的美籍俄裔品酒專家黎契尼，早在一九五〇年代編寫過一部酒類百科全書，將葡萄酒分為五個等級：1.特級（Outstanding）；2.異級（Exceptional）；3.儕級（Grents）；4.超級（Superior）；5.佳級（Good）。

黎契尼自己也是釀酒專家，他與馬古堡同以產紅葡萄酒聞名，但他對自己所出產的酒，只標以一個「佳」字而已，絕不虛誇，以保持信譽。他先後寫過三本《酒經》，都曾暢銷一時。

再話葡萄酒

葡萄酒的產地

世界各國都公認：全世界最好的餐中酒是出產在德國和法國。各國外交團請客，即使是英國、西班牙、比利時等，也都用法國葡萄酒或德國葡萄酒。

萊茵河流域所盛產的白葡萄酒，為德國贏得了「餐酒之王」的專號。德國所出產的葡萄酒中，幾乎百分之九十是白葡萄酒，釀造方法精良，色澤冰晶玉潔，味道芳醇，絕非偶然。

法國呢？眾人皆得知法國的波爾多（Bordeaux）地區出產的紅葡萄酒，為法國贏得了「餐酒女王」的雅譽。

法、德兩國以釀造葡萄酒聞名，主要是地理位置與氣候優越，不僅氣候適宜於葡萄樹種植生長，而且地形與環境最適宜釀酒。

法國的波爾多與勃根地（Burgundy）地區和德國的萊茵河（Rhineland）地區有些葡萄園的位置最佳，土壤亦最適宜，由專家培植葡萄，藉由經驗的累積，並吸取科學的精華，釀造出色香味俱佳的玉液瓊漿、舉世推崇的葡萄酒。

在法國，因省分不同，所適宜釀造的酵酒種類也不同，如洛拉哥省夏日長而炎熱，適合釀造醇厚深濃的烈酒；而羅文爾省氣候溫和，適於釀造清爽可口的淡酒。

法蘭西全國多處盛產葡萄酒，但酒的最大輸出港是位於吉朗特河谷（Valleys of Gironde）豐腴腹地的波爾多（Bordaux）港。世人只知道波爾多市南部的葉坤堡盛產聞名的高級白葡萄酒，殊不知阿爾塞斯（Alsace）也盛產極享盛譽的 AOC 高級白葡萄酒。

波爾多市西南的霍特普力歐堡則盛產聞名的紅葡萄酒。這裡的釀酒廠歷史悠久，係艾森豪總統任內的美國財政部長狄倫（Douglas Dillon）所有，年產十五萬瓶瓶裝紅葡萄酒，行銷全球各地。

奈懷特堡、賴多爾堡、馬古堡及霍特普力歐堡早在一八五五年並稱「四大堡」，所產葡萄酒的名稱達一百九十多種。這些釀酒廠面積都很大，如奈懷特堡葡萄園占地大到二百二十畝，但為了保持品質，每年只釀三十萬瓶葡萄酒。

德國境內葡萄酒釀造廠最大的共十一家，大都沿萊茵河域兩岸及交會的支流設立，其所產百分之九十是白葡萄酒。

萊茵閣（Rheingau）區不僅盛產白葡萄酒，距約翰尼斯堡僅數里之遙的艾斯敏侯遜（Assmannhausen）地區亦以盛產紅葡萄酒聞名，並已贏得「紅葡萄酒之島」的雅譽。但萊茵閣、萊茵菲耳斯（Rhzinfalz）及萊茵赫遜（Rhein Hzssen）這三個區所產的百分之八十是白葡萄酒。

萊茵河兩岸，受天時地利之惠，尤其背山朝河、櫛次鱗比的山坡地，背後既有脫娜妮斯山脈阻擋冷冽的北風；前面又可充分吸收南面射來的燦爛陽光，及萊茵河河水所蒸發出來的溼潤而溫和的空氣，加上水面陽光所反射的光與熱，使葡萄含有大自然陽光芬芳的氣味。而晨昏時令，山間及水面氣溫驟降所帶來的濃霧，更促使葡萄中優良菌類醱酵滋長，而其表層的雜菌則悉數消除。

萊茵河域兩岸所種植的葡萄品種以利詩林格居多，其所釀造的葡萄酒，品質優越，甜中略帶酸味，醇度高雅，喝在口裡，令人有柔軟優悠的感覺，而使德國與法國及義大利鼎足而立，成為歐洲三大著名葡萄酒產地之一。

這裡所產名牌葡萄酒有：Oppenheim、Liebfraunmich、Ingenheim、Worms、Nierstein 及 Rosalack Auslse 等。

萊茵河域產葡萄酒所用的酒瓶與莫薩爾（Mosel）河域所用的酒瓶顏色上有區別：萊茵河域葡萄酒瓶是綠色，而莫薩爾河域葡萄酒瓶是茶色。

此外，值得一提的是萊茵菲耳斯區所產的葡萄酒中，有兩種非常特別，一種是用扁平水壺形的瓶裝酒，另一種叫「晚摘」的葡萄酒。「晚摘」葡萄酒是白葡萄酒中的極品，帶蜜味、香醇濃度高而且圓潤。最主要的原因是這種白葡萄酒的原料是在葡萄藤架上成熟的葡萄，讓它風乾枯萎後，由附香的微生物天然醱酵液汁濃縮成糖分高且小粒的乾葡萄，其成本之高，亦非比尋常。

釀造葡萄酒的醱酵桶

經特別設計用來釀造葡萄酒的醱酵桶（Vats 或稱 Curves）通常用木料製成，亦有用石塊、或磚與水泥砌成、也有金屬鑄成的醱酵桶，但金屬桶為聞名酒廠所不取。

葡萄酒醱酵桶容量自五十加侖至五萬五千加侖不等。因醱酵生熱，而溫度又必須始終保持在華氏九十度至四十度之間，散熱是一大問題。小桶因桶遇散熱所產生的二氧化硫有助於散熱，故問題較小。大型的醱酵桶就有困難，通常在熱的地方須有冷卻設備，而在冷的地方便須有加熱設備。

用低溫釀造葡萄酒，品味較佳；用較高溫度，則可縮短釀造過程所需的時間，從而減少與空氣接觸而削弱釀醋菌活動的機會。

美國葡萄酒業已研究培養成低溫而勤勞工作的酵母，足以提高葡萄酒的品味。

葡萄酒的釀造

一般水果在釀成酒後，香味隨即減損，唯獨葡萄釀成酒後，反而香味更醇。因此，葡萄從各類水果中脫穎而出，成為釀酒原料中的翹楚。

用來釀酒的葡萄，種類很多，最珍貴的有三種：第一種是釀造波爾多葡萄酒（Bordeaux）用的赤霞珠（Cabernet-Sauvignon），第二種是釀造勃根地葡萄酒（Burgundy）用的黑皮諾（Point Noir），而第三種則是釀造霍克白葡萄酒（Hock）用的麗絲琳（Riesling）。

釀造葡萄酒的過程與原理簡單卻很微妙。在方法上，紅、白葡萄酒的釀造方法各有不同。

葡萄酒的醱酵

葡萄汁最先由空氣中自由飄蕩的野生酵母（wild yeasts）推動而天然醱酵，使糖變酵。但野生酵母製醇的功能低弱，在工作約三十六小時產生約百分之六的醇後，便會死亡。同時，野生酵母也會產生奇怪的味道，遲滯釀酒酵母的活動。

釀酒酵母是天然存在於葡萄園中，在葡萄皮上特別多，也由果蠅之類的飛蟲傳播。它接替野生酵母醱酵的工作，繼續將醱酵木桶內的葡萄汁含醇濃度提高。若葡萄汁含糖多，可產生百分之十二至百分之十四的醇。

普通葡萄汁含糖量只夠產生百分之十一至百分之十二的醇。因各國的釀酒法禁止在醇酒加糖，故每年葡萄酒的好壞，主要在於釀酒所用的含糖量。若葡萄汁中所含糖分在醱酵過程中全部用罄，則所釀成的葡萄酒便會全無甜味而稱之為不甜葡萄酒（Dry Wine）。不過，最「Dry」的葡萄酒，仍含有百分之〇・二的糖分。

二氧化硫的使用

在葡萄酒釀造過程中，葡萄中的糖分尚未用盡之前，釀醋的細菌開始活動，將醇變成醋酸。西方的「酒醋」（wine vinegar）就是這樣釀造的，味道香濃，非一般純醋可比。

葡萄酒釀造過程中最大的難題，就是酒中醋酸含量須保持在法定的限度以內，如法國的法律規定不得超過萬分之二十五，為了保持這一限度，釀酒師（cellar master）必須在醱酵前或醱酵後用二氧化硫（sulphur dioxide）消滅「釀酒酵母」以外的所有微生物，盡可能使醱酵木桶內的液汁與空氣隔離，並盡早將果皮及其他漂浮的雜物清除。

紅葡萄酒的釀造

釀造紅葡萄酒時，葡萄皮與葡萄核、甚至葡萄梗，在醱酵桶中受二氧化硫的影響，會漂浮到液汁表層，形成遮蓋，釀醋菌即在這一表層活動，必須隨時壓下去。通常壓下去的方法有兩種：其中是用唧筒將「蓋子」下的液汁不斷抽到上面去；其二是在「蓋子」下端放兩根木棍，人站上去。二千加侖大桶中浮起的「蓋子」，足以支持一個人的重量。

用黑葡萄做原料釀造紅葡萄酒時，因黑葡萄本身所含的鞣酸（tannin，即防腐劑）較多，如果在釀造時又是連皮帶核梗，則所含鞣酸更多，故酒的品質較能保持長久。

白葡萄酒的釀造

有一種白葡萄酒，也是用黑葡萄釀成，榨汁手續雖較複雜，但酒味較佳。又因白葡萄酒所含鞣酸較少，故須加以保護。

用白葡萄釀酒，雖係連皮，其含酸量仍低，故在醱酵後常須加鞣酸與酒石酸（tartaric acid），酒石酸亦係葡萄酒品味要素之一。白葡萄酒因原料中有葡萄皮，故帶淺黃或淺綠色。

釀造價廉的白葡萄酒方法是，在葡萄汁的糖分尚未完全用罄之前，加二氧化硫或施用「巴斯德氏消毒法」（Pastereurization）做短時間加熱，然後快速冷卻，使醱酵停止。

另有一種甜的白葡萄酒釀造法是將葡萄摘下後，先置於麥稈（straw）下經過日晒，或置於暖室內，使水分蒸發而提高其含糖量比例。以這種方法釀造成的白葡萄酒（Straw Wines 或 Vin de Paille），含糖量及甘油類較多，而含醇量與正常釀造法所釀成的白葡萄酒完全一致。

在埃及、土耳其、敘利亞及黎巴嫩，即地中海東岸地區，有一種葡萄酒的釀造法，是在適當的時機，將葡萄梗絞扭，使樹液不再流通而令葡萄在莖上變乾，成為所謂「passulated grapes」，其目的在使葡萄汁內含有變醇且使用不盡的糖分可以變作「Straw Wine」的一個變體。

用葡萄乾（raisins）釀造的酒，在法國、西班牙及義大利都不准稱為葡萄酒，在其他歐洲國家亦然，僅希臘是唯一的例外。

葡萄酒的窖藏

葡萄汁在醱酵桶裡醱酵成熟後，流出來的是含有醇、甘油、色素、數種酸類、少量未曾醱酵的膠、磷酸鹽及其他溶鹽類的混濁液體。液體上漂浮著黴菌、果膠、蛋白質、礦物質、活的與死的酵母等混雜物。

所有這些漂浮在酒液上的固體混雜物，在裝桶前都必須自酒液中全部清除，然後酒液注入大木桶封閉，將木桶平放在涼爽的地窖裡，排成長廊。

葡萄酒在大木桶裡，在最初兩個月，由於木桶的吸收、冷卻、分化及自空氣中消失，酒汁虧損量（ullage）逐漸加大，體積也就逐漸減少，必須不斷用同年的或前一年的好葡萄酒添補。如果是小木桶，通常會用一瓶已釀好的葡萄酒倒立插入酒桶塞，使逐漸自動補足。

木桶吸收量相當可觀，新木桶吸收量多達百分之十，舊木桶也會吸收百分之一至百分之二。有些酒廠為了盡量使桶內不存空氣，不時注入洗淨的小石子，作為虧損的填充（quil-lage）。

桶內的葡萄酒汁經過窖藏相當時日後，酒汁中所含的混濁物逐漸下沉，此時便可用酒管將上層較清澈的酒汁緩緩吸出，再另外裝桶，繼續窖藏。

這一「吸酒」步驟，英文叫「racking」，吸酒的時間及數量多少，全視當地氣候而定。暖和的地區，須較早「吸酒」，而且「吸酒」次數也要多些；涼爽的地區，如法國的波爾多（Bordeaux），則從冬季開始，再分別在三、六、九月作第二、第三、第四次「吸酒」。

葡萄酒因市場消耗量大，各國所釀的葡萄酒大部分在釀好後一年內即消耗殆盡，不需要也不可能做長久窖藏，也無須經過多次的「吸酒」步驟，只須經過壓力過濾後，即可上市。由於成本低，故多廉價出售，這種「即飲酒」，外文叫「Ordinary Wine」、「Vin Ordinaire」。

葡萄酒出桶裝瓶後，長期存放不一定是好事，如白葡萄酒放久了，多數會變壞，變好的很少；中級紅葡萄酒存放久了不致變壞，但變好的絕無僅有；「特優」（Great）級、「優良」（Fine）級的紅葡萄酒，窖藏經年，可以變得更醇，但逾一定年分後會退步；紅的「Burgundies」較「Clarets」成熟快，但變壞也快。

就 Claret 而論，成熟期的極限是七年到二十年。如一八二五年所產的 Claret 葡萄酒是二十年後才成熟的，而一八二八年所產的 Claret 葡萄酒，七年就已成熟。有些 Claret 在未成熟前便已開始衰退，也有些「好年分」的 Claret 能長年保存，如一九二六年法國巴黎一次外交宴會上開了一瓶一八一一年拉斐酒莊（Château Lafite）釀造的葡萄酒，味道醇美。

紅的 Burgundy 成熟期只需 Claret 的一半，就可以達到它最好喝的程度。

加醇葡萄酒（Fortified Wines）存放可以耐久，而且歷久其味不變，但並不是「愈久愈佳」。威士忌及白蘭地等烈酒（美國稱 Liguors，英國稱 Spirits）在木桶中窖藏，愈久愈醇，但一旦出桶進了瓶子以後，便可能漏掉一部分，但不會再有變化，這是與一般葡萄酒不同之處。

葡萄酒如果在裝瓶後窖藏，以放在較涼爽、氣溫在華氏五十至五十五度而不會有溫度劇變或震動的地窖為宜。酒瓶不可受強光照射，且要臥放，使瓶內空氣離開軟木塞。否則，軟木塞會乾燥，因而破壞葡萄酒中的微生物，如釀醋菌等。

惡劣氣候對葡萄酒的影響與補救方法

氣候的良窳與葡萄及葡萄酒品質的優劣息息相關。

一般而論，寒冷地區因葡萄含糖量較少，所產葡萄酒含醇量相對較低，而含酸量相對偏高。葡萄酸有益於葡萄酒的長久保存，故用寒冷地區的葡萄所釀造的葡萄酒，能保存較久，用炎熱地區所產的葡萄釀造葡萄酒，由於味薄，因而多數用來釀造「加醇酒」(Fortified Wine)。

葡萄樹如要充分開花，需有暖和的春天，葡萄如要充分生長和成熟，亦需適度比例的陽光及雨水。夏季若溫度過低而且多雨，則其所結葡萄釀酒會味劣而酸。

夏季如在葡萄尚未成熟前降霜，便會使葡萄葉枯萎，遲滯葡萄的成熟而停止糖分的製造。用這種葡萄所釀造的酒，會有一種惡味，德語稱「霜味」(Frostgeschmack)。

酷暑所產葡萄，有益於釀造甜的白葡萄酒，如索泰爾納葡萄酒（Sauternes）與約翰納斯堡葡萄酒（Johannisberger）等。但如果用這種葡萄來釀紅酒，便會含有焦味。

若是遇到這種惡劣氣候的「壞年分」，補救的方法有下列三種：

㈠加糖。在葡萄液醱酵作用開始前推算出在某種惡劣氣候下葡萄酒成分將缺多少酵母，因而需要添加多少糖分（sucrage chaptalisation）。

各國對釀葡萄酒加糖的申請手續與數量限制都有法律規定，如法國法律明定須在加糖前三天通知官方主管當局，並指明糖與酒石酸不得同時添加。西班牙與葡萄牙兩國法律都禁止在釀酒時加糖，但添加以蒸發方法凝縮的製酒用葡萄汁（grape must），則在許可之列，故採用最為普通。

㈡加酒精。法國根本不許在釀葡萄酒時加酒精，並明文規定：凡屬加過酒精所釀造的葡萄酒，不准裝瓶也不准整桶出售，只准開桶零售。

㈢將含醇量低而含酸量高的葡萄酒與含醇量高而含酸量低的廉價葡萄酒摻合（blending 或coupage）。這種方法並不高明，而所摻合的成分品味也很難控制。可是世界各國以這樣摻合而成的普通葡萄酒（Vin Ordinaire）每年數達千萬加侖，是世界各地最流行的「壞年分」補救方法。

三話葡萄酒

葡萄酒的酒杯

酒杯足以襯托出酒的清澈與色澤的潤滑，為了發揮此一優點，酒杯通常以透明玻璃杯為宜，如有水晶酒杯更佳，不宜有彩色或花紋，不宜太厚，更不宜太重。杯身要圓，杯口要略向內彎，使酒的醇香不易向杯外逸散，杯肚宜較大，使手在捧著時將手的溫度傳入杯內，使酒醇芬芳在杯內盡量揮發。酒杯有腳，除增加外形美觀之外，可在飲冷卻的白葡萄酒或氣泡酒如香檳時，避免手觸杯身而使酒溫升高。

啜飲葡萄酒的酒杯，五花八門，樣式特多，且多有專名，可謂琳瑯滿目，但並無任何歷史淵源或依據，只是玻璃廠商的噱頭，也可以說是他們的「生意經」。

一般西方宴會，餐中酒如有紅白兩種葡萄酒時，通常有大與小兩套酒杯，大的用以盛紅葡萄酒，小的用以盛白葡萄酒；如配有兩種以上的酒，每種酒都備有一只酒杯，不同的醇用不同的酒杯，毫不含混。

各種葡萄酒的開瓶與飲用法

飲用葡萄酒時，開瓶的時間須依酒的年代與品質而定。酒齡高而又是好年分的名酒，開瓶早晚好壞參半。開瓶過早，難免酒中醇香散失殆盡；過晚，醇香不能及時隨室內溫度揮發，飲者遽爾啜飲，不能充分品嘗出它所含的高度芬芳之味。故開瓶時間不宜過早，亦不宜過晚。但如果是甫出廠不久的新酒，為了使酒味由「粗糙」變為「柔和」，最好是在飲用前約三至四個小時開瓶；就一般年分的葡萄酒而言，通常宜在飲用前一個小時或二個小時將瓶塞拔開。

葡萄酒包括氣泡酒如香檳等酒，在平日窖藏時，通常要臥放、傾斜或索性倒放，使酒浸入木塞膨脹而不漏氣，以免時日過久，軟木瓶塞枯乾縮小致使瓶內醇香自橡木塞細孔中滲出。（我國甚多富有家庭收藏名貴法國香檳等氣泡酒時，都挺直擺在餐廳酒櫃。時日既久，軟木塞乾枯，醇香外漏，開瓶時氣泡全無，形成「死」酒，令人惋惜。）因此，講究葡萄酒飲法的西方人，如果是在準備紅葡萄酒等顏色較深濃的葡萄酒或陳年的波特酒（Port 或 Port Wine，為葡萄牙所產的紅葡萄酒）時，大多在飲用前一日就將原裝酒由臥放、傾斜或倒放改為瓶口朝上、垂直豎立放置，使瓶內酒的雜質下沉。

此外，在飲用前數小時先行開瓶，開瓶以前，先將瓶頭軟木塞擦拭乾淨，始審慎拔塞，然後將酒瓶上半部清淨的酒液徐徐注入餐桌上事先準備好、叫「Decanter」的特製玻璃瓶，俾使沉澱的雜質留存在原容器的底部。傾注時，在瓶頭後方需有窗外所可透視的陽光、室內的燈光或蠟光，俾能細察而及早發現酒液中雜質所在的部位。

發現有雜質渣滓的部分之後，通常用細布過濾再注入叫「Decanter」的特製玻璃瓶。

有些紅葡萄酒中，有一種稱為「瓶臭」（bottle stink）、令人不愉快的怪氣味，必須留在Decanter瓶內開瓶塞透風約兩小時，才開始注入酒杯飲用。

拔開了軟木瓶塞的葡萄酒，最好當天飲完。放置過久，酒中醇香會隨空氣消散殆盡，而使酒味敗壞。

紅葡萄酒啜飲時的溫度，通常以室溫為主，西方人並無東方人世代相沿「燙酒」的習慣，要使紅葡萄酒的溫度與室溫相同的方法，通常是在飲酒前約兩小時開瓶置於室內。

白葡萄酒、氣泡酒（Sparkling Wines）如香檳等，則須冷卻飲用，而非冰凍，更不宜在飲用時加冰塊。

在啜飲時，宜冷卻的葡萄酒除上述這兩種外，尚有餐前開胃的葡萄酒（Aperitif Wines），包括雪莉酒（Sherry）、苦艾酒（Vermouth）及隨甜點啜飲的葡萄酒（Dessert Wines），但波特酒（Port Wine）例外。波特酒雖屬甜點時用酒，但飲用時溫度可悉由主人隨意斟酌。

餐中倒葡萄酒入杯時，不論酒杯大小，通常只注滿三分之二或半杯即可。中國人以葡萄酒待客，沿飲紹興酒、清酒或米酒等中國酒的習俗，經常注滿，這對西方客人固然不相宜，但對喜歡葡萄酒而又得在餐桌上裝模作樣、頻頻應付的中國客人而言，便成了名副其實的「苦酒滿杯」。

葡萄酒的顏色

若干年前，當我通過特考，踏進外交門檻，接受設在清華大學月涵堂「外交領事人員講習所」第一期的講習時，諸多「惡補」課程中，有一門是「酒」課，由一位資深退休大使講授。他隨課發問：「葡萄酒有幾種顏色？」大都信口開河回答說：「分紅、白、玫瑰紅三種。」事後想來，這是只能在幼稚園大班適用的答案。翻閱英國《星期日電訊報》（The Sunday Telegraph，每年一版）出版的《葡萄美酒指南》（Good Wine Guide）才發現不是那麼簡單。把紅酒、加醇紅酒、白酒、加醇白酒、中度酸澀白酒、甜白酒、玫瑰酒共六種類型的葡萄酒顏色加起來，共有五十三種之多，且讓我細細道來。

㈠紅酒：分紫色（purple）、紫羅蘭色（violet）、瓷磚色（tile red）、紅寶石色（ruby）、石榴石色（garnet）、紅牡丹色（peony）、草莓色（strawberry）、櫻桃色（cherry）共八種。

㈡加醇紅酒：分紫色、磚紅色（brick red）、赭色（ochre）、紅褐色（red-brown）、咖啡色

（coffee）、瓷磚紅色、石榴紅色共七種。

㈢白酒：分淺黃色（light yellow）、淡黃色（pale yellow）、綠黃色（green yellow）、稻草黃色（straw yellow）、綠金黃色（green golden yellow）、淡金色（pale gold）、金色（golden）、黃金色（yellow gold）、古金色（old gold）、金黃色（golden yellow）、琥珀色（amber）共十一種。

㈣加醇白酒：分淺琥珀色（light amber）、深琥珀色（dark amber）、核桃色（walnut）、黃褐色（russet）、古銅色（bronze）、黃玉色（topaz）、黃金色共八種。

㈤中度酸澀白酒和甜白酒：顏色共十種，與白酒同，僅暗金色（dark gold）取代古金色。

㈥玫瑰酒：分粉紅色（pink）、玫瑰紅（rose）、杏黃色（apricot）、草莓色、橘色（orange）、淡紅牡丹色（light peony）、洋蔥皮色（onion skin）、鮭魚粉紅色（salmon pink）、鷓鴣眼色（patidge eye）共九種。

葡萄酒從釀成到陳年的過程中，顏色會有顯著的轉變。比如說：紅酒剛釀成時，呈鮮紫色，隨著年分的增加，紫色漸褪，最終蛻變成紅色。如再成年，就會變成橘色，最後變成褐紅色。白酒剛釀成時呈淺綠色，陳年後變成稻草黃色，陳年更久時變成琥珀色或金黃色。不過，這種轉變只有好年分的極品葡萄酒才會發生。不是好年分的一般葡萄酒適合新飲，貯存再久，色澤依舊，不宜久存。

葡萄酒大學

法國宓萊尼爾（Jecques Mes niter）於一九七八年將位於隆河（Rhône）流域杜洛美城（Drome）建於西元十二世紀極有文藝復興風格的博物館改建成一所葡萄酒大學，取名洛斯（Su-ze-La-Rousse）大學。課程包括葡萄插枝栽培、蟲害防治、葡萄摘採、釀酒、品酒、包裝、市場行銷等，應有盡有。學生在學到釀酒專業知識並獲得學位後，還有「在職訓練」，使他們的釀酒技藝達到最高境界。一九八〇年代，在該校師生參與下，使隆河流域原本粗劣的葡萄酒別具風味，而自成一格，取名「隆河葡萄酒」（Cotes Du Rhone），與勃根地和波爾多酒鼎足三立，該校教育厥功至偉。

葡萄酒博物館

法國第一座葡萄酒博物館叫「菩提樹下博物館」（Le Musée Unterlinden），係於一九二七年設立，地點在科爾瑪市（Colmar）一座十七世紀建造的地窖下。另一座博物館名字就叫「葡萄酒博物館」（Musée du Vin），係於一九四七年設立，地點在勃根地酒區波恩市（Beaune）一座勃根地大公城堡內。

更奇妙的是一座叫「葡萄酒和烈酒廟」（Temple of Wine and Spirits）的博物館，係於一九五八年由黎凱德（Paul Ricard）所設立，地點在華爾省（Var）一個叫「實托爾」（Island of Bendor）的「迷你」外島上，占地八百七十五平方公尺。

在法國波爾多酒區五大頂級葡萄酒之一希爾德（Mouton-Rothschild）男爵所擁有的希爾德酒堡內，設有一座私人葡萄酒博物館，用他自己的名字命名。

在法國，共約有三十多座葡萄酒博物館。展示的項目從古希臘、古羅馬到現代的酒文化、產物，包括歐洲有史以來的大文豪、詩聖、畫家、音樂家、雕塑家等歌頌酒神和酒的作品，還有釀酒橡木桶、鍋爐、酒杯等。其中最引人注目的是古希臘人用水晶雕塑的戴奧尼西斯酒神全身像、文藝復興時代的金酒杯等，招徠不少愛好酒的觀光客前往觀賞、朝聖、膜拜。他們從十七世紀遺留下來的橡木桶中嗅到酒的芳香。

聞名國際的加醇葡萄酒

加醇葡萄酒（Fortified Wine）是釀酒廠商為迎合世人嗜飲烈酒的趨勢而用酒精加強酒性釀成的葡萄烈酒，釀造方法與所用原料成分亦與一般葡萄酒不同，聞名國際而且常喝的有下列七種。

波特酒

波特酒（Port），或稱「缽酒」，是以葡萄為主要原料所釀造的紅酒。發源地是葡萄牙，葡萄牙文叫「Porto」，因其港市「Oporto」得名，是葡萄牙「國寶級」的酒。

波特酒的本色是深紫紅色，世界各國的船隻，左舷都叫「Port」，相傳是因為航海人員傳統上都是在船左側上端懸掛一盞深紫紅色的燈。

波特酒含醇量約為百分之二十，含糖量為百分之六至百分之八。

波特酒的釀造方法，在法律上有極為嚴格的限制。釀造波特酒常須將葡萄醱酵二至三天，在葡萄液中的糖分用罄之前，須添加白蘭地酒，俾將酵母殺死，並注入一種叫「Jeropiga」已蒸發濃縮的甜葡萄原液。有了這種甜膩葡萄原液作原料，才能使波特酒具備一種獨特的風味。

倘若只想釀造最廉價的波特酒，則無須添加昂貴的白蘭地，而只須注入一種無味的醇，這種醇叫「中（無）性烈酒」（Neutral Spirit）或「靜（烈）酒」（Silent Spirit）。這種醇原是用以釀造杜松子酒（Gin）的原料之一。

波特酒釀造並調配完成後，即傾入木桶內窖藏一個酷寒的冬天，在春暖花開時令，始由品酒師逐一品嘗檢驗，確定品質，然後按照品質的優劣，依不同處理方法，生產下列各種不同品類的波特酒：

㈠品質上乘的波特原酒。通常留在原木桶中，再繼續窖藏兩年後批交酒商裝瓶出售，上市前須在酒瓶標紙上標明年分。這種上乘的波特原酒叫「溫貼波特酒」（Vintage Port）。

「溫貼波特酒」與一般其他酒類的情形不同，在裝瓶後仍須繼續窖藏，使它在瓶內繼續起變化而臻於「成熟」（mature），「成熟期」須長達八至九年。裝瓶後窖藏不足八年的波特酒其酒味拙劣，難以下嚥，為真正愛好波特酒的飲客所不取。

「溫貼波特酒」裝瓶窖藏九年後，變化的速度開始趨於緩慢，但仍能維持良好品質達四十年之久。約四十年後才會開始變壞（flat），也有少部分會提早變壞。

㈡品質較劣而不能入選的波特原酒。其須先在木桶中窖藏六年以上，然後再將同類但成分與年分均各不同的波特原酒混合調配，使成為品味尚佳的「混合性波特酒」（Blended Port或稱Port from the wood），始可裝瓶上市。

波特原酒在木桶內窖藏稍久，色調便會產生差異，原來深紫紅色的波特原酒，會變為鮮紅色，亦稱「寶石紅」。這種帶有寶石色調的波特酒，一般稱為「Ruby Port」，中文稱它為「紅缽」。如果再久些，會變成「棕紅色」，亦稱「黃褐色」或「茶色」。這種帶「棕紅色」色調的波特酒，一般稱「Tawny Port」，中文稱它為「棕紅色波特酒」。儘管波特原酒在木桶中因窖藏久而色調會起極大變化，但一旦裝瓶後，色調便不會再起變化。

此外，尚有兩種色調淺淡或稱「無色」的波特酒值得一提：

㈠葡萄牙出產的一種「白波特酒」（White Port），係全部用白葡萄作原料釀成，色調僅呈淡薄的淺黃色，或咸稱「白波特酒」。

㈡美國加利福尼亞洲也出產白波特酒，可是這種白波特酒，原先是有色的，只因用碳將色調除清，故品味不僅因此受損，而且有些因此產生異味或變成怪味。

美國、加拿大、南非及澳大利亞，都大量「仿造」波特酒，在其國內及國際市場銷售。但因品味迥異，且相差懸殊，故外銷到英國，英國人不承認它是波特酒（Port），而為它冠上叫「波特型酒」（Port Type Wine）。

波特酒雖然也是紅葡萄酒，但真正懂酒的人認為波特酒不能作為餐中酒，也不宜作為餐前酒，而是最適宜在正餐之後，搭配乳酪（cheese）一起喝。

飲用陳年的波特酒，在倒酒時，必須平穩輕巧地緩慢向外傾注。否則，倒至約半瓶時，便會開始有混濁的雜質，必須先用細布或濾紙過濾，始能回復清澈。

英國一部分人士，至今仍喜歡在飲波特酒時用左手端酒杯，而不用右手。原因據說是與英國十八世紀在特拉法加（Trafalgar）海戰中戰勝拿破崙而享盛譽，並在此戰役中殉職的英國海軍大將納爾遜（Viscount Horztro Nelson，一七五八年至一八〇五年）有關。納爾遜大將在戰爭中失去了右臂膀，可是他酷好喝波特酒，用唯一的左手端著，高舉酒杯，作慶祝勝利狀，興高采烈，神采奕奕。後世的英國人喝波特酒時如法泡製，就是為了紀念納爾遜。

苦艾酒

苦艾酒（Vermouth），是在加強了酒精成分的葡萄液中再注入糖分及若干視為藥草的香草浸漬，另加著色劑用的焦糖等原料，所釀造的烈酒（Liquor）之一。但這種烈酒一般只是用來與杜松子酒（Gin）調合，當作雞尾酒中的馬丁尼酒（Martini），很少人會將它單獨飲用。

苦艾酒的起源已不可考，只知早前的苦艾酒含糖量甚高，迨至一九四〇年代苦艾酒在英美兩國銷路驟增，因一般酒癮大的飲者不喜歡喝甜葡萄酒類，故釀酒廠為迎合顧客的癖好，只好把苦艾酒的含糖量劇減，成為現代苦艾酒的品味。

苦艾酒以義大利所釀造的最為聞名，其次是法國。德、美、英、荷等國也釀造苦艾酒，在國內及國際市場銷售，但品質遜於義、法兩國，價格亦相對較低，銷路遠不如義、法所產的苦艾酒。

義大利所產的苦艾酒，係用學名叫「Muscatel」的天然較甜的白葡萄酒所釀造。這種甜味特高的白葡萄，係在日本的溫室內培育成長。

為了保持酒液中的天然甜味，義大利苦艾酒在釀造過程中，當已知具備部分含醇量時，則會立即停止醱酵。而且在與其他葡萄酒調配過程中，再浸入用藻茵（wormwood）等各類香草所製造的香精，包括約四十至五十種如薑、肉桂皮與芫荽等。究竟是哪幾種香草、比例如何及浸泡多久等內情，一向被視為「祖傳祕方」。

義大利部分苦艾酒釀造廠商，在釀造過程中，將香精注入酒液之前，先將各種香草混合，用熱水或中性白蘭地浸泡，再用魚膠（isinglass）澄清，然後注入酒液，傾入木桶內窖藏使之「成長」至相當時期後，便可吸取濾清並裝瓶上市。

一般而論，義大利出產的苦艾酒含醇量為百分之十五至百分之十六，糖分反而高過此一比例。

法國所釀造的苦艾酒，味道較苦，所用香草中，藻茵多，肉桂則較少，所加糖分更少，也不另加著色劑用的焦糖，而是將酒液在木桶中做較長年歲的窖藏，使它在此「成長」過程中具有天然的木色染色體。

在巴黎街頭司空見慣的廣告——「杜波尼提酒」（Dubonnet），一般認為是法國苦艾酒的一種。其實這種酒在釀造過程中，另外添加了奎寧（quinine），因而只是苦艾酒的變體，也是法國人常用的一種「開胃酒」（Aperitif）。與這種牌名相提並論的有「貝爾」（Byrrh）與「莉萊特」（Lillet）。「莉萊特」酒是在苦艾酒液中再添加阿瑪涅克（Armagnac）白蘭地酒所釀造的變體酒。

早前，歐美人士用苦艾酒與杜松子酒調合成雞尾酒，其配方是用一半帶甜味的茶色苦艾酒，配另一半無甜味亦無色調的杜松子酒。後來，用苦艾酒與杜松子酒調配雞尾酒時，成分漸漸變成一比二、一比三、一比四。自一九五〇年代以來，這種最「Dry」的不甜馬丁尼（Dry Martini）雞尾酒所用苦艾酒與杜松子酒的比例驟變為一比八。

杜松子酒的含醇量高達百分之四十以上，而苦艾酒的含醇（酒精）量尚不及百分之二十。這兩種酒如以一比八的比例調配，則所調合出來的這種極為「Dry」的馬丁尼雞尾酒中，含醇量比蘇格爾威士忌加水（Scotch and Water）或加冰塊（Rockes）要高上幾乎一倍。

歐美國家流行一個譏諷現今馬丁尼雞尾酒的一個笑話，說是有一名馬丁尼雞尾酒的愛好者在思索良苦之後，想出了一個他最喜歡的「最不甜馬丁尼」（The Most Dry Martini）的配方，就是用雞尾酒的杯子注滿色調略呈黃色的杜松子酒（Booth's Dry Gin），然後裝模作樣，對著杯口大喊一聲苦艾酒（Vermouth），無須再注入那少量苦艾酒充門面。

由喝馬丁尼這一飲風與趨勢看來，隨著歲月的流轉，現今仰賴酒醇（酒精）麻醉自己藉以逃避現實的人愈來愈多，而愛帶甜味酒類的人愈來愈少。

何不索性喝純杜松子酒，以求滿足酒癮呢？酒癮大的人勢在必行。但歐美在傳統上喝純杜松子酒（Straight Gin）的人，一向被鄙視為「下等人」，杜松子酒早前在荷蘭，只是苦力工人的飲料。因此，在眾目睽睽的社交場合，尤其是外交團之類的國際社交場合，既不肯，也不敢。

馬德拉酒

馬德拉酒（Madeira）的發源地是距北非摩洛哥海岸以北約五百哩的大西洋馬德拉群島（Madeira Islands），酒名取自地名。它的特色是帶有焦糖味，釀造的過程與一般葡萄酒的釀造過程相同，只是加醇的次數增多，分三次進行。第一次加醇是早在釀酒人員穿特製套鞋踩踏葡萄成液的階段；第二次加醇是在醱酵將近終了時；第三次也是最後一次加醇，則是在將酒液桶內的渣滓除掉之後。其中所添加的醇，並非一般所用的中性白蘭地，而是用甘蔗提煉釀造的醇。此外必須在最後一次加醇之前或之後使用蛋白或牛血作澄清劑，使酒質清澈。

馬德拉酒釀成之後，須鑑定酒的品質，按品質優劣，分別裝入木桶內，置於溫室內窖藏達數月之久。通常酒質較優的馬德拉酒液，置於溫度不太高的溫室內，窖藏時間較長；品質較劣的馬德拉酒液，則置於攝氏四十五度的溫度內，窖藏時間則較短。

馬拉加酒

馬拉加酒（Malaga）不僅色調濃如咖啡，味道也很濃，是西班牙南部舉世聞名畫家畢卡索故鄉馬拉加的特產，酒名與地名同。

馬拉加酒釀造的方法也很特別，是四種原料混合調配，成分相當複雜：先將葡萄液醱酵一個半月，注入約百分之五的醇，再添加兩種葡萄酒與另兩種濃縮葡萄液。

兩種葡萄酒中，一種是用晒成半軟的葡萄釀造的濃葡萄酒並添加百分之六的醇所釀成的「Vino Tierno」；另一種是將葡萄液醱酵到剛好將大部分葡萄果味變為酒味時，趕緊收場並添加百分之十七的醇所釀造的「Vino Maestro」。

兩種濃縮葡萄液中，一種是將尚未醱酵的葡萄液火烤蒸發到糖漿的濃度而製成的「Arrope」濃縮葡萄液；另一種是將葡萄液蒸發濃縮成糊狀製成的「Pam to mina」濃縮葡萄液。

瑪色娜酒

瑪色娜酒（Marsala）色調極深，味道極甜，並有焦糖味，是義大利的主要特產。

瑪色娜酒的釀造方法與眾不同，是葡萄榨汁後加石膏醱酵，最後與一種將葡萄液加熱蒸發凝縮後，注入加醇葡萄液所釀成的「Vino Cotto」調合而成。

在名產地豐收年分釀造的精選瑪色娜酒（Vintage Marsala）不加糖不加醇。酒液釀好後傾入木桶窖藏兩年至五年，裝瓶均在酒瓶標紙上註明年分。

美國亦生產瑪色娜這一類型的酒，但釀造的方法迥異，是在溫度華氏一二〇度左右的烘室內「烘」成，並與加了白蘭地的新不甜葡萄酒（Dry Wine）調合而成。

酒國萬花筒

世界聞名國酒

原是販夫走卒飲料的荷蘭酒——杜松子酒

杜松子酒（Gin），荷蘭人稱它為「Qunipers」。因是荷蘭的國酒，故亦稱「荷蘭酒」；因係用杜松子與黑麥混合釀造而成，「杜松子酒」之名即由此而來。但在香港的中國人稱它為「琴酒」或稱「苦琴酒」，也叫「毡酒」。

荷蘭是填海國家，地勢低平而潮溼，冬日特長，飲杜松子酒正可以去溼寒。在荷蘭，一般認為，喝了杜松子酒，便覺身心舒暢。因此，荷蘭人將它當作藥酒。

杜松子酒單獨飲用，味道怪異，故最初在荷蘭只是販夫走卒所飲用的酒。荷蘭的上層社會人士大多喝威士忌，但後來杜松子酒愈來愈普遍，為荷蘭各階層人士所接受。就和中國的紹興酒一樣，成了荷蘭的「國酒」。

杜松子酒成為一種特殊的國際名酒，係自外銷英國開始。

第一次世界大戰以後，荷蘭的威廉公爵，由海牙渡過英倫海峽到倫敦時，帶了這種杜松子酒到英國，一時廣受歡迎。英國政府為了保護自己的酒業，下令禁止杜松子酒輸入英國。

英國酒商因進口荷蘭釀造的杜松子酒有利可圖，索性將杜松子酒的荷蘭文「Quniper」字樣去掉，更名為「琴酒」（Gin），偽裝進口，杜松子酒遂從此更名為「琴酒」，在英國首次打入社交圈，混入其他飲料，而受到歡迎與重視。

英國國防部為了海外駐軍健康的需要，特別向荷蘭購買一座釀造杜松子酒的原酒廠，運回英國，並聘請荷蘭杜松子酒釀造師，如法泡製，取名為「倫敦琴酒」（London Gin），後來也索性叫「琴酒」，而免加「倫敦」字樣，沿用迄今，尤其是英國海軍，現今在傳統上仍沿用帶粉紅色的杜松子酒。後來，「倫敦琴酒」在全世界名氣很大，在歐美各國，更是家喻戶曉。但多數歐美人士不知杜松子酒的老家非英國，而是荷蘭。

法國緊隨英國之後，自荷蘭輸入杜松子酒，在法國各地普受歡迎，供不應求，法國釀酒廠商遂以高薪聘請荷蘭釀酒師，輸入原廠，自己釀造。全國各地尤其是法國低地，愛好杜松子酒者愈來愈多。

德國、義大利、西班牙、葡萄牙等其他歐洲國家，除自英國、荷蘭進口杜松子酒外，亦多自己釀造。

美國最初自英國進口杜松子酒，後來全美國禁酒，不准進口，於是開始有人私自釀造，但因缺乏荷蘭或英國的「技術」，故在相當長的一段時期裡，所釀成的社松子酒，尤其是甫出鍋爐的杜松子原酒，始終不堪入口。於此，一部分美國杜松子酒釀造廠商擅長「調配」酒的品酒師，異想天開，試著在其所釀的粗劣杜松子酒中，摻入其他酒類或果汁等飲料，逐一試調品嘗，發現這種品味「奇差」的杜松子酒，一旦摻入其他飲料，便立刻成了味道「奇佳」而且爽口的美酒，不僅男士們喜歡，在女士們之間也很受歡迎。這就是流行杜松子酒與其他酒類或果汁混調飲用的開始，未幾，這種「混調」方程式風靡全世界。

第二次世界大戰後，歐美社交場合最流行和最受歡迎的，是杜松子酒加橙汁或杜松子酒加苦檸檬，隨後演變成「杜松子酒加苦艾酒」的「馬丁尼」的世界性雞尾酒，在全世界各地風行，歷久不渝。

杜松子酒在各種社交場合顯然已成了不可缺少的調製雞尾酒的主酒之一，在主酒中占重要地位，但在另一方面，正因為它不宜單獨飲用，充其量仍然只能算是一種「加味酒」而已。

與俄國佬一樣火辣的俄國酒——伏特加酒

「伏特加」一詞，在俄文及波蘭文的涵義是「水」。

伏特加酒（Vodka）早前的名稱叫「俄國名酒」，亦稱「火酒」或「綠酒」，在蘇聯人的口語上稱「普通酒」或「下等火酒」。是一種酒精濃度高達百分之四十至九十五之間，帶甜及水果味、色澤略呈渾沌的烈酒，但味道純正、柔和、溫婉，使飲者在嘗試後酒興勃勃，一喝再喝，儘管喝法像中國人喝「白乾」酒一樣，不加水直喝（straight），它仍是那麼優雅。

所有在蘇聯出產的伏特加酒中，品質最佳的是用葡萄釀造而一般人稱它為「俄國白酒」的強烈火酒，包括「Stolichnaya」與「Moskovskaya」。

伏特加酒是以小麥、黑麥等穀類，以及葡萄或馬鈴薯加蜜糖等作原料，用精巧蒸餾器釀造而成。釀造伏特加酒的原料並不十分重要。東歐各國的伏特加酒甚至加樹葉或草藥，亦不為怪。

由於含醇度特高，伏特加酒只有在零下五十度的氣溫下才會結冰，因此最適合於蘇聯的西伯利亞、莫斯科等地區，及北歐地區人民在酷寒嚴冬的冰天雪地中旅行時攜帶飲用。有了這種特性，伏特加酒順理成章地成了代表俄國的酒。在世界聞名烈酒中，俄國的伏特加與英國的蘇格蘭威士忌及法國的白蘭地等量齊觀。

伏特加酒是在西元一二八三年至一五四七年「莫斯科公國」時代由俄國人發明，至十四世紀，在俄國境內及北歐、東歐各國流行。波蘭人聲稱他們早在十世紀即發明伏特加酒，比俄國早四個世紀，而波蘭現在釀造的「Vodka Wyborowa」亦在歐洲聞名。也有人說土耳其最先發明伏特加酒，再流傳到俄國。雖然世界各國一直認為伏特加酒是道地的俄國酒，而且是俄國的「國酒」，但也同時是波蘭、土耳其、芬蘭的「國酒」。

伏特加酒曾經幫助俄國順利地推行了「工業化」，度過了「集體化」，在戰爭中贏得了勝利，也使俄國長久以來一直萎靡不振、一片蕭條的落後經濟，獲得少許復甦。可以說：如果俄國沒有伏特加酒，也就不會有今天的蘇俄政權。

伏特加酒在蘇聯及北歐與東歐各國如波蘭等普遍流行，就像葡萄酒在德國、威士忌在英國、白蘭地在法國、苦艾酒在義大利、紹興酒在中國普遍的情形一樣。不僅如此，伊朗、土耳其等國，數世紀以來，也喝伏特加酒。

俄國大革命以後，甚多白俄移民歐洲其他各國，他們以其「傳統釀造法」在僑居國就地釀造伏特加酒，使伏特加酒的釀造技術因此流傳至其他歐洲國家，並在第二次世界大戰前後，隨著俄國猶太人的流亡潮，把釀造伏特加酒的技術帶到美國。

美國人原是酷好烈酒、不屑喝甜酒的民族。二次大戰後，美國釀酒廠商以「推陳出新」為著眼點，將巴黎一家伏特加酒釀造廠，整廠購買，運回美國，在美國本土設廠產銷。至一九八〇年代，伏特加酒在美國的銷量，僅次於波本（Bourbon）威士忌，占全美國酒類總銷量的十分之一。正因為如此，現在美國也盛產伏特加酒，產量超過蘇聯或任何其他北歐或東歐國家，其所釀的「Wolfschmidt」與「Smirnoff」伏特加酒最受飲者歡迎。

原本不易改變口味的蘇格蘭嗜酒人，也追隨美國之後，猛喝伏特加酒，而且自己釀造，聞名廠牌有「Cossack」及「Borzoi」等。此外，南非也釀造伏特加酒，廠牌是「Count Pushkin」。

伏特加酒甚烈，是烈酒中的好酒，算得上是高級酒，它的優點一如金門太麴酒，不「上頭」，即使喝得酩酊大醉，成了「醉仙」，一覺醒來，仍然頭腦清新，故逐漸受烈酒飲者所接受，倒一份伏特加酒在杯裡，加少許冰塊，再注滿橙橘液汁，便是一般所流行的「螺絲起子」（Screwdriver）的雞尾酒。

與杜松子、伏特加等量齊觀的日本國酒——燒酒

日本燒酒是一種以稻穀作原料，用類似釀造伏特加酒的蒸餾方式釀造而成的無色酒。就像荷蘭的社松子酒一樣，早前被視為日本農工階級的飲料。

日本燒酒可概分為兩種：一種稱「甲型燒酒」，是用穀粒蒸餾而成，酒精含量高達百分之五十，通常加水沖飲，口味醇香，類似伏特加酒。日本釀酒廠商別出心裁，將這種燒酒摻入不同顏色的果汁或甜酒，引發日本年輕一代對喝酒的興趣，使他（她）們不顧少年不可喝酒的禁忌，爭相飲用，而認為是「時髦」。

另一種日本燒酒稱「乙型燒酒」，原是日本傳統燒酒。相傳這種日本酒在中古時代是用釀米酒後的殘餘渣滓製成，在日本南部每個地區的蒸餾方法各有不同，味道亦極不一致，故在日本酒的品質上，一向排行最低，是日本勞動階級平民小型俱樂部最為普遍的飲料，中、老年人每年冬年將它倒在高腳杯內，沖熱水後飲用。由於課稅低，售價亦低，銷售數平均每年增加百分之十五。自一九八三年起，其超越銷售數最大的威士忌。

日本乙型燒酒銷售數的直線上升，歸功於原料的品質提高，改用大麥、芝麻、栗子、甜薯或赤砂糖，而不再是相傳中古時代所用釀米酒後的殘餘渣滓。在釀酒設備方面，亦有長足的改進，自一九一〇年起，引進西方最新式的蒸餾法，使酒精含量為百分之四十至七十二。其頗能

大眾化，亦是銷售數增加的最大因素。

用大麥、芝麻、栗子、赤砂糖等這種珍貴食品釀造出來的酒，在年長一輩的日本人認為，是足可延年益壽、有助於健康的飲料。世界人瑞高達一百一十八歲仍極健康的日本老太太泉重千代，就曾酷好這種日本乙型燒酒。根據金氏世界紀錄，她每天要飲用半品脫這種日本乙型燒酒。

全日本最大的酒廠是三多利（Suntory）威士忌酒釀造廠。這家酒廠原先大力推銷的是啤酒，銷路最好的是日本威士忌，而最不賺錢的是燒酒。迨至一九八〇年代末期，一反往例，日本的新風尚演變成飲用「淡酒」和「白酒」——也就是日本燒酒。

雖然如此，日本的釀酒廠商仍然很慶幸，因為這種風尚還不曾把日本人從飲燒酒轉變到飲瓶裝「礦泉水」或自來水。

普受海峽兩岸歡迎的中華民國國酒——紹興酒

紹興酒俗稱「老酒」，亦稱「紹酒」。

紹興酒發源於浙江紹興，以地名定名。浙江紹興是魯迅的故鄉，有四大特產：紹酒、紹箔、紹綢及「紹興師爺」。道地的杭州人都喜歡在休閒時分打開收音機，一面聽「紹興戲」〈越劇〉，一面喝紹興酒。

紹興酒是全世界最具古老傳統的酒。《吳越春秋》記載：早在西元前五百年，越王勾踐釀紹興酒獻吳王夫差，伍子胥的軍隊也得到此酒，大家一起狂飲，空酒罈堆積如山，嘉興的古蹟「瓶山」又叫「越王山」，即由此得名。另一傳說是越王勾踐經過二十年臥薪嘗膽，磨礪以須，時機成熟，舉兵伐吳，征前鄉人聞訊，民心大振，紛紛用竹器、水壺、瓦罐盆罈盛滿自己家裡的美酒前來夾道相送，萬頭鑽動，場面感人；勾踐為顧及行軍秩序，傳令請持酒相送的父老暫時停步，排成長蛇陣，沿河側伏，將酒從河川上游注入河川，好讓所有將士在河川下游以飄舀醴酒痛飲，一時「酒流成河」，出征將士一個個喝得熱心沸騰，士氣高昂，大有「大江東去」、「酒淘沙」之慨，紹興城南的「投醪河」，又名「勞師澤」，即因此得名。

紹興酒至南北朝時代，因梁元帝的《金樓子》而更加聞名於世。《金樓子》的內容是說：「銀甌貯山陰甜酒，時復進之。」山陰即現今之紹興，可知紹興酒早在一千七百多年前就已有人把它當作貢品而享譽京都建業，建業即今日的南京。至明朝，紹興府仍將罈裝陳紹作為進呈的「御用特製貢酒」，被形容為舊酒釀成醪琥珀凝漿，黃琮似玉。這種酒膏濃度太高，須另摻新酒，使之沖淡，方可飲用，否則，中酒沉醉，數日不醒。

用這種紹興酒膏調酒，只須舀出一湯匙，放在大酒海裡，用二十年陳紹沖調，用竹片刀攪和，忌用鐵器，除去浮沫，再加新酒十斤，即可開懷暢飲。

昔日詩人陸放翁居出陰，浸淫詩酒，在其詩中有謂「故鄉無處不酒家」，足見當時紹興城已遍處酒廠林立。

紹興酒的原料，在大陸是以丹陽、溧陽，無錫等地區所產的精白糯米，並以當地當年收成的新麥製麯，釀法與其他酒不同，它用酒麯釀造，而無須經過蒸餾，反而特別香醇。

當然，紹興酒之所以馳名，主要是釀酒的水取自「鑑湖」，取水的季節必選在每年農曆十月至次年二月，因為這一季節的湖水最清澈，「鑑湖」又名「鏡湖」。山陰（紹興）會稽一帶的水，以渡東橋為分界線，橋東北為山陰水，水質重，含微量礦質，適於釀酒；橋西南為會稽水，水質輕，含礦質較多，不宜釀酒。山陰水源自會稽山區經無數砂礫、岸層，過濾淨化，水色澄清。

現在臺灣埔里、花蓮、板橋、臺中四個酒廠都沿用傳統釀法釀紹興酒，其中尤以埔里氣候溫和，水質澄清芳冽，故所釀紹興酒品質與風味特佳，不僅可媲美在浙江紹興所釀的紹興酒，普受臺灣及海外華僑社會歡迎，且風靡東瀛。

臺灣釀酒早前並不發達，就以最為聞名的埔里來說，埔里酒廠在民國四十年以前，僅生產米酒及太白酒等低級酒，自民國四十一年才開始生產紹興酒，至民國七十六年，單就埔里酒廠一家而言，年產紹興酒三十五萬公石，四百八十萬打。

中國大陸紹興酒的釀造法是：在冬季蒸煮糯米，添料醱酵，待春末夏初，將酒液過濾，壓榨煎煮成酒後，注入陶瓷酒罈，用膠泥密封，窖藏三年至二十年不等，年分愈陳，風味愈馥。

臺灣出產的紹興酒，主要原料是蓬萊米、糯米及小麥。釀造紹興酒的方法可分為五個階段：

㈠先將圓糯米蒸熟成糯米飯。

㈡另將蓬萊米及小麥混拌，入自動製麴機，浸泡薰烘兩天兩夜，使成種麴後注入原已蒸熟之糯米飯中，送入前醱酵室，使醱酵約兩週，然後送入後醱酵室來完成後一階段醱酵步驟，使成酒粕。

㈢將酒粕壓濾，使成紹興生酒液。

㈣將紹興生酒液注入二十八公斤容量的甕罈，用泥糊密封，輸入酒庫窖藏。窖藏年分：普通紹興酒兩年，陳年紹興酒五年。

㈤將不同年分的生酒液調配，過濾後裝瓶殺菌應市。

紹興酒的特色，一如白蘭地酒，愈陳愈醇厚，適於久藏，偶或會發現某一久藏之紹興酒有沉澱現象，然並非變質。

昔日中國八大名酒，紹興酒排行第六。其前五名前後次序為茅臺、瀘川大麯、高粱、竹葉青、鳳熙。這五種酒都屬烈性燒酒。一般中國酒中豪傑形容：喝瀘川大麯，衝勁有如砲艇；喝茅臺與高粱，過喉即化為蒸氣，不上頭；竹葉青溫醇清馨，飲後有餘味；鳳熙酒因《紅樓夢》之王熙鳳而得名，其味較辣；唯獨喝隔水加溫的紹興酒，柔和沁人脾胃，令人陶然薰醉而頭腦仍然清醒。

紹興酒因釀法及原料不同而分「花雕」、「大雕」、「香雪」、「善釀」、「狀元紅」及「紹興加飯酒」、「紹興攤飯酒」名稱。

「紹興加飯酒」是在釀酒過程中，在一定比例的水和米之外再加添糯米飯加工釀造，質地特別香醇甘冽，尤其是埋藏在地下或窖藏了十年以上的「加飯」，隔水溫熱後喝最為爽口。「紹興攤飯酒」係將糯米煮成糯米飯後，先用竹席攤晾，再釀造成酒，故而得名。「花雕」又稱「女兒紅」，是父母親生下女兒，在邀親友喝滿月酒時，另釀紹興美酒，用泥糊密封，注入繪有彩色畫的罈中，窖藏約二十年，在女兒出嫁時，作陪嫁酒及婚宴用酒。

各國酒都允許加入適量的色素，少數國家的酒容許加防腐劑，獨中華民國行政院衛生署嚴禁臺灣菸酒股份有限公司在釀酒時添加任何化學品。國產酒色彩優美，皆來自植物原料本色，紹興酒尤其是如此，故最可放心適量飲用。

一九八八年四月，臺灣菸酒股份有限公司在國際蒙特菸酒品評會（International Monde Selection）的邀請下，參加了該品評會八月在希臘雅典舉辦的比賽，結果有九種酒各獲金牌一面，陳年紹興酒和花雕均為其中之一。此品評會係規模最大的國際品酒，總部設在比利時的布魯塞爾，各國都以獲得此品酒會肯定為榮，比利時與新加坡等國的酒，都是因獲此肯定而暢銷全世界。因此我國的陳年紹興酒、花雕酒在國際市場亦當大有可為。

西班牙國酒——雪莉酒

西班牙釀酒的歷史悠久，早在耶穌基督誕生前，即已生產純樸而芳郁的醇酒；時至今日，仍沿用傳統古法釀酒。

西班牙有兩種佳釀舉世聞名。一種是西班牙的國酒雪莉（Sherry），品管極嚴，只有用「金三角」當地葡萄釀造的酒才夠資格稱為雪莉，金三角由波爾托（Puarto）、赫力茲（Jerez）和聖洛凱（Sanlucar）三座名城構成，生產頂級葡萄，釀造雪莉極品。另一種佳釀是利奧哈（Rioja）紅酒，色深紅，故俗名「牛血」，味苦澀，陳年後呈奶油液體狀。

雪莉酒的發源與產銷

雪莉酒是以西班牙西南瀕臨大西洋的赫雷斯（Jerez）為酒業交易中心所產銷的一種葡萄酒，含醇量為百分之十六至百分之二十。

此酒西班牙語全文為「Vino de Jerez」，而「Jerez」只是它的簡稱。第八世紀至第十一世紀，摩爾人占領並統治此一地區，廣植葡萄，大興酒業，摩爾人稱「Jerez」為「Sherisch」，此字後來蛻變為「Sherry」。

全世界最好的雪莉酒產地在西班牙的安達魯西亞（Andalusia），它含有一種叫「Rancio」的專有品味，這種品味來自一種特殊的酵母，西班牙稱這種酵母為「花」（flor）。

雪莉酒因釀造過程與其他酒類迥然不同，而且非常繁雜，故品味鮮美出眾。莎士比亞曾為它寫過讚美詩，譽它為「裝在瓶子裡的西班牙陽光」（Bottled Spanish Sunshine）。西班牙東瀕地中海，西臨大西洋，海灘幽美，陽光充足，成為世界各地遊客駐足之所。

數世紀以來，西班牙雪莉酒外銷全世界，現已遍及一百二十多個國家，數字有增無減。一九七七年外銷一億三千萬公升，價值兩億餘美元，至一九八七年，增至約兩億餘公升，價值約四億美元；在西班牙國內的銷售數，亦高達三千萬公升。在西班牙釀造裝桶運到英國倫敦利物浦（London Liverpool）及普力斯托（Bristol）裝瓶的數量，高達每年三百萬加侖的紀錄，遠超過在西班牙裝瓶的數量。

釀造西班牙雪莉酒所用的原料，全部是卡底斯省葡萄園自種的葡萄，品種優良，赫雷斯地區葡萄園廣達兩萬三千畝，一望無垠，白色的灰沙土質，碳水化合物含量甚豐，又因終年少雨，日晒約三千小時，加上大西洋微帶溼潤的海風，使所產葡萄的糖分特高，故所釀出的酒，度數亦高，而且含有其他地區所沒有的特殊「風」味。

雪莉酒的種類

雪莉酒可概分為七大類：

(一)Olorosos：含醇度百分之十八至百分之二十，色調甚深，品味甜而且濃而不辛辣，郁香撲鼻，可作餐前開胃酒，亦可作餐後助消化酒，在吃甜點時飲用，故亦稱「Dessert Wine」。

(二)Amorosos：色調較淺，品味更甜，亦屬上甜點時所配用之酒。

(三)Brown Sherry：中國人稱「黑雪莉酒」，亦稱「East Indian Sherry」，色調最深。因含糖量高達百分之七，故甜味最濃，只作配甜點喝的酒。

(四)Finos：色調淺，其含醇量較「Olorosos」為低，通常在百分之十五至十七之間，含糖量在百分之二．五以下，味淡香而無甜味（dry），略酸、爽口，故通常用作餐前的「開胃酒」，冰後可配西班牙特產苦酸橄欖、火腿、乳酪或鹽水蝦啜飲。

(五)Amontillados：亦屬「Fino」的一種，含醇量較高，但品味略帶甘甜。

(六)Manzanilla：味淡無甜味，且略帶苦味，屬不甜雪莉酒（Dry Sherry）。

(七)Montilla：酒性及品質與「Manzanilla」略微相同。

我們通常可以在雪莉酒瓶標牌上看到「Bristol Cream」、「Dry Sack」或「Dry Fly」等字眼，那是屬於商品的牌品，與雪莉酒的類別無關。唯一有關的是調合的材料，因雪莉酒是用多種材料調合所釀造的，凡屬有「Cream」字樣的，通常品味帶甜。

雪莉酒的釀造步驟

雪莉酒是用白葡萄所釀造的白酒（vin blanc de blancs），釀造的步驟比釀造一般葡萄酒的步驟嚴謹而複雜得多。

(一)釀造雪莉酒所用的葡萄是隨熟隨摘，採下後首須隨即放在草席上，經過陽光曝晒二十四小時；但如果是用以釀造較甜較濃的「Olorosos」，就得晒更久，使變得更乾與更「成熟」。

(二)將晒好的葡萄置於容器，由釀酒工人穿一雙叫「botas de jerez」的特製套靴，將葡萄踩踏成液。

(三)加石膏使酸性增高。

(四)將葡萄液注入百加侖大木桶內醱酵。

(五)醱酵完成後，連桶置於戶外，直至十二月，氣溫達到它所需為華氏五十三度左右，才第一次用吸管插入桶內，從渣滓中把酒液取出（racking）。通常不用瓢取酒液，以免攪擾沉澱在桶底的雜質。

㈥將吸取的酒液，再注入另一大型的橡木桶，做時間較長的第二次醱酵。此時，酒液上開始形成一層薄膜般的白色酵母（flor），在濃醇溶液內將醇與糖醱酵成醛及其他更複雜的化合物，使酒液產生一種特殊品味，這一過程叫「flowering」。

這是釀造雪莉酒最後一個步驟，雪莉酒酒液釀造至此完成。經過第二次醱酵過程所產生的雪莉酒酒液，品味相當複雜，各種怪味都有，可謂「五味雜陳」，只有少數會產生醇醱酵所特有的「Rancio」香味。

㈦品酒師開始品嘗酒液，並輔以化學檢驗分析合格後，將酒液區分為三大類：

1.第一類：含醇量最低，是最好的一類，用來製造不甜雪莉酒（Dry Sherry），包括「Finos」、「Amontillados」，但因含醇量低，須加注白蘭地，使含醇量增高至百分之十五。

2.第二類：含醇量略高，酒液及色調較濃，用來製造較甜的「Olorosos」。

3.第三類：酒液成熟較緩慢，品味亦較粗劣，通常交付做較長久之窖藏，視酒質之變化而決定是用以製造「Finos」抑或「Olorosos」。但如果過度粗劣，則只有交付蒸餾使改釀成白蘭地之一途。

西班牙酒重視品管，等級分兩種：

㈠極品酒（Denominacion de Origen Calificada，簡稱 DOCa）。

㈡中上水準（Denominacion de Origen，簡稱 DO）。

雪莉酒的窖藏與調合

雪莉酒的窖藏與調合（blending），包括在橡木桶中的「成熟」（aging），也稱為「solera」的過程，是釀造雪莉酒過程中最複雜的一環。

雪莉酒液用橡木桶分裝，每桶一百一十五加侖，酒液裝桶時桶內必須留空隙，酒桶在酒窖中並排臥放，每排十隻，重疊五、六層，一半在地下，另一半高出地面，使吸收空氣中的氧氣。為了接受海洋季候風的吹拂，酒窖都面向西南，故酒窖內冬暖夏涼，醇香撲鼻。

並排窖藏的雪莉酒液桶，通常最上層的第二次醱酵完成後一年至兩年恰恰可以決定是要調合為「Fino」抑或調合成「Olorosos」的時候，算是最新的酒液。愈下層的木桶，酒液愈陳，酒齡通常是一年至五年不等，最下層的木桶所裝的是經歷全部處理過程的陳酒。每一層橡木桶內酒液的表面都有「flor」酵母覆蓋，只有「Olorosos」與「Amontillado」的「solera」中，因含醇至多，「flor」酵母便不再存在。

在調合過程中取酒，通常自最下層開始，由下而上，從酒齡五年到一年不等的酒液桶中，取出三分之一，桶內因取酒所產生的空隙，就用較上層桶中的酒液來填補，例如從五年酒齡木桶中抽取了三分之一酒液後，便另從四年酒齡木桶中取三分之一注入五年酒齡的木桶，再從三年酒齡木桶中抽取三分之一注入四年酒齡的木桶，以此類推。最後以一年酒齡木桶內的新酒填補，也就是每次取酒，都取自不同年分，使分量相等，而酒齡信譽隨酒醇濃度提高。

在「Fino」的「solera」內取酒補酒，都是從木桶的下方進行，以免攪動表面漂浮的那一層酵母。

即使是從最下層橡木桶所取出酒齡已有五年的雪莉酒液，也須經過相當的「再處理」過程，才能裝瓶上市：

㈠澄清：在西班牙赫雷斯（Jerez）地區，雪莉酒釀造廠商所用的方法是添加蛋白及其在北方所出產的一種吸著性甚強的黏土，待其沉底後，用吸管自上方將酒吸出（racking）。如果外銷，還須經過過濾。

㈡加甜味：這種初出桶的酒液，往往過於「dry」，而且色調太淺，含醇量亦不足，均有待加強。加甜味並非加糖汁，即是只能添加一種甜味較重的葡萄酒（Wine）。這種葡萄酒是用摘取後晒過的葡萄釀造，而在葡萄液中的糖分尚未大部分變醇以前，就用化學方法使醱酵停止，故酒液較甜。

㈢加顏色：加顏色有二種方法。其一是直接添加一種叫「Arrope」的濃縮葡萄酒液；其二是加注一種添了「Arrope」釀成的「Vino de Color」，其專為著色用的葡萄酒，「Arrope」不宜加多，過多便會有焦糖味。

㈣提高含醇量：唯一方法是注入一種經過特別釀製不帶特殊味道的白蘭地酒。

此外，因為雪莉酒在世界各地暢銷，大多憑藉特殊廠牌所具有的特殊品味，因此，凡屬外銷的雪莉酒，在輸出以前，都經過優良品酒師審慎的調合過程，使保持每一種牌名所應具備的特殊品味。

雪莉酒的酒杯，通常是細長而杯肚微凸的高腳杯。倒酒時如用小酒斗從高處連成一線，緩緩下注，其樂無窮。

雪莉酒的「正名」

正因為雪莉酒的釀造過程是如此繁雜與困難，故出售的價格也高，而在外國仿製的也特別多，但品質相差甚遠。

西班牙雪莉酒曾在一九八〇年代初期為了「正名」打過官司，那是因為英國酒商沒有將西班牙所產的正宗雪莉酒標示「Jerez」，而與澳洲、以色列及南斯拉夫等地所產的雪莉酒，不分生張熟魏，一律稱為雪莉酒（Sherry）而無從辨識。西班牙雪莉酒管制委員會遂聘請英倫名律師，向英國法院提出控訴，結果英倫地方法院判決定讞，勒令英國酒商將西班牙所產的雪莉酒限期同時冠上「Jerez」、「Xerez」及「Sherry」三個字始准出售，英國及世界各地電訊競相報導，遂使西班牙雪莉酒的知名度更加宏大。

墨西哥的國酒——「龍舌蘭」

不久前去琉球參觀由一位臺灣投資人士所開墾經營的仙人掌公園，園主特別介紹一種叫「龍舌蘭」（Tequila）酒，說明係用仙人掌釀造而成。

龍舌蘭酒是墨西哥的名產，也是墨西哥的國酒。一提到墨西哥，令人聯想到的，除了墨西哥男人的標幟——寬邊大帽、墨西哥熱舞外，就是滿山滿園的仙人掌和用仙人掌釀造的龍舌蘭酒。

墨西哥人的最愛

墨西哥人用仙人掌龍舌蘭（maguey）釀酒，歷史悠久。哥倫布對當地印第安人釀造這種原始酒精飲料在航海日誌中記述甚詳，從這一點證明，古代印第安人早在西班牙人入侵前就會用土法將長滿荊刺狀、極恐怖的仙人掌釀成美酒。時至今日，墨西哥的這種叫龍舌蘭（Tequila）的烈酒，不僅「征服」了西班牙，成為他們的「最愛」，成為雞尾酒會中不可缺乏之酒精飲料，譽滿全球。舉世聞名的「瑪格麗特」（Margarita）雞尾酒就是用龍舌蘭加橘子甜酒和萊姆果汁調配而成的。

墨西哥人酷好龍舌蘭酒，就像俄羅斯人嗜好伏特加酒一樣，與它結了不解之緣。無論參加官方或民間的餐會、外交團的餐酒會，甚至國宴，都會喝到這種龍舌蘭酒。在酒會上，無論是開幕酒會、歡迎惜別酒會或慶祝酒會等，除了可樂外，任何飲料中，或多或少都摻了龍舌蘭酒。

墨西哥這種酒會，通常是純「酒」會，連一片炸馬鈴薯或炒花生都沒有，應邀與會的顧客，不管你酒量多好，都得自己事先吃些食物打底。

龍舌蘭酒像金門高粱，顏色透明，酒精含量又和威士忌相若，達百分之四十六到百分之五十六不等，是相當火辣的一種烈酒，外號叫「火酒」。它除了是墨西哥人的最愛外，毗鄰的美國佬也受到「感染」。

靠近墨西哥邊界的美國德克薩斯州的「德州佬」最喜歡飲用這種口感辛辣的酒。德州的石油工業仰賴從墨西哥國輸入勞工，龍舌蘭酒也就隨著墨西哥人大量湧入美國。美國酒商為了使龍舌蘭由「潑辣」變為「柔和」，便用橡木桶加強窖藏，使更「陳年」，並重新包裝上市。陳年後的龍舌蘭呈淺黃色，墨西哥則以「黃金龍舌蘭」相稱。

如今，隨著流行趨勢，龍舌蘭廣受世界各地的癮君子青睞，看來這種原屬荒漠辛辣的「野蠻」口味酒，也已進軍全球。

透過一位旅墨華僑酒商，筆者參觀了「龍舌蘭城」（Tequila City），一家以釀造龍舌蘭酒聞名的酒廠。這家酒廠係一八七三年由墨國富豪 Dou Cenobio Sanza 建造經營，是歷代相傳的家族企業。

甫抵酒廠大門，就看到成堆割採下來的墨綠色龍舌蘭（Agave Tequilana）仙人掌的球莖。酒廠經理說，龍舌蘭酒就是用這種龍舌蘭球莖（Tunn）作原料。當這些像鳳梨般的仙人掌果實成熟後，工人將刺手的葉子砍去，取下果實，切成碎塊，放入高壓蒸鍋內加熱加壓，蒸出膠液來，加糖、醱酵，四天後取出，再經兩度蒸餾，製成無色透明而醉人的甘露。

此時，工人摘了些已蒸透的龍舌蘭球莖請來賓品嘗，球莖呈淡黃色，像醃漬糖蒜，汁液含甜甜的酒香。

龍舌蘭是仙人掌的一種，古代印第安人把龍舌蘭看成是神賜之物，他們的衣食住行，在很大程度上都要仰仗於它。因此，在墨西哥民間，一直流傳著許多關於龍舌蘭的美妙神話。墨西哥全國各地都在流傳的一句話是：「有仙人掌的地方就可以居住。」

龍舌蘭的外形似一簇簇碧綠的利劍，直刺青天，它的汁液潔白如奶，喝起來甘甜可口，沁人心肺，在沙漠中長途跋涉的浪人，視之為「荒漠甘泉」。印第安人砍下龍舌蘭，提取它的汁液，釀造出醇美芬芳的龍舌蘭酒。墨西哥政府將這種「原住民」所發明的甘露列為「國酒」，其來有自。

自西班牙人發現墨西哥後，一五二三年，第一批西班牙天主教傳教士抵墨，開始對墨西哥殖民。迄一八二一年，墨西哥脫離西班牙獨立，建立墨西哥帝國。自此以來，墨西哥人都是就地取材，把仙人掌當成食物。它那多肉厚實的葉子含有豐富的維他命C，它的種子、果實和嫩芽都是他們的美味佳餚。在全墨各地，削了刺可當蔬菜水果的仙人掌隨處可見，各村落的農民用五、六尺高的圓柱形仙人掌築成庭院籬芭。

全球仙人掌科植物共兩千多種，而墨西哥獨占一半，其中有兩百多種為墨國所獨有。因此，墨西哥享有「仙人掌國」的美譽，仙人掌成了墨西哥民族的象徵，它的雄姿出現在國旗上和國徽上，也出現在每日通行的貨幣上。如今，仙人掌不僅是墨國的招牌，也是他們主要的經濟作物。墨西哥政府正力倡廣植野生仙人掌，經過加工而製成飼料，大量出口至美國和加拿大，賺取外匯。

臺東到高雄一帶海邊公路旁，也隨處可見龍舌蘭等仙人掌作物。據說人們只用它的纖維製繩索，或當作盆景種植，尚無人想到用它製酒。

奇特的傳統飲法

剛出爐的龍舌蘭新酒，酒精含量高達百分之一百零四。墨西哥政府酒規要求酒精含量降到百分之八十，最高不超過一百，但絕大多數墨西哥當地市面上的龍舌蘭都沒有陳年。到墨西哥旅遊，初嘗這種酒，感覺上像喝胡椒水或鹽水，「龍舌蘭上腦，醉起來不得了」，稍喝多一點，就會暈倒。

傳統的龍舌蘭酒飲法也相當特殊，與眾不同，大體上代表不同風情的品飲料，可歸納為三種：

㈠龍舌蘭酒道地的正宗飲法，是先將半片檸檬夾在左手的拇指與食指之間，並在虎口抹鹽，右手打開龍舌蘭酒瓶，將一只約一吋高的紅陶土燒成的小酒杯酌滿。飲用前，將檸檬擠壓入口，爽快的酸澀令人牙根一緊。這時候，緊接著舔虎口的鹽，並隨即猛然抬頭，仰視上空，將杯中玉液一飲而盡，讓百分之五十濃度的龍舌蘭，由喉頭滑下，一路燃燒到脾胃，非常刺激夠勁，猶有江湖豪氣。這正是古印第安人傳下來的飲法。

㈡加蘇打水或七喜汽水，蓋上杯口，並緊緊壓住杯蓋，鼓氣一擊，杯內的龍舌蘭酒和它的混合物迅速產生大量汽泡效應，即趁此一瞬間一口飲盡。此種飲法墨西哥人叫「全贏」（slammer），酷味和噱頭兼具。

㈢迎合年輕人喜愛的「pub」風潮，將龍舌蘭調製雞尾酒，最流行的共有四種：

1. 加入新鮮番茄汁或檸檬汁調製成的雞尾酒，喝起來口味較溫和，略帶甜酸，卻不失龍舌蘭酒原味，適合女性飲用。因這種調法與墨國各地「pub」裡的「瑪格麗特」酒相似，墨西哥人就叫它為瑪格麗特（Margarita）。

2. 摻入鳳梨汁與石榴糖漿，色彩透明，口感更加清爽，令人心曠神怡，可能因而忘卻龍舌蘭酒特有的酒精威力，容易在不知不覺中飲用過量，這種酒取名為「墨西哥」（Mexico）。

3.注入葡萄柚汁液或香草酒，並在杯口放置一枚紅櫻桃，使整杯酒形成奇妙的「晨曦」景觀，適合在節慶時飲用，名字就叫「曙光」（Light of Dawn）。

4.在龍舌蘭酒中摻入番茄汁，再依個人口味偏好配以胡椒等，火紅的色彩，灼熱的口感，令人覺得身處仙人掌叢生的原野，這是一種極具地方色彩的雞尾酒，名字叫「草帽」（Straw Hat）。

日本的飲酒文化

"KARAKUCHI"
ASAHI BREWERIES LIMITED
ASAHI
DRAFT BEER
THE BEER FOR ALL SEASONS
SUPER
"DRY"
Asahi
生
スーパードライ
生ビール
350ml
KIRIN'S PRIME
DRAFT BEER
KIRIN ICHIB
一番搾り
KIRIN ICHIBAN
一番搾り

米酒是大和民族的靈魂

日本人是一個嗜酒的民族，日本人自稱他們的釀酒業是大和民族文化根深柢固的一部分，早在西元前六六〇年天皇即位之前。

在日本，最具代表性的酒精飲料是日本米酒，它一如中國的紹興酒，乃是國酒。不僅官方宴客少不了它，宗教儀式、傳統上也非它莫屬，自古迄今，無可取代，坊間百姓也普遍飲用。

日本米酒，對習慣喝這種品味的人來說，稱得上是醇美而嫵媚，和日本女性一樣柔軟溫馴，但後勁強、深受日本人喜愛。因此，日本米酒被喻為是「日本男人的第二生命」。日本女性隨著歐美的民生潮流，容或已有男女平等觀念，不再事事順從，但日本米酒，無論經過多少歲月，無論在任何場合，溫馴依舊，歷久不變。一般情場失意或家庭失和的男士，就常沉溺在日本米酒中，去找回他們自己認為理所當然、應該得到的「自尊」和慰藉。

駐節日本多年，深諳日本國情的前美國駐日大使艾德溫·瑞斯考爾曾說：「日本酒是日本靈魂的一部分，與日本人密不可分。」據筆者體察所知，這是由於日本有史以來，稻米與酒在日本人生命中和傳統文化中，具有特殊的地位。

近年來，隨著日本的餐飲業，日本米酒以英文譯名「沙基」（Sake）打入海外市場，在亞洲、紐澳、歐美各國的日本餐館更是盛行。外國人飲日本酒，或許並不習慣，但在日本餐館吃日本料理，配日本米酒佐餐，就一如用葡萄酒與法國菜搭配，紹興酒與中國菜搭配，被公認為是「相得益彰」；而且，在日本餐館的榻榻米上盤坐，用日本特有的小磁酒瓶、酒杯酌酒，更是別具風味。

日本米酒的釀造原料是短顆粒及中顆粒的稻米，經過磨光、浸泡、蒸熟、醱酵、擠壓、儲存、濾清及殺菌加工等製造過程而釀成美酒。

日本本土所產的傳統米酒有：

(一)清酒：日本人習稱日本米酒為「清酒」，酒精含量為百分之十七。清酒又分為三級：上級、一級和二級，其中以二級清酒價格最低，銷售數亦最多，其產量占所有清酒中百分之五十。日本清酒有五千多種，而清酒的品牌（日文叫「柄銘」）更是林林總總，莫衷一是。它的特色是「同一規格，同一標準」，味道都差不多，注重好米好水。清酒標籤在圖案設計上或有不同，但酒名一律是黑色粗體字，自以為「豪邁」，也藉此彰顯清酒的豪邁氣概。

(二)地酒：包括「灘酒」（神戶市出產）、「劍菱」（池田市出產）、「七梅」（伊丹市出產）等，其他種類的「地酒」亦多。神戶、池田、伊丹之所以產名酒而且成為酒的名勝，主要是這三處地方有好的水質。全日本共有兩千多個酒坊，平均每五萬個日本人就有一個酒廠。地酒主要供當地消費，其次是當「特產」賣給觀光客，品質停留在小手工藝「作坊酒」，口味只適合日本人。

日本一般米酒的酒精濃度是百分之十六至十七，比葡萄酒的酒精濃度略高，一般的葡萄酒酒精濃度在百分之十一至十四。日本米酒只能存放約一年，一旦開了瓶，尚未飲完剩留在瓶內的酒只能存放約半個月，而且以置於冰箱內較為適宜。因此，日本人飲酒，有酒必飲，酒開了瓶，必定一次全乾，絕不留置到第二天。

日本米酒的特殊飲法

日本飲日本酒，通常先把酒置於一個像花瓶，叫「托骨利」（tokkuri）的小瓷瓶內燙暖，這是飲日本酒的特色，燙過的酒容易醉人，但也有日本人把它澆在冰塊上冷飲，熱酌冷飲兩相宜。一九九一年筆者訪問韓國及日本，在日本福岡、箱根、名古屋、河口湖、京都、大阪及東京等地，這兩種飲法都切身實地體驗過。在大阪時，亞東關係協會駐大阪辦事處處長曾彬祥、副處長曾福興請筆者在一家日本餐館晚餐，就是喝燙暖的日本米酒，覺得韻味不同，各有特色。

在日本南九州宮崎，筆者曾親自遇到當地日本人把日本米酒液注入砍下的青竹筒內，在水中煮熱後，注入也是新砍下的小青竹筒裡待客。這種以大青竹筒當作酒壺盛日本米酒燙暖，注入小青竹筒徐徐品飲的方式，不僅酒香挾著清新的青竹香，清脆撲鼻，別具風味，而且另有一番情趣。

筆者在淺嘗之後，頓時回想到一九六〇年代，筆者曾陪同美國各通訊社、報業社長編輯訪問團訪問花蓮，一起跳〈高山青〉和享用以新砍青竹筒所煮的米飯，也聯想到臺灣盛行的「竹葉青」，都是融合大自然的芬芳美味。大自然的清香確是絕美，任何人造香味都無法與之相比。

日本一般文人雅士最嚮往中國唐代詩酒雙聖李白等的豪興，對中國的酒詩也都能背誦如流，日本當代名作家西塚泰美便是其中之一。他於一九八八年七月訪問臺北，一時酒性勃發，便毫不猶疑地當眾揮毫，為《日本文摘》讀者寫下王翰〈涼州詞〉：「葡萄美酒夜光杯，欲飲琵琶馬上催；醉臥沙場君莫笑，古來征戰幾人回。」（王翰，字子羽，晉陽人，少豪健，恃才喜酒，唐代登進上第）。

日本青年飲酒的情趣

在日本旅遊，從城市到鄉村，處處都可看到酒館林立。日本酒館酒類陳設繁多，通常依照酒稅法分類，共概分為：清酒、濁酒、白酒、合成清酒、燒酒、啤酒、果實酒、味淋、雜酒等。所謂「雜酒」，並非酒質較劣或其他不同品類的酒，而是專指外國進口的白蘭地、威士忌、香檳等各種「洋」酒。當你踏進酒館門檻，只須說聲「撤凱」，酒保就會立刻為你端來一壺溫熱的日本清酒和一碟小菜，幾乎每家日本酒館都安裝有柔和的燈光、清婉的音樂，使整個室內瀰漫著浪漫的氣氛，令人陶醉。

日本年輕一代最喜歡泡在酒館，不惜付出比當地酒的價格高出數倍的代價，豪飲諸如「法國白蘭地」、「蘇格蘭威士忌」等「雜酒」。

現代日本女性單身貴族也異軍突起，成為酒中「豪傑」。據「東京都信用合作社協會」於一九九一年一項對東京單身女性所作的調查顯示，調查以一千人為對象，高中高職畢業後飲酒的約占六成，高居首位，而且飲酒頻率也最高，幾乎每日飲酒；另三成單身女性，每週三至五天飲酒。

為了吸引年輕的單身貴族，日本酒館頻頻使出各種花招，其中最流行的一種，是男女一面飲酒，一面在一起猜紙片上的文字。酒館為顧客印製各種色彩的小紙片，用來包裝甜點，免費供應顧客。紙片上的文字，有些是自創的，都很別緻，唯一相同點是每個字的字旁必然是「女」字，極具挑情意味。顧客吃過了這塊紙片所包裝的甜點，可拿著這張紙片，與酒女在暗淡柔和的燈光下一起摸索愛撫，猜字的含義，別有一番羅曼蒂克的情趣。比如說，那些特別自創的文字中，便有一個「姤」字，一般顧客很難猜中，這時酒女會羞答答地悄悄告訴你：「那是指女性的某一獨特部位，高高隆起，有如一座長有些許嫩草的山丘。」

日本式的「乾杯」

日本人萬事酒為先，吃飯前更是必先飲酒，即使明知「空肚易醉」亦無所顧忌。他們待自己是如此，招待客人更是如此，若讓客人先飯後酒，便是失禮，未能充分表現主人請客的誠意。而且，日本人慣於在同一時間飲多種不同的酒，並不像中國人有「混酒易醉」的顧忌，日本人在一個餐會或酒會上，燒酹、清酒、啤酒、威士忌、白蘭地，甚至中國紹興酒、竹葉青，完全隨心所欲，手到「擒」來。

日本人與友人一起作客或作主人的場合，也和中國人一樣，喜歡向人挑釁「乾杯」。唯一不同的是，日本人口說「乾杯」，實際上是「隨意」。日本人不講「隨意」，而用「乾杯」一詞替代「隨意」，不像中國人口說「隨意」，而實際上在「隨意」之後，經不起挑釁，結果一飲而盡。

日本人另一個不同的飲酒習慣是在日本人相聚共餐時，每個日本人不僅只顧自己獨自埋頭猛飲，而且自斟自飲，當「仁」不讓。

加侖。

美國啤酒是日本人的最愛

日本人偏嗜美國啤酒，據《財星》雜誌報導，一九九〇年，日本自美國進口啤酒一千多萬加侖。

美國啤酒品牌，林林總總，絕大多數日本人卻只對布克林品牌的啤酒情有獨鍾。一九九一年前三個月，外銷到日本的布克林品牌啤酒達十五萬多瓶，占這家布克林釀酒公司啤酒總產量的百分之十五。

布克林啤酒在美國是新品牌，由當過美聯社記者的史帝夫．漢迪及化學師湯姆．波特於一九八七年在紐約所創立，開創伊始，全公司只有員工七人，現在業務蒸蒸日上，員工多達千人以上。

布克林啤酒在日本暢銷的原因之一，係由於這家釀酒公司把這種啤酒設計成相當平民化的飲料，計價低廉，由海運輸銷日本酒館的售價與美國的售價相差無幾，約四至五美元，而且盡量迎合日本人的口味，故一登陸日本之後，便受到日本飲者的普遍歡迎。東京有些高級夜總會會直接傳真電報到紐約布克林公司，要求空運供銷布克林啤酒應急，此時售價則要比一般日本酒館高三倍，每瓶約為十五美元，但是仍供不應求。

日本傳統的「養命酒」

日本本土出產的酒精飲料中，有一種叫「養命酒」，歷史悠久，係一六〇二年首創，當時甚獲幕府將軍德川家康喜愛，視這種酒為醇美而且可用以「強身、補肝、祛病」的妙品，並獲頒「天下公認治萬病靈藥養命酒」的執照，准許這家釀酒公司使用德川的「飛龍」圖騰作為銷售的商標。對日本人來說，這是「前無古人、後無來者」的最高榮譽。

這種「養命酒」是否真能養命？如果真能養命，它究竟含有何種滋補身體的營養素而達到「強身」、「補肝」的境況？慣於崇拜英雄、迷戀鬼神的日本人無意去探討，因為這種酒世代相傳、有口皆碑，對這種酒的信念早已深植於大和民族的心坎，有了不可動搖的地位，他們對任何有關這類的說法，都會深信不疑。

這種日本「養命酒」的飲法是用一種特製、約二十公釐的小酒杯盛用，每日三餐飯前及睡前各喝一次，一共四次。

筆者訪日本時，曾試喝這種「養命酒」，覺得口味清新奇特，略帶藥味，究竟用了哪種藥作原料，身旁的日本朋友誰也答不上來。

日本工商企業與酒

對日本白領階級而言，尤其是在企業界，除了公司業務，應酬也屬工作範圍。白天忙於公司業務，奔波勞碌，晚上還得拼命喝酒，才能稱得上是幹勁十足。

據估計，日本國內各公司法人一年所耗費的交際費約五兆日圓，相當於新臺幣一兆元。這個數字幾乎與日本一年的教育預算相等，比國防預算還多兩千億圓。

而實際上，日本各公司社團的交際費還不止是國稅局所能稽查出來的五兆日圓，由於大公司交際費要全額繳稅，每家都把它列在銷貨推展、廣告宣傳費或開會費等項目內。例如邀客戶觀光旅遊，就記在開會招待費項目下；員工到外面喝花酒，算是福利開銷，核算下來，超過十兆日圓。

如此龐大的交際費是怎樣消耗掉的？大公司招待客戶，通常賓主六至八人，先到新橋料亭用餐，再到銀座酒廊喝酒，一百多萬日圓，相當於二十多萬臺幣就此付諸流水。

對一般公司的社長、副社長而言，每天早上起來要想的是：「今晚喝什麼酒？」他們得和工會的幹部在酒桌上滿杯，也要和客戶在酒坊較量，酒是他們用以培養人脈的憑藉，也是商場上的「武器」，他們用「酒功」立下「戰功」。問日本大企業老闆，他們出人頭地的祕訣是什麼，大多回答說是一身喝酒的功夫。

在日本企業界，多的是「酒豪」，要往上爬，就得拚命喝酒。日本上班族經常在下班後，齊聚酒店或餐館，他們不單是飲酒作樂而已，許多重大決定都是在幾盅黃湯下肚後敲定。日本許多公司新進職員到任不久，他們的上司就經常蓄意利用機會灌他們酒，作為「在職訓練」之一部分，並要求他們與客戶酬酢喝酒。這對那些不會喝酒的職員來說，是一件非常不道德、不人道甚至是非常殘酷的事。面對這種情況，不善於喝酒的職員只有兩條路可走，一條是繼續忍耐，勉強自己不斷飲「苦酒滿杯」，任自己的身體健康受到長期的酒精摧殘與精神上的折磨；另一條路是自動辭職；但有些職員既不想繼續受此折磨，也不想辭職，便去投訴日本特有的「非酒徒協會」請求保護，「非酒徒協會」只能調解，不能仲裁，如調解不成，這名職員照樣被炒魷魚。近年來投訴「非酒徒協會」的人愈來愈多，極少數人獲得調解。

日本男人，一向在下班後習慣上酒館暴飲澆愁，以致深夜裡大街小巷遍處「倒地葫蘆」。但時至今日，這種醉酒倒臥的景象，已不再是男性的專利，更因年輕女性嗜飲而改觀。此外，地鐵車站及電車上也常見橫七豎八或盡情往皮包裡嘔吐的女性。

日本女性貪杯造成的景象雖令人歎為奇觀，但也有媒體同情她們，認為此乃日本女性走出家庭，要與男性一較長短，卻在過程中遭遇意想不到壓力的結果。儘管如此，女性在外喝酒的對象大都是同性友人，談話內容以趣味和休閒為主，每週喝酒的次數也比男性少。男性平均每週喝五．一次，女性平均每週只有三．一次。

喝酒給人的印象是：既傷身體又容易亂性，而且，由於日本長期經濟不景氣，近來日本社會風氣也對商業應酬沒什麼好評。因此，有些大企業為節制飲酒，特別提醒飲酒不要忘記「飲酒公約」：

每年春秋兩季在親睦園置酒慰勞員工，同時增進同事間的感情。大家務必心存禮讓，且以和樂為主，不失禮於人，不要招來他人責難。要堅守以下原則：

㈠飲酒止於盡歡，菜色不超過兩汁（湯）五菜，以清淡為主。

㈡飲酒召妓（歌伎）是猥褻行為，勿放砍狂吟，敗他人之興。

㈢飲酒不過量，不必強人飲酒，酒後不得亂性。

㈣聚散要準時。

日本政府為了促銷日本所產葡萄酒，特地成立「日本葡萄酒專家協會」（Sommelier），並要求日本航空公司和全日空公司在招考空中小姐時，將有關葡萄酒產地和葡萄品種等知識列入考試項目，使她們成為「葡萄酒專家」，俾在飛行途中由她們向旅客解說並促銷酒類。如果沒有通過這項「酒」的考試，就不能取得「客機服務員」的資格。

這是一項高難度的考試，例如不久前的一百個考試題目中，就有一題要考生列舉三個生產「Corton Charlemagne」酒的村名，應考「葡萄酒專家」的平均錄取率僅百分之四十五。可喜的是目前「日本葡萄酒專家協會」一百八十位合格會員中，百分之六十以上，即一百一十一人是空中小姐，其中日本航空占九十五人，全日空占十六人。

「醒掌天下權，醉臥美人膝。」這是日本明治維新人物佐騰博文的豪語。革命時代，英雄輩出，意氣風發，語多豪邁，後人多以時尚所趨，予以接納。

綜觀日本法律，任何人不得賣酒給二十歲以下的未成年人，但法律歸法律，在東京的酒吧間裡，一群乳臭未乾的孩童，圍著圓桌，摩拳划掌，興致高昂，不時地發出陣陣「乾杯」的碰杯聲，不約而同地喝光杯中最後一滴酒，杯底朝天，酒保視若無睹，反而讚揚這些「小虎」的豪氣。

在全日本各地，未成年人可以隨時隨地從販賣機上買到啤酒。

在當今世界各國，只有日本人能在街頭販賣機上買到酒。據估計，日本販賣機每年銷售的啤酒、威士忌、白酒為十八萬六千加侖。按照比例，全日本每三十人就擁有一臺販賣機，人們可以很輕易地從販賣機買到冷暖飲料、酒精飲料到保險套等各類物品。日本自一九五〇年代推出自動販賣機以來，它愈來愈受社會大眾歡迎，部分原因是它給人們帶來了方便，同時也為有羞恥意識的年經人在購買較為敏感的物品時不致於露出困窘尷尬之色。

然而近年來，販賣機出售酒類成了日本人關注的焦點。儘管日本政府當局多次呼籲拆除（未明令禁止）售酒的販賣機，但始終無人理睬。日本酗酒諮詢協會指出，由於任何人都可於販賣機買到酒，因而發生許多事故。最近調查顯示：全日本未成年人的酗酒人口已大幅增加，其中有百分之五十的未成年人坦承他們所喝的酒，主要來自自動販賣機。因此，這問題引起了稅務當局、厚生省和地方政府的高度重視，他們也一致認為售酒販賣機應從街頭拆除。

早在一九九四年，全日本酒業協會曾同意合作，但迄今進展緩慢，甚至已陷入停頓狀態。

迄今為止，僅有約百分之八售酒販賣機從街頭消失，至於剩下的百分之九十二何時拆除，沒有明確的日期和具體的行動。另一方面，釀酒商和自動販賣機製造商則表明須靜觀事態發展而定。他們將研製能讀出身分證、檢視出買酒者年齡的新設備，來予以補救。

大和民族的文化與酒，千絲萬縷，密不可分，舉凡新生兒的誕生、佛教式葬禮和櫻花節等，都要飲酒相慶。

在過去二十年間，全世界大多數國家酒的消費量都在普遍下降，唯獨日本酒的消費量卻在直線上升，尤其是女性的酒消費量更是大幅增加。

日本的酗酒問題

日本人由於經濟日臻繁榮，生活富裕，即使是靠按月領薪水過活的藍領或白領階級，必定都是西裝革履，一副紳士模樣，下班後必定呼朋引伴，相偕去食堂或酒館喝個酩酊大醉，才搖搖晃晃地拖著沉重的腳步回家。晚班電車上渾身酒臭的日本男子每個車廂都有；每當夜幕低垂，在日本市鎮街頭，也不難見到酩酊大醉、歪歪倒倒的「不倒翁」；酒後駕車肇事等傷人喪命事件，更是層出不窮。

日本男人們在寒冷的冬天夜晚，多數喜歡飲酒禦寒，醉倒街頭遭凍斃的也大有人在。因此，每當寒風冷冽、雪花霏霏的夜晚，就是警察最忙碌的時刻。他們四處搜尋「流落」街頭的醉漢。酒後亂性，對女性進行騷擾者，也在警察取締之列。

另有些日本男人，除了去食堂酒館飲酒外，平時在家裡與家人共餐，也喜歡小酌幾杯，太太在旁侍候丈夫至酒酣耳熟，才能歇息。

日本女性，由於日漸開放的結果，因酗酒而罹患肝病的人數也與日俱增，日本演藝人員的飲酒氣概超過男人，她們之中有不少因肝病嚴重而英年早逝。

基於問題愈來愈嚴重，因此日本女性社會現正流行所謂的「休肝日」，這是由一些日本女性因酗酒成癮、病況嚴重後仍須出外應酬，遇有強敬酒的情況，便以「今天是醫生給我的『休肝日』」為由，藉詞婉拒。

日本的釀酒業

仿造英法名酒

日本人是一個最善於模仿的民族，他們慣於把其他國家的長處搬來自己國家，使財源也跟著從其他國家轉移到日本，而且從此滾滾而來，源源不斷。在觀光業方面，他們不僅模仿法國巴黎，在東京建造高於艾菲爾（Eiffel）的鐵塔，也模仿美國洛杉磯，在東京建造勝過美國的迪士尼樂園（Tokyo Disneyland），便是最佳的例證。在工業方面，如汽車、照相機、鐘錶、航空器、電腦等技術密集工業及高科技製造業，也莫不如此。

在洋酒仿造方面，日本國營的釀酒業者，幾乎早在十八世紀末葉，即明治初葉開始打歪主意。首先遴選日本第一流的釀酒專家，分別前往英、法、德等國專修釀酒有關課程，並留在當地各酒廠實習，隨後接踵而來的是，日本政府自英、法、德等國進口大批蘇格蘭威士忌、法國柯涅克（Cognac）白蘭地、葡萄酒和香檳酒、德國啤酒到日本，與日本土產酒調配加工，改良日本酒，進而全盤抄襲歐洲先進國家，從這些國家進口釀酒器，以他們從這些國家學來的釀酒技術配方，仿造歐洲的烈酒，並欲取而代之。其中尤以日本最大釀酒公司「三多利」（Suntory）最為積極。當時「三多利釀酒公司」主要製造銷售的酒只有「紅玉波多酒」。

「三多利釀酒公司」日文的正式名字是「日本壽屋造酒會社」。一九二三年，三多利在京都山崎縣建造東方第一家規模最大的麥芽威士忌釀造廠，由留英釀酒專家竹鶴政孝主持，向法國進口新設計的蒸餾器，採連續蒸餾法，醣化醱酵蒸餾，釀造過程、方法與英國釀造蘇格蘭威士忌完全相同，全力投入威士忌生產，經多次試驗，終於釀造出全日本第一瓶威士忌，取名「三多利白牌威士忌」，暢銷於全日本各地市場。這種模仿英國首創的日本威士忌所用的英文名字，也正是這家釀酒公司的英文名字，「sun」的含意是「紅玉般的陽光」，「tory」來自「壽屋造酒會社」董事長鳥井信治郎的「鳥」字。

這種日本釀造的威士忌，於新酒流出時，濃質威士忌酒精含量是一百三十度，淡質威士忌酒精含量是一百零八度，濃質的威士忌酒精含量自然比淡質的高。在產品品質上另一不同之點是，蘇格蘭威士忌含濃郁的泥炭薰焦香味，而日本「三多利威士忌」可能受日本傳統釀酒法的影響，雖然是風格特殊而濃郁爽冽的天然酒香，但畢竟缺少了蘇格蘭威士忌所特有的基本風味——泥炭薰焦香。這也許正是數千年傳統正牌英國蘇格蘭威士忌有它的「祖傳祕方」，不是任何人所能仿造得來的。

日本威士忌的品牌

目前日本國內市場流行的自釀日本威士忌品牌有四種：

第一種是三多利釀酒廠自一九二九年起推出的最早期「白牌三多利威士忌」。

第二種也是三多利酒廠的產品，自一九三七年開始釀造的新品——「洛雅牌三多利威士忌」（Suntory Roya），雖然是沿用英國蘇格蘭威士忌的釀酒術釀造，口味卻是純「東方」。促銷廣告則說：「洛雅牌揉合了蘇格蘭品質與東方精神。」

第三種是「尼卡鶴牌」（Nikka）威士忌。昔日竹鶴政孝為仿造蘇格蘭威士忌，特地於一九一八年去英國長期留學並實地學習蘇格蘭威士忌釀酒術，他於一九三四年自英國學成返日後，在北海道設立「尼卡釀酒廠」，為紀念竹鶴政孝的特殊成就，尼卡釀酒廠特別設計釀造尼卡鶴牌威士忌，並以此品牌在全日本各地市場流傳迄今。

第四種是「丘比特四五牌」（Jupiter 45）威士忌。這是日本「東洋釀酒廠」於一九四〇年代為迎合駐日美軍對其故鄉威士忌風味的懷念之情所特別設計的美國口味，當時在廣告大肆渲染下，駐日美軍趨之若鶩而流傳迄今。

用外國名酒改良促銷日本酒

另一方面，日本人把自英國進口的蘇格蘭威士忌及自法國進口的柯涅克白蘭地摻入日本威士忌及其他日本酒混合調拌，藉以改良和促銷日本酒，這一點他們是成功了。

英、法名酒，講究的是色、香、味，帶琥珀色，香醇可口，日本人也在這方面加倍努力。但日本酒充其量只能做到「甘口」（香甜）、「辛口」（苦辣），這是因為受長久以來傳統包袱的連累。日本自有史以來，對關東地區的日本人而言，香甜甘口酒是他們的最愛；另一方面，關西地區的日本人卻只愛苦辣辛口的酒，兩者占日本飲酒人口的絕大多數。由於數千年以來喝慣了這兩種口味，要他們一下子改變習性，去喜歡其他品味很難，絕不是一朝一夕所能做得到的。日本釀酒廠商為了促銷產品，就不能不迎合日本人傳統的飲酒習性。

投資美國加州籍廉價稻米釀日本米酒

日本人是具有敏銳觸角和精密腦細胞的經濟動物。美國加利福尼亞稻米生產年年過剩，乃因促銷亞洲受阻，主要是中華民國、中國大陸、日本、泰國、越南等都是稻米生產國。長期以來，日本抵制美國稻米進口，美政府雖施盡壓力，仍然無法通關。美國稻米滯銷的結果，米價跌到谷底，日本米價比美國高三倍。事事精打細算的日本廠商，早在一九八〇年代初期，就已打定主意，要用美國加州的廉價稻米，釀造日本米酒（Sake）。

日本釀酒廠商自一九八一年起開始做實驗性的嘗試，發現有利可圖，便立刻在美國加州設廠釀造，以海外日僑為對象進行促銷，愈釀而愈銷愈多。至一九九〇年，在加州設釀造廠產銷日本米酒的廠商，驟增至五家，經營管理全部是日本人，釀造方法也完全沿襲日本的傳統，每年總營業額高達一千五百萬美元。

一九九〇年，日本米酒在全美國的消費量是一百七十萬加崙，其中八十一萬四千加侖是在加州釀造並就地促銷。據加州州政府統計，至一九九五年，加州日本米酒釀造廠商的總營業額增加到一九九〇年的五倍。

日本在釀酒歷史上最悠久的京都月桂冠（Gekkeikan）米酒釀造公司也在一九九〇年於加州沙加緬度投資七百萬美元，興建米酒釀酒廠。甲南（Kohnan）釀酒公司跟進，投資額更大，達到一千一百萬美元，在加州納巴（Napa）興建附有品酒部的釀酒廠，製造日本米酒。

日本由於耕地面積已達極限，稻米價格高出美國稻米六倍，但在美國加州沙加緬度及聖華慶（San Joaquin）河谷的浩瀚稻田，稻穀遍地。在日本釀造米酒的成本，平均每加侖須七．五美元；在美國加州生產日本米酒，平均每加侖成本只須二．五美元。

美國盛產小麥，大量外銷，為眾所週知的事實，殊不知美國也盛產稻米，稻米外銷更居全球之冠。日本人稱美國為「米」國，名副其實；雖是巧合，確是絕招。美國之被稱「米」國，就稻米產量而言，當之無愧。

儘管由日本人在美國加州投資的日本米酒釀造業，有如雨後春筍，欣欣向榮，遠景看好，然日本也並未立法，禁止將在外國釀造的日本酒回銷日本，但鑑於多年來美國竭力爭取稻米銷日，日本把守關口，寸步不讓。因此，在美國加州投資所釀造的日本米酒，如果要回輸日本，也將同樣是極為敏感的高度政治化問題。

日本人在美國加州釀造日本米酒回銷日本，就好像英國人在日本釀造蘇格蘭威士忌要回銷英國，同樣是不可思議、也是不可能的事。因此，日本在美國設廠釀造米酒的廠商只好另找出路，向其他國家下手。如日本大卡拉（Takara）釀酒公司在加州柏克萊投資設廠所生產的日本米酒就以中南美、歐洲、非洲及澳洲等各國為推銷對象。

基於日本米酒釀酒業以美國為基地，進軍國際市場大有斬獲，他們信心十足，認為日本米酒促銷日本以外的亞洲國家亦大有可為。更何況亞洲各國的日本料理餐廳很多，都是日本米酒的基本客戶。據相關統計，日本米酒銷到臺灣的數量，年達新臺幣四億元，幾乎與歐洲若干烈酒輸臺的數量等量齊觀。

正因為日本在美國投資設廠，釀造日本米酒促銷國際市場無困難，故在加州的日本釀酒公司，包括加州郝里斯特（Hollister）郡的大關（Ozeki）米酒釀造廠等，都沒有將所釀米酒回銷日本的計畫。而且日本人認為，在外國製造產品回銷美國，這是只有美國商人唯利是圖才會幹出的勾當。

日本大關（Ozeki）釀酒公司在美國加州的分公司，日本米酒的年產量在一九八九年為二十五萬加侖，至一九九〇年提高一倍，達五十萬加崙，勢必另找國際市場。日本甲南釀酒公司在美國加州的分公司，一九九〇年的米酒生產量是五萬三千加侖。美國唯一的一家，在日本沒有關係企業的純美國日本米酒釀造公司「美國太平洋邊緣公司」（American Pacific Rim Ltd.）也計劃未來將日本米酒的年產量指標提高到八十萬加侖。

日本啤酒的新寵——泡沫啤酒

根據日本官方所發布的資料顯示，啤酒是全日本最暢銷酒類之一，在銷數與稅收上，都僅次於日本的傳統白酒——清酒，啤酒市場年銷七十億日圓。在近幾年間，因日本經濟蕭條，每個家庭財富都縮水，購買力愈來愈差。但啤酒仍然看好，而且一如日本清酒，其用途與功能均極為廣泛。

全日本整體啤酒市場占有率，二〇〇〇年第一名是「麒麟啤酒」（Kirin Brewery Co. Ltd.），占百分之三十八·四，銷數為全日本之冠。第二名為「朝日啤酒」（Asahi Breweries），占全日本啤酒總銷數中百分之三十五・五。第三名是「札幌啤酒」（Suntory Limited），占全日本啤酒總銷數百分之十・三。

「麒麟啤酒」中，又以「麒麟淡麗」（Kirin Tanrei）為第一品牌，「麒麟一番榨」（Kirin Ici-ban）為第二品牌。這兩種啤酒都是「泡沫啤酒」，擁有相當多的穩定消費者。

世人皆熟諳日本的「泡沫經濟」，卻很少注意到日本的「泡沫啤酒」（Happoushu）。雖然日本啤酒規模變化不大，但仍牽引著整個酒類市場，而且在啤酒種類上也有著極大的變化，「泡沫啤酒」即為其中之一。

「泡沫啤酒」與一般啤酒釀造原料相同——以大麥和啤酒為原料所造而成，泡沫啤酒的味道亦與一般啤酒毫無軒輊，只是麥芽使用量較少，屬於低酒稅類別的酒精飲料。

以日本目前的酒稅制來看，麥芽使用量為百分之六十七以上的啤酒，平均酒稅是每罐（350ml）課徵七十七・七日圓，所以零售價格是二百日圓以上。但是，麥芽使用量未滿百分之二十五的日本「泡沫啤酒」，平均酒稅是每罐（350ml）課徵不超過三十六・七五日圓，所以零售價格亦相對低廉，每罐零售價格只要一百三十至一百四十五日圓。

對日本政府與啤酒業界來說，容易將一般啤酒和「泡沫啤酒」做市場區隔。但是一般消費者的認知裡，他們只要選擇「低價格啤酒」，對於啤酒的課稅制度並不了解，也不想去了解，更無需去了解。

一九九四年，三多利啤酒公司首次推出泡沫啤酒，至一九九五年，札幌啤酒公司也緊跟著推出，並開始受到日本廣大啤酒愛好者的注意。

延至一九九八年，位居日本啤酒業龍頭老大的麒麟啤酒公司推出麒麟淡麗泡沫啤酒，意外受到市場熱愛而急速擴大釀造銷售。至二〇〇〇年，麒麟淡麗泡沫啤酒已經膨脹到占整個日本市場百分之二十二；至二〇〇一年，占全日本泡沫啤酒總銷售數百分之三十。

在日本啤酒企業中，地位僅次於麒麟啤酒公司，並以「老牌」見稱的朝日啤酒公司，眼見麒麟啤酒公司大暴利，非常眼紅，起初是刻意放話，說「泡沫啤酒」是冒牌貨，是假啤酒而不是正宗啤酒，因此，朝日啤酒公司雖有釀造技術也不釀造，意圖沖淡泡沫啤酒顧客的熱潮。未料愈放話，泡沫啤酒顧客熱潮愈高，麒麟啤酒公司獲利愈豐，基於「要拼才會贏」，朝日啤酒公司只好急起直追，緊急擴大釀酒規模，加入泡沫啤酒產銷市場行列。

朝日啤酒公司就泡沫啤酒市場再作鄭重評估之後，發現一旦朝日泡沫啤酒上市，以前習慣喝朝日啤酒的顧客，極有可能移轉過來喝朝日泡沫啤酒，對朝日啤酒公司利潤的增進並無俾益。在經過再三研討斟酌之後，為了區隔兩種酒口味的不同，決定在釀造過程中，仍將朝日啤酒原有的一貫辛辣爽口的味道保留，而將新產的朝日泡沫啤酒稍帶甜味，並取名為「朝日本生」（Asahi Honnama），並在廣告上強調宣示兩者的特性迥然不同，俾爭取新的顧客。

二〇〇一年二月二十一日，「朝日本生」泡沫啤酒正式導入全日本啤酒市場，在行銷策略上相當特殊。在「朝日本生」的包裝上，一反朝日啤酒公司傳統，採用鮮紅色，連各種促銷「朝日本生」的工具（sales promotion tools），也全部都用鮮紅色。在全日本各地，只要是促銷或販賣「朝日本生」泡沫啤酒的商店賣場，一夕之間，全部變成鮮紅色。此外，朝日啤酒公司為了發揮令人驚奇的宣傳效果，在全日本各地同時僱用活力充沛的新促銷生力軍，將「朝日本生」泡沫啤酒在同一時日、不同地區推銷上市。這波新產品、新手法上市引發的效應，在日本被喻為「紅色風暴」（Operation "Red Storm"）。

「朝日本生」的另一行銷手法，是以「請徹底試飲比較」、「『生』啤酒原本就具有的甘美」作訴求，在每個賣場都設酒櫥，展開「試飲會」活動，供消費者品嘗。其中最令業界吃驚的是，夙居日本零售業之冠的「伊藤榮公司」（Ito Yokado Co. Ltd.），竟也想擠到朝日啤酒公司門下，為「朝日本生」大肆宣揚，伊藤榮公司從來不替任何一家製造業的商品作促銷活動。這可能是朝日啤酒公司對「朝日本生」的促銷盛況空前，特別受到伊藤榮公司青睞和贊賞所致。

「朝日本生」上市後，消費者即被通紅的賣場牢牢地吸引住，在「試飲」微醉後，飄飄若仙，都少不了好評，消費者一窩蜂湧來，紛紛搶購。從上市的二〇〇一年二月二十一日至當月的二十八日，才短短八天，「朝日本生」泡沫啤酒共賣出一百三十五萬箱（每箱等於十六．五kl），相當於朝日啤酒公司二〇〇一年全年度計畫銷售目標的百分之十六。「朝日本生」初出鍋爐粉墨登場，即創下如此輝煌的業績，使包括全日本啤酒市場龍頭老大麒麟啤酒公司在內的啤酒廠商對手跌破眼鏡，一時之間慌了手腳，對此劇變而不知如何因應。

雖然「朝日本生」泡沫啤酒在上市後暢銷，佳評如潮，但朝日啤酒公司原所穩定擁有的啤酒第一品牌「朝日啤酒」，銷售量卻比前一年衰退了百分之十三，降到九百零五萬箱。此一現象充分顯示出，雖然在「朝日本生」泡沫啤酒中加入甘甜品味，但仍保留朝日啤酒原本特有的辛辣，兩種品牌在口味上相差不大，仍未能阻止大批原先飲用朝日啤酒的常客逐漸改飲「朝日本生」泡沫啤酒的趨勢。

如果此一趨勢持續下去，「朝日本生」終有一天會在泡沫啤酒的行銷商場，摘下麒麟啤酒公司的王冠，但以目前的情形來看並不容易。原來朝日公司在繼麒麟公司於泡沫啤酒產銷大發暴利之後，從極高風險中途插手泡沫啤酒產銷市場時，早就已經覺察到朝日啤酒銷售量的逐漸衰退傾向，不得不使出渾身解數，來搶奪麒麟啤酒公司的泡沫啤酒市場，以這場大決戰來穩住陣腳。要超越麒麟啤酒公司，絕非易事。

麒麟啤酒公司也不是省油的燈，它曾一度長期擁有全日本啤酒市場百分之六十的占有率，自遭受朝日啤酒公司「朝日本生」泡沫啤酒猛攻以來，麒麟泡沫啤酒銷售量仍一直保持穩定，證明它固有的消費大眾不會因外來的激烈競爭而流失。

以目前的態勢看來，「朝日本生」和「麒麟淡麗」這兩個日本泡沫啤酒新寵勢均力敵，幾乎沒有差距，日本啤酒的消費者，大可盡情享受。

日本的酒神話

日本清酒趣譚

日本清酒（Sake）之於日本，猶如威士忌之於蘇格蘭、白蘭地之於法國、啤酒之於德國、伏特加之於俄羅斯、茅臺之於中國大陸、紹興之於臺灣。清酒不只是日本國家的象徵，也是日本的國酒。

一年多前，一位日本朋友來訪，他常在臺灣海峽兩岸穿梭，吃飯的時候，他頻頻稱讚中國大陸的「白酒」（茅臺）和臺灣的「黃酒」（紹興）。因此問他喜歡喝中國酒還是日本酒，他的回答是：不論到哪裡，在吃中國菜時必定喜歡喝中國酒，在吃日本料理時還是喜歡喝日本清酒。當時我發現，他的回答不只是外交辭令或一時的機智，而是一種睿智。

吃日本料理時，許多人情不自禁地來一盅清酒、吃生魚片，不佐以清酒，像是少了大和民族的文化修養似的，吃起來味道也很不對勁，清酒就這樣緊扣著日本吃的文化。就和在臺灣邊吃大閘蟹時邊喝紹興似的，烘暖的紹興，就算是用來煮飪的，也是入口甘香。

老實說，日本人是個最精於包裝的民族。「清酒」說穿了，只是用米、麥和芋頭釀造的燒酌，也就是米酒。像臺灣米酒，成本只有新臺幣六元而已。但經過這麼精實的包裝，再加上這首大唐詩酒雙聖所撰的酒詩，價位就有了天壤之別。

日本的上班族，下班後總喜歡去「居酒屋」喝上一兩盅清酒，藉以紓解整日的疲勞，日式酒館充滿古日本風情，日本人尤其注重清酒和各式美食搭配，如生魚片、烤魷魚和豆腐等。各式各樣的菜餚，經過烤燒，飄出誘人的香味，端著溫暖的清酒杯，與好友對酌，為人生一大快事。

因日本清酒係醱酵釀成，酒精成分不高，通常在百分之十六至百分之十八之間。由於不加防腐劑，保存期限很短，只能存放一年，有些甚至只能存放三個月，便得飲用，與年分愈久愈醇的法國餐酒截然不同，卻是合乎健康標準的酒精飲料。

許多人或許以為日本清酒一如紹興酒，以暖飲為佳，其實不然。品質好的清酒，暖到攝氏三十度左右或冷凍到最低度，均所適宜。不過，也有不少日本人提出，品質較差的清酒，還是以暖飲口味較佳，溫度三十度左右的清酒通常較易入口。

日本「居酒屋」和觀光飯店供觀光客清酒時，酒瓶和酒杯都會比較講究。酒瓶用陶製小瓶（Torruri），酒杯則用小酒杯（Sakazuki）或用木製方盒子作酒杯，喝起來豪氣十足。

一般日本企業，喜歡在迎新送舊或周年慶時，在會場置一大罈清酒，把它打破作為慶祝儀式，然後用木製的方盒子代替小陶杯，分享嘉賓。這是典型的日本古老傳統。

清酒在日本除了是普通百姓的酒精飲料、烹調食物用酒和宴請貴賓的上品外，還有其他多種用途。

日本人泡「湯」時，在浴缸中摻入清酒，使洗澡水不易冷卻，並使身體保溫，而且具有去除肌膚汗垢的效果，據說這是一九九〇年代一個叫奇藤的男子偶然發現的。某次，奇藤正在浴缸內洗澡，他的妻子不小心把存放在浴室的一罈清酒打翻，酒液流入浴缸內，他開始感覺渾身舒暢．因此意識到這可能是洗澡水中摻入了清酒酒液的緣故。自此以後，他每次洗澡，都在洗澡水中加入一些清酒。連續三個月之後，奇蹟出現了，皮膚顯得紅潤柔軟富有彈性，而且光滑溜溜，他原來患關節炎，現在全痊癒，使一直為他治療關節炎的松本醫師也感到十分驚奇。一傳十，十傳百，「酒」浴開始在全日本各地盛行，皮膚病、神經病患者，都用酒浴治療，效果昭彰。

近十年來，日本女性時興用一種特製的清酒「美肌」，取代化妝水，作為美顏聖品。最早用清酒來保養肌膚是一名體育明星職棒選手，他用清酒來按摩阿基里斯腱。這使京都日本酒老鋪，北川本家聯想到自古以來日本的造酒者都有一雙漂亮的手，乃是由於米糠具有美顏護膚的作用，因而興起將清酒推出當化妝水的念頭。用酒洗臉、按摩、化妝，酒精成分難免會傷及脆弱的肌膚。北川本家為消除這種疑慮，特別打出巨幅廣告，宣揚在釀造「美肌」清酒時，特別增加其氨基酸成分，並減少酸的成分，而且不使用釀造用酒精和保存用的添加料，是非常純的「純米清酒」。剛推出的數年間，大都是演時代劇的演員拿它來卸妝，而一般女性也用這種「純米清酒」洗臉或敷臉。後來一家雜誌刊出一名以「素肌美人」著稱的明星愛用「純米清酒」作美顏化妝品後，知名度和業績青雲直上，年銷數百萬瓶。

遠古時代日本的「神酒」神話

在歐洲，酒與宗教有非常密切的關係，人類最早的酒是用來供奉鬼神的。西方早年釀酒業，全部由教會掌控，日本也不例外。

根據日本最早神話的遠古史《古事記》上卷〈八俣遠呂智〉記載：日本在遠古時代，人民生活在惡劣的原始森林中，險象叢生，疑懼整個宇宙係受惡神控制，因而對邪惡又粗獷的鬼神尤其是「武神」非常畏懼。

相傳在東瀛「出雲國」裡，有一條魔鬼化身，長著八個頭和八條尾巴的蛇魔，每年在「美女村」出現吞食八個妙齡美女。村民在飽受殘害之餘，向上蒼祈求保佑。不久，有一個叫「須佐之男命」的神，從上天降到這個「出雲國」，他深知這個蛇魔不但好色而且酷好酒，便吩咐村民釀八罈美酒。當蛇魔出現時，把這八罈美酒蓋打開，讓它暢飲。等蛇魔喝得爛醉如泥時，村民趁機將它處死。

日本酒中上說，息長蒂日賀皇后熟諳釀酒之道。由於古代日本人畏鬼神，所釀的酒都用來祭祀鬼神，因此稱之為「祭酒」或「神酒」。日本人學會用酒來供奉和誘惑鬼神，藉以維持人們與鬼神之間的和諧關係；並在供奉過鬼神之後，自己飲用，藉以鎮定自己的不安情緒，從陶醉的境界獲致幸福的感受。

日本人嗜酒成性，儘管他們在體質並不太適應酒精，酒成了日本人生活的命脈和創造的原動力，在他們的生活中，占著不可或缺的地位。

最早記錄日本人嗜酒的是中國漢朝時代的《魏志倭人傳》，說倭人酷好酒，連在哀戚的喪禮上，也「歌舞飲酒」如故。（現今臺灣一些喪禮也有「歌舞飲酒」，是否係受日本傳統影響所致？）

日本《古事記》也記載：在四世紀到五世紀之間，有個叫須須許理的造酒名人橫渡日本海，向中國皇帝朝貢獻酒。至十世紀，《延喜式》記載，日本朝廷已設有「造酒司」，使用從各地方納貢的稻米釀酒，「用米一擔，麴四斗，水九斗，可得酒八斗。」

十二世紀至十四世紀鎌倉時代，日本各大城市出現了「麴座」，即釀酒行業。武士道嗜酒威風，社會風氣敗壞，幕府因此御令禁止釀酒，一連敲碎了三萬個酒罈，每一戶人家只准持有一個酒罈。

現代日本的釀酒法與現代中國大陸和臺灣的釀酒法不盡相同，但釀酒專家確認，日本現今白酒——清酒的釀造方法，乃是兩千四百多年前隨「稻作文化」一起從中國經朝鮮半島傳至日本的。自此數千年以來，中國的釀酒方法，已隨著時代的變遷而改變，但日本仍保留中國兩千四百多年前傳來的古老造酒方法，一成不變。

日本的古典文學《古今集》和《新古今集》裡，並無任何一章一節提到過日本人酗酒、醉酒、逃避現實、藉酒澆愁的情景。有人說，正由於日本古典文學的作者都是女性，古代的日本女性，滴酒不沾，不會去重視男性醉酒的感受。

日據時代日總督用酒牌照消弭臺胞反抗勢力

日本侵華，與中國簽訂不平等條約，割據臺灣。在此以前，臺灣北部和中部都產酒，臺中東勢的石城里，以前叫石圍牆，是客家地區，有全臺灣最有名的酒酵。

日本軍於清光緒二十一年侵占臺灣全境後，成立菸酒專賣局，將菸酒企業收歸日本政府生產公賣，禁止民間釀酒。不願做亡國奴的臺灣民眾揭竿而起，組織游擊隊與日本占領軍對抗，光是「太魯閣番」抗日就持續了五年之久，日本政府動員了大批海陸軍才把他們剷平，直到日軍占據第八年，屏東的游擊隊總指揮「林小貓」被日軍殺害，戰事始告結束。

歷任日本駐臺總督曾為此傷透腦筋，某一總督請來某一臺灣名人，向他討教要如何才能平息臺灣平民的動亂。這位名人回答說，抗日游擊隊的政治意識是滿清在臺灣的秀才和舉人醞釀發動的，因而懷柔這些秀才、舉人，平息民憤才是上策。

不久後，日本駐臺總督在現今總統府南端總督招待所設宴款待全臺灣的清代秀才與舉人，每人都得到一份菸酒牌照，用以懷柔和安撫他們。這些秀才、舉人把菸酒牌照租給別人經營，每月獲利四、五百元，當時臺灣日據時代白領階級的月薪才二、三元。日本占領當局的用意至為明顯。

日本人對酒的研究心得

適量飲酒者智商較高

日本愛知縣「國家長壽研究中心」針對兩千名四十歲至七十九歲的男性和女性調查研究結果顯示，在全日本適度飲酒的男性和女性，平均智商都比滴酒不沾的男性和女性高。在每天飲用三杯左右葡萄酒或同等量清酒的人當中，男性平均智商為一〇八，女性平均智商為一〇六．二；在不飲酒的人當中，男性平均智商為一〇四．七，女性平均智商為一〇三．七；而酗酒者的平均智商更低。研究者發現，適量的酒精能保護大腦的某種功能，這證明少量酒精對智力有正面提升作用。

日本醫療專家並指出：紅葡萄酒具有抗血小板凝聚、抗動脈粥樣硬化和抑制腫瘤的功能；醋具有殺菌和幫助消化的功能；芝麻油則具有解食毒和熱的作用。日本人平時飲食都少不了醋和芝麻，這也正是日本人平均壽命比一般為高的原因。

治療酗酒患者有妙方

據聯合國衛生總署調查研究顯示，日本全國的飲酒人口約為六千五百萬人，其中有約兩百三十六萬名酗酒患者。但相形之下，日本全國只有一百多個戒酒機構，約六千張酗酒病床，杯水車薪，供不應求，經常人滿為患。

日本戒酒機構的設計各有千秋。

在距東京一小時車程的橫須賀市內，有一家叫「河野」的戒酒診所，其建築結構十分特殊，它占地一百七十平方公尺，是一棟兩層樓，外表看起來像別墅，全部以白杉、紅檜等木料蓋成，室內寬敞、亮麗，而且有一流的通風設施，令酗酒患者置身其間，身心舒暢。診所的一樓是診斷室和輔導室，二樓是會議室、榻榻米臥室、浴室和洗衣間等。河野診所鼓勵酗酒患者多沐浴放鬆身心，浴室很大，浴缸也大，靠邊牆壁全是大落地玻璃窗。浴者泡在浴缸裡，可以遠眺海洋一望無際的海光山色。

酗酒患者每天上午九點到診所報到接受治療，晚上七點離開。治療的方法很特殊，區分為兩種：一種是生理方面的治療法，打點滴、注射或口服經過特別調製的一種藥水，這種藥水有點像酒，經過一段時間打點滴、注射或口服這種藥水後，原本嗜酒之徒會變得對酒精過敏，只要一沾酒，就會感到渾身不適，使患者一見到酒，就如同見到鬼神，敬而遠之；另一種治療法，是心理方面的輔導，視酗酒患者各個不同的家庭背景和酗酒原因而個別單獨交談，予以開導。此外，河野診所並要求所有酗酒患者與醫護人員都要一起共進中餐和晚餐，藉以培養感情並相互深切了解。

日本於一九五八年在東京成立獨家「戒酒協會」。至一九六三年，鑑於日本酗酒問題愈來愈嚴重，在全日本各地設立戒酒分會，而將東京原有的戒酒協會更名為「日本全國戒酒聯盟」，發展成全國性的組織，會員開始時共僅約五萬人，現在已增至十多萬人。戒酒者入會後必須恪遵「戒酒誓言」，在一定期限內，循漸進方式，與酒絕緣。據調查，會員戒酒雖未全絕，但飲酒數量都已普遍下降。

美國人與酒

美國人飲酒的趨向

美國人往昔對歐洲出產的葡萄酒，一向並無興趣，後來歐風美漸，自一九七〇年代開始，歐洲葡萄酒產品在全美國各地風行一時。

據《紐約時報》調查分析：全美國喜歡這類「柔性酒」歐洲產品的人，占全美飲酒人的百分之四十五，而其中又以青年飲酒人占絕大多數。法國的紅、白葡萄酒已不再是美國「上流社會置諸高閣的裝飾品」，而已成為「餐中酒」和聚飲獨酌的酒精飲料，而且普遍為美國人所接受。

除卻歐洲的葡萄酒外，美國人也開始喜歡法國的白蘭地。白蘭地通常用作餐後酒，但美國人喝酒的方式與歐洲人不同，他們為了使喝起來更令人陶醉，喜歡在白蘭地中摻入其他飲料及香料，混合飲用並冠上諸如「粉紅色的少婦」（Pink Lady）與「金色的夢」（Golden Dream）一類美幻而引人遐想的名字。

美國釀酒業以加州最為領先，華盛頓州自一九六〇年代才跟進。加州氣候的特色頗適合葡萄樹的生長，出產的葡萄別具風味。漫長的冬天使得果實味濃，夏天長時日的陽光普照又促使葡萄樹加速進行光合作用而成長迅速，秋天日間的斜陽與晚間的清涼亦使葡萄樹的成熟期延後，果實風味與酸度均得以保存，所以果實成熟時甜度偏低，酒精含量亦少，使得酒質格外香醇細緻，在美國國內稱得上「價廉物美」。然美國人的興趣卻已轉移到歐洲酒上，就像美國人熱衷於日本汽車一樣。

在美國熱衷於進口歐洲酒之餘，美國國內酒類產品滯銷，不得不向國外尋求市場，在太平洋東岸，美國雙邊貿易順差偏高的臺灣首當其衝，自一九八七年雙邊菸酒談判在美國的壓力下結束開始，加州與華盛頓的葡萄酒大量湧入臺灣，頗有氾濫成災之勢。

美國人宴客飲酒，絕不中途斟酒，必定要等到一杯酒喝完，再斟第二杯，正式筵席如此，平時獨飲亦復如此，這並非吝嗇或別具用心，乃便於計算對方及自己的酒量，以免在「賓主盡歡」之際有所「逾越」而強人所難，引起不快。

當我們參加洋人們宴會的時候，就深深體會到他們這種「惟酒無量不是亂」的情形。那就是說，主人向客人斟酒，多有限制。入席之前，先奉上一杯雞尾酒或一杯威士忌開胃；就席之後，奉上一定種類和分量的葡萄酒去腥去膩；席終之後，再奉上杯白蘭地幫助消化，無論如何不肯多斟。酒量大且為主人所熟知的客人，也最多添至第二杯，適可而止。

國人論酒咸謂「西風東漸」，正當歐美各式酒類大量向臺灣衝刺暢銷之際，國人在宴客飲酒的習慣方面，既然有待改進之處甚多，現在也該是「西風壓倒東風」的時候了。

酒精中毒死亡率居全美第四位

全世界所有人類，無分種族都飲酒，也都有酗酒的問題，愈是先進的國家，酗酒的問題愈甚，無一例外。根據設在日內瓦的世界衛生組織報告顯示，世界各國每人每年酒精消耗量不斷增加。同時，飲酒的習慣亦出現改變，在傳統上飲酒多的國家，其酒精飲料中，以葡萄酒與啤酒增加比率最高。

世界衛生組織曾就一百六十多個會員國中，傳統上好飲酒的二十五個國家——東歐與西歐、美國、加拿大、澳洲、紐西蘭及阿根廷等國，一九六〇年代至一九八〇年代酒精消耗情形進行調查，發現這些國家每人酒精飲料平均消耗量都在增加，僅法國與波蘭例外。據最保守的估計，全世界酗酒的人數，也有七千萬人。

單以美國而論，百分之十的人口都酗酒。據美國聯邦政府醉酒管理處的統計，全美國一千萬成人，即占成人的一成，每十一個能飲酒的人之中，便有一人酗酒；另有三百三十萬未屆飲酒年齡的青少年酗酒。美國人的酒精飲料，在一九八〇年代消費量每人每年為九．五夸脫，比一九六〇年代多出一倍，美國政府有關當局對此尚稱滿意，因在世界各國增加比率排名中，僅居於第二十位而已，但其中的一半卻是這些酗酒者喝掉的。而且這項數字正在急劇增加，美國酒徒平均每年要增加五十萬人，其中包括約百分之五因工作壓力而飲酒的航空公司飛行員與空中小姐在內。

酒類也造成美國每年約三十五萬人死於非命，酒精中毒死亡率居全美國第四位，有酗酒惡習是三十歲以下青少年自殺的主要原因。這些因酗酒而招致死亡的平均年齡為五十一歲，與全美國總平均壽命七十多歲相差二十多年。酒的危害，現已構成美國國家保健問題的第三位。

臺大醫院醫師李浩銑指出，在美國因酒精中毒所造成的死亡率，每年高達百分之十，而因酒精中毒所引起的肝硬化，又占所有肝硬化的百分之八十以上。

酗酒增加美國政府的經濟負擔，山姆叔叔每年為酗酒成癮患者支付的重大代價僅次於支付心臟及血管疾病所需的費用，這些代價包括工作時間的損失、健康與福利服務、財產受損與破壞及醫療藥品開支等。

研究報告指出：全美國每年有一百萬件以上的酒後駕車肇禍的交通案件，造成約二萬五千人因酒喪生及約七萬五千人輕重傷；全美國百分之五十至八十的殺人犯、百分之七十的嚴重暴行、百分之七十二的搶劫犯、百分之五十以上強暴姦淫犯罪及全美國百分之五十所逮捕的嫌疑犯，都與酒有關。超過百分之三十的自殺身亡者，自殺當時曾經飲酒；在各州立精神病院中，有百分之二十的病患，診斷與酒精中毒有關，在每一次感恩節或聖誕節過後，入院治療的成人病患中，有百分之三十三與酒有關；由警察調解的嚴重家庭糾紛，一半以上也是因為酒的發作。

這些都只是酗酒問題，隱藏在這些統計數字後面的是男女老少酗酒後數不清的悲慘故事。

美國西部影片和一些美國小說都曾描寫美國西部地區酒吧間飲酒的醺醉風光——通俗的鄉村曲調，紅顏脂粉，室內充溢著菸與酒混濁的怪氣味，喧囂的吵聲覆蓋了原本高亢的音樂，微弱的燭光在一團濃霧般的空氣中搖晃，爭吵、格鬥、槍擊的事件，此起彼落，層出不窮，引發一連串的社會問題。

古今中外，酗酒一向被視為男性的「專利」或「特權」。在美國亦不例外，全美國男性與女性酗酒的比例是每五十人中有四十八人是男性、兩人為女性，但從一九八〇年代開始，這個傳統的比例已在轉變，而且有愈來愈接近的趨勢，女性酗酒尋求治療的人數愈來愈多，使原已嚴重的社會問題更為複雜。

吸毒與飲酒孰重

如果社會學家認為一九七〇年代是美國社會吸毒的年代，則一九八〇年代是美國社會酗酒的年代。無可否認，酗酒風氣已在美國各地蔓延，尤其在青少年圈子中和中學及大學校園內，抽大麻菸、服迷幻藥已經不再是「合時宜的玩意」，能夠「豪飲」才是他們認為「最時髦、最豪邁、最光榮」的表徵。一七〇〇年代清教徒移民新大陸時所遺留下來的刻苦自勵精神，已被大量酒精沖洗殆盡。

據全美醫學界、執法界與教育界聯合組成的「反毒戒酒研究會」調查顯示：青少年酗酒人數增長率直線上升，其中半數是女性，他們以往沉溺於大麻菸和迷幻藥。長久以來，由於目睹不少同伴在毒品的死亡線上掙扎的慘狀後，認為飲酒不啻是「非常高雅而且安全」，又可藉以逃避現實的一種生活方式，濃醇烈酒給他們所帶來的，雖然不是「飄飄若仙」的夢幻境界，卻也稱得上是無窮的樂趣，麻醉的效用，畢竟是殊途同歸。但他們誤以為飲酒的分量可以自行控制，卻忽略了酒精也可殺人，長期飲酒過量，等於慢性自殺，造成家庭悲劇。

美國反毒戒酒研究會，針對此一新趨向，縝密研討的結果，認為從「兩害相權取其輕」的觀點，只要能藉飲酒引導毒癮君子走出吸毒的陰影，即使他們因此沾染了過量飲酒的惡習，也比吸毒的後果輕得多，只要吸毒的數字持續降低，社會各界及家庭對吸毒問題的焦慮就會減輕。他們當前最迫切的工作不是勸誡他們戒酒，而是以多種方式循循善誘，讓他們能節制飲酒，並鼓勵酒精中毒患者尋求適切的治療，及對他們表示關懷。

美國酒徒有三種類型：

(一)「紳士型」。屬於富裕家庭，家裡設有酒吧、酒櫥，飲酒設備一應俱全，經常獨酌或偶爾邀三、五知己共飲，或舉行「家庭式派對」。其酒友很多，出外應酬酒醉後，必有人將他抬上轎車護送回家，不愁因飲酒過量，樂極生悲。

(二)「隱士型」。常獨自去酒吧或夜總會狂飲，不醉不歸，在爛醉如泥後仍能蹣跚找回家門。以演技精湛、有性格、迭膺「影帝」、「有最善飲的男人」雅號的柯俊雄就有這麼一項「好處」，枕邊人張美瑤明知他每次喝得「八面威風」，仍一向對他採「放任主義」，就是因為他有這點「本領」。可是萬一偶然醉倒或絆倒在路旁昏睡，又未遇上同好扶持，通常就難免被送去警察局過夜。

㈢「浪蕩型」。提著酒，邊走邊喝，邊喝邊走，累了找個歇憩地方啜飲，明明已病入膏肓，卻是樂天派。為了迎合這一類型酒徒的實際需求，美國釀酒廠特別設計了一種袖珍「袋型酒瓶」（Pocket Size Bottle）。

美國的戒酒運動

世界各國都有因飲酒造成嚴重問題而有過禁酒的運動，但除了少數回教國家如沙烏地阿拉伯與利比亞絕對嚴禁釀酒、賣酒與戒酒外，其他國家禁者自禁、釀者自釀、賣者自賣、飲者自飲，我行我素，最後禁令無法貫徹，只好「自動」解禁。

美國也曾在十九世紀初推行過禁酒運動，同樣效果不彰。支持禁酒的人士鑑於酗酒風氣日熾，有害公共安全與國民健康，提議由各州制訂法律。一八四六年，緬因州首先倡導，由州議會通過「禁止釀酒」的法案，至一八五五年，十二個州也相繼先後通過類似的禁酒法案。

美國南北戰爭期間及內戰之後，甚多工商業發展迅速的城市反對禁酒，支持禁酒的州也隨之減少，至一九〇〇年時，真正推行禁酒運動的州只剩下五個。

主張禁酒的人，尤其是鄉村地區人士，對各州未能嚴格執行本州所訂的法令深感不滿，便醞釀聯邦國會制定全國性與全面性的禁酒法規，一項禁止飲酒的洲將酒運至禁酒的州，被命名為《魏勃法案》的聯邦法案，終於在一九一三年獲得聯邦國會的一致通過。

第一次世界大戰爆發後，軍隊需要供應大量糧秣，糧秣已列入戰爭物資，而釀酒損耗穀類，助長社會奢侈糜爛風氣，不合戰時節約原則，是不愛國的行為。因此，全國各地支持禁酒的人士便振振有詞，聯邦國會因此先後於一九一七年及一九一八年分別通過兩項法案，禁止在戰爭期間以穀類釀酒，並通過第十八條憲法修正案，禁止美國本土及屬地釀造、輸出或輸入酒類。各州群起響應支持，直至一九一九年一月，全美國四分之三的州均通過了這項憲法的修正案，並隨之於一九二〇年頒布施行。

一九一九年十月，美國聯邦國會經眾議員波斯特提案，全體通過另一項法案，對凡屬違犯禁酒法的人，得予處罰。這項法案，即《波斯特法案》。

聯邦禁酒法案實施未幾，卻引起社會不良反應，認為違悖聯邦憲法「個人自訂生活標準的權利」。另一方面，禁酒產生私酒集團，暴利當前，彼此互不相讓而相互格鬥、凶殺、投彈等暴行層出不窮，造成社會治安上甚多重大問題。

另一方面，全美各地飲酒和從事銷售私酒的非法行業人口愈來愈多，政府緝私人員無從取締，至一九二〇年代末期，禁酒法形同虛設。一九二九年，發生世界經濟大恐慌，因此甚多人士主張明文廢除禁酒法，開放釀造與販賣酒精飲料，藉以徵稅用於發展經濟。

至一九三三年，聯邦國會通過憲法修正案，廢止實施了十九年的禁酒法。禁酒運動也因此隨之宣告終結。美國禁酒法廢除後，釀酒業猶如雨後春筍，欣欣向榮。酒精飲料充斥市面，憂時之士惟恐因此氾濫成災，紛紛成立戒酒會。其中有些戒酒會聲勢浩大，但戒酒運動不再出於政府，而純由民間發動。

以「長成堤戒酒會」為例，這個會於一九三〇年十二月二十六日成立，隨著歲月的增長，其組織愈來愈龐大，現在，此會擁有三十五萬名會員，這些會員來自八十二個國家、八千個團體，其中百分之五十係自動加入，另有百分之五係經由醫生推介。戒酒會全屬慈善性質，沒有政治上或商業上的任何背景，創造人畢勒．華特在創會之前也是酒鬼之一，那時候他三十七歲，任性酗酒，無以自拔，醫生苦勸無效之後，下了一道「哀的美敦書」，囑咐他作一抉擇——「戒酒，或者是死，二者從一。」這才促使他覺悟。

另一全國性規模龐大的戒酒會叫「匿名戒酒會」，簡稱AA，於一九四〇年代首創，會員亦以十萬計。匿名戒酒會不要求會員用真實姓名、住址，故會員中各方豪傑都有，更有不少是政界或商界的「風雲人物」。「匿名戒酒」亦以「匿名」的方式頻頻出擊，苦勸那些正在酒精中毒底線上掙扎的酗酒人，在失去工作、配偶與飽受酒精疾病折磨賠上生命之前勇敢地站出來，以「匿名」的方式接受治療，結果捷報頻傳，這些酒精中毒患者紛紛「投降」到「匿名戒酒會」的旗下，經過治療恢復健康後，自動成為會員和志願工作者。

此外，美國尚有數個全國性諸如「介入中心」、「解脫協會」之類的民間團體，萌芽於一九六〇年代，會員人數亦多。創立的目的，在指導酗酒者的家人及其工作單位主管和同事或朋友以最適當的態度、方式、方法去「介入」和對待並協助那些酒精中毒的酗酒人。

「解脫協會」要求酗酒的家屬、親友及同事，以「愛」為出發點，敘述酗酒的事實以及令他自己、家人、親友及同事痛苦的一切事實，使他無可逃避而接受治療。

在美國政府方面，聯邦公共衛生當局已把酒精中毒列為「第四號重要問題」。一項全國性的「酒精中毒者治療計畫」自一九七〇年代以來，一直在全美各地積極推行，投入的資金高達上億，相對地，投入協助治療酒癮行列的也愈來愈多。

紐澤西州議會通過法案，規定各酒吧及夜總會等對其顧客在酒店內酗酒後如果出了意外，這家酒店或夜總會必須負責「第三者的責任」。理由是酒店的負責人對顧客「買醉」的情形最為清楚，對酗酒過度，諸如東倒西歪、步履不穩的酗酒人理應不能開車或單獨離店，酒店負責人有勸告或阻止的責任。一九八八年聖誕夜，紐澤西州大西洋城發生一件酗酒駕車肇禍案，地方法院便引用此項法案，判處一家酒吧以「明知危害即將發生而不予制止」為這件車禍負「部分」責任。

俄亥俄州亦制定了同樣的法案，賦予酒館負責人對酒客意外事件負「部分」責任。

另外有些州制定法案，嚴格規定「酒吧」或夜總會宜拒絕賣酒給業已爛醉如泥的酗酒人。更有些州針對青少年酗酒的問題，透過民間社團，設立類似「媽媽反對酒後駕車」的團體，善意阻止青少年酒後駕車，並透過大專院校修訂校規，限制在校園內飲用酒精飲料。

紐約市制定法律條文，要求各酒吧及夜總會在門口或其他適當單位設立「孕婦飲酒危及胎兒」的警告牌，並透過民間團體倡導一項運動，阻止酒精飲料促銷廣告在大眾媒體傳播。主要原因是美國傳播媒體，常大作菸酒廣告，甚多酒精飲料廣告如「把可笑的小酒杯換掉」、「再來一杯」、「醉鄉夢酣」等富有挑逗性、誘惑性的畫面和言語，對恣意飲酒的人具有無可抗拒的魅力。

美國對於酒類素採「社會管制」法，任何人都可生產菸酒，也可在申請批准持有政府執照後銷售菸酒，但無照銷售菸酒必受重罰，亦即稅收以「交易」為標的，而不以「生產」為標的，不像中華民國全由政府專賣而且專造，民間只有持有執照方可轉售。美國對於飲酒的年齡與消費場合嚴格執行限制。而中華民國迄未限制。

法國人與酒

Chablis
MAISON LOUIS LATOUR
2004
Pinot Noir
Louis Latour
BEAUNE · CÔTE-D'OR · FRANCE
Chablis
LA CHANFLEURE
MAISON LOUIS LATOUR
2004

酒是法國人的生命

酒是法國的生命；也是每個法國人的生命。法國人說：「有餚無酒，等於白晝沒有太陽。」法國人愛美食，更愛好美酒。

酒在法國有「瓶裝陽光」之稱，法國人每餐必酒。誠然，法國人覺得：酒，是一個人正常飲食中所不可缺少的一部分，它是餐桌上的「液體食物」而非飲料，其比重與平日所食的蔬菜、肉類，並無二致。他們認為：酒，不僅有食物上的價值，而且可以助長工作效率。

法國人是酷好葡萄酒的民族，多數法國人愛喝葡萄酒。他們常說：「喝啤酒的是愚人，喝烈酒的是狂人，唯有喝葡萄酒的才是快樂健康人。」他們也會告訴你：「稍微喝一些葡萄酒，絕不會傷身，而且好處多多。」同時他們相信：一瓶葡萄酒所含的營養成分，等於五個雞蛋、五分之四瓶牛奶、三百七十克的麵包、或五百八十五克的肉類。他們對於「葡萄酒是一種健康、自然的飲料，是葡萄和陽光的產物」的信念，堅定不移。

在法國的餐館，一眼望去，餐桌必然有三個杯子兩瓶酒——紅葡萄酒和一瓶礦泉水。而法國人每逢餐宴，必然一飯三酒：飯前酒——威士忌或雪莉酒；飯中酒——紅、白、玫瑰葡萄酒或香檳；飯後酒——白蘭地或考尼亞克。名目繁多，不一而足。

法國全國平均每年要飲下十四億五千萬加侖的酒，平均每人每年所喝下的純酒精，有約八加侖以上。

每個法國家庭的預算中，花在飲酒上的費用，等同於其家人日常生活費的三倍，以及其子女教育費的二倍。

不過，據世界衛生組織調查報告顯示，當其他傳統上飲酒多的工業國家，自一九六〇年代至一九八〇年代，與酒精有關的健康問題及社會不安等問題日趨嚴重之際，法國的酒精飲料每人每年消耗量卻在下降，由一九六〇年代的十夸脫增至一九八〇年代的十六夸脫，成為增加比率最低的國家，其酗酒死亡的人數亦在下降。西班牙、義大利與德國，皆毗鄰法國，但都依次比法國高。

同時，法國的鄰邦盧森堡由五夸脫增至十九夸脫，成為增加比率最高的國家，看得出盧森堡有許多酒徒。但也有人對此異議，認為此一統計數字未免太誇大。盧森堡本身含酒精飲料消耗量並不那麼多，而是因為盧森堡的酒類出售價格比法、德、比利時等毗鄰國家低，這些鄰國人民至盧森堡旅行，返國時都採購大量酒類帶回。

酒與愛情融合

法國人在辦公室飲酒並無不當，上司見到了也不會皺眉頭，大多數員工午餐內都有一瓶酒並不稀奇，猶似美國人帶牛奶、咖啡一樣，無可置喙。他們並不認為午餐時，甚至在工作當中飲酒，會妨礙工作業務的運作。

法國人認為酒是愛情的一部分，是浪漫情調的表徵，是男女愛情中不可或缺的催化劑，也是法國人表達愛情的方式。談愛少不了酒，情人彼此爐前依偎、蜜語芳情，一杯香醇在手，平添幾許羅曼蒂克的醉人氣氛與浪漫的感覺。在法國，當一位男士問他的女伴：「要酒嗎？」就隱約暗示：「妳真美，我愛妳。」

法國人在臥室飲酒更是普遍，有人說最足以代表法國「酒文化」的白蘭地就是「閨房酒」或稱「媚酒」。女色原已令人神魂顛倒，再加上這種「媚酒」，迷惑的氣氛更濃。前日本首相岸信介在社交場合談到「酒經」，都不忘提到法國人「懂得浪漫情調，更懂得酒」。

也許有人認為：法國人必定有很大的酒量，而且每喝必醉，「不醉無歸」。其實不然，他們講求飲酒的藝術，而且，這是出於他們對「酒是食物」的基本概念，量不在多，但求品質良好。他們不像美國人的「週末牛飲」；也不太像俄國佬拚死命猛喝火一般的飲伏特加烈酒；自然更不像中國人盛氣凌人，動輒「罰酒」，到處挑釁；或在席間猜拳，大叫大鬧，打「通關」、逞「英雄」，結果「關」尚未通，「身先倒」，徒使「英雄嘔滿襟」。

兒童飲酒天經地義

在法國，最令人驚奇的是兒童也喝酒。很多法國父母不相信酒對他們未成年的兒女有害，或妨礙他們身心的健康與成長。他們甚至認為禁止未成年的兒女喝酒，等於在他們用餐時不許吃某種食物。如果是烈酒，孩童們自然不敢喝，也就是說，他們對未成年兒女飲酒的問題，採「放任」態度，自由發展、自由規範，反而使他們在這個「酒」國中潛移默化，飲酒而不酗酒，習為常規。

通常法國孩童到五 六歲時，在用餐時可以葡萄酒摻白開水喝，以代替牛奶。有些法國人認為：一杯葡萄酒所產生的熱量，與一杯同樣分量的牛奶所產生的熱量相等，而且還不致有衛生上的缺點。以葡萄酒供乳臭未乾的孩童飲用，牛奶的消費量可以相對地減少。

一九五一年，法國教育部正式通令「不沖水的紅葡萄酒每餐必須供給任何學齡兒童」。這項通令至一九六一年修訂，改為「凡年在十四歲以下的學齡兒童，用餐時不供給紅葡萄酒」。修改通令的原因是長期「放任」的結果，居然未屆學齡的兒童也時常在學齡兒童飲葡萄酒時得到酒，時日既久，飲酒成習，導致酒精中毒，精神不正常。

有一個五歲的女孩就因為這種情形，被托兒所及幼稚園拒絕收留。更有一位婦人相信苦艾酒（Vermouth）可用來作「打蟲」，便定時或不定時給她那三歲的兒子喝苦艾酒。苦艾酒是烈酒，結果患有慢性腸病的這個小男孩，因酒精含量過多而魂歸天府。另有九歲的小男生，原本聰明伶俐、健康活潑、惹人喜愛，未料逐漸變得精神萎靡、快快不樂、脾氣暴躁，常說他的臥室有鬼，經送醫診治，問明病由，始知他的父母因為他神經過敏，每晚臨睡前，給他喝一杯打入兩個生雞蛋的葡萄酒，當作「鎮靜劑」補充營養，結果導致飲酒過量，神經中毒。

法國的酗酒問題

到過法國旅遊的人都會發現，法國人最嗜酒，無分男女老幼，莫不一杯在手，樂而忘憂，奇怪的是，街頭的醉漢並不比在美國所見的多。一般法國人喝的酒比任何其他國家的人都要來得多，卻很少喝得酩酊大醉。

外國人從法國人的外表看來，不覺得他們喝醉。其實，全法國人口有百分之十五，經常陷於「半昏迷」狀態，其中有些甚至終身未真正清醒過。法國醫院平均每個月要收留六百名神志不清的酒鬼，要使法國人個個清醒起來，將是一件極為艱鉅而又長遠的工作。因為這個民族沉湎於醉鄉既久且深，難以自拔。

據法國官方統計：一九八〇年代，平均每年約有一萬八十人因酒精中毒死亡。法國政府酒精中毒調查委員會報告中亦指出：法國平均每十萬人中，有約三十五人死於肝硬化，其中百分之九十五是因飲酒過量所引起。法國人因飲酒而死亡的人數比因患肺病而死亡的人為多；因飲酒而送入精神病院的人數，自一九八〇年代以來增加了百分之兩百。

法國人平均到四十歲以上，都有腎臟發生嚴重硬化現象。法國政府社會救濟的預算也受到同樣的威脅——每年要撥用約二十億五十萬美元來增設醫院、監獄、少年感化院，增加治安人員，以解決人民因飲酒所產生的種種難題。

法國政府每年從酒所課徵的稅額雖高達八百億法郎以上，但每年花費在因酗酒所發生的訴訟、醫藥、照顧被棄兒童、工廠中的意外事件補償及補助家庭等費用，卻達約一千八百億法郎。此外，還須支付警察局因酗酒肇事案件的處理，以及因父母只顧酗酒而造成的少年犯罪案件的費用。至於一般人因飲酒過量而荒廢工作或不務正業，對國家經濟所造成的損失更要大得多。

從另一方面來看，法國人雖然飲酒很普遍，可是，法國除了患肝硬化及慢性肝炎的比例高於美國兩倍外，心臟病患者比例，在西方國家中所占比例最低，在全球的比例，亦僅高於日本。根據世界衛生組織（WTO）一九八五年以全球二十六個傳統上飲酒最多的國家人民「心臟血管疾病之趨勢與肇因」（Monitoring trends and determinants in cardiovascular disease）進行追蹤調查發現：死於心臟血管疾病的，以蘇俄最高，每十萬人中有八百八十六人；其次是匈牙利，八百二十人；第三是波蘭，七百七十四人；第四是美國，五百〇七人；第五是法國，三百四十五人；第六是日本，三百一十人。

這項報告的分析指出：法國人習慣飲葡萄酒。葡萄酒酒精含量少，有助產生高密度脂蛋白，有助於消除體內的膽固醇，對身體有益。此外，法國人很少吃零食，成年人很少喝牛奶，也對心臟保健有益。

不論法國政府如何告誡法國人民飲酒與酗酒的害處，絕大多數法國人並不承認飲酒是什麼了不起的問題，即使他們得了病，也說是因為別的緣故，而並非飲酒。法國人嗜酒積習，牢不可破，前總理孟德法朗士提倡節制飲酒，他說：「酒已成為法國最大的禍害。」因此，他提倡以牛奶代酒。他這項呼籲引起世人注目，因而在法國政治上造成衝擊，導致孟德法朗士垮臺。傅雷總理也曾提出警告：「法國的進步，正面臨著最大的敵人——酒精，這是我們必須共同奮發抵抗的罪惡。」但許多法國人依然我行我素，無動於衷，原因是法國傳統上根本是個酒國，法國人飲酒的習慣，自小養成，根深柢固，江山易改，本性難移。

法國人總算開始醒悟到「酒毒」是法國的一大隱憂。他們也發現國內有「合法的私酒」釀造廠商，為數達三百六十五萬人。這些人「合法」釀造出每年約一百億加侖的酒類，在法國境內銷售。這只是公布過的數字，但至少有五十億加侖。

法國罪犯感化院的資料顯示：留在感化院察看促使悔改的囚犯總數中，約百分之四十一．六是酗酒犯罪。他們坦承：造成他們酗酒的原因是「簡陋的房屋」。許多專家調查訪問這些酗酒罪犯發現：簡陋的房屋是造成酗酒的因素。工人們在勞累終日之後，不願拖著疲乏的身子，回到他那既簡陋又擁擠而不衛生的住宅，於是只有在酒店裡廝混。

從酒精中陶冶出來的法國人的英雄氣概

法國人嗜酒浪漫享樂但並不頹廢

英國人最常嘲笑法國嗜酒、浪漫、頹廢。當我們在巴黎看到各餐廳、酒坊，男女成雙成對，酒不離手，卿卿我我，談笑風生，對英國人的話，不無同感。但如深入觀察，說法國人嗜酒浪漫是事實，但若說他們因為嗜酒浪漫而形成頹廢，則又不盡然。嗜酒與浪漫，是法國人的玄學，但並非是頹廢的代名詞。

從歷史評斷，當歐洲正是王權神聖的盛世時，嗜酒浪漫的法國紳士冒險犯難，拋頭顱、灑熱血，把專制魔王綑綁，送上斷頭臺，並且歷經數十年艱辛的革命，直至共和國體確立為止，這豈是「頹廢」的民族做得到的？

美國人在新大陸因受不了英國人的壓迫與剝削，奮起反抗殖民主義，獨立革命風起雲湧，又遭英國大軍壓境，歐洲各國，懾於大英帝國淫威，莫不隔岸觀火，唯有嗜酒浪漫成習怕出遠門的法國人組織志願軍，橫渡大西洋，去作毫無代價的犧牲。美國獨立革命成功後，法國人功成身退，不僅不索報酬，反而耗費鉅資，在紐約捐建自由女神塑像，這又豈是一個溫文儒雅，平日只知飲酒享樂號稱「頹廢」而偏於空想的民族所做得到？

嗜酒、浪漫、享樂、空想，的確都是法國人的天性，而且這一天性也的確是無數世紀從酒精中陶冶出來的獨特性格，但也許正因為如此，法國人具有另一種本能，那就是勇敢和愛好名譽。這就是拿破崙在聖赫倫島上所著的《迴想錄》所說的：「勇敢而愛名譽，是法國人的本能。當戰爭激烈時，彈如雨下，屍骸遍地，法軍士卒，前仆後繼，勇往直前，義無反顧，令人咋舌。」

法國人終日與酒為伍，但頭腦並不糊塗，法國的高科技，首屈一指，不亞於美、蘇，更遠超英國。

法國人在喝了酒之後，仍富於風趣而幽默自如，談笑風生，表現活潑，不像其他民族飲酒後沉悶抑鬱，一蹶不振。他們即使爛醉如泥，仍然衣著整齊，風采依舊，像美國酒徒衣衫襤褸醉倒街頭的景象，在法國絕無僅有。

法國人是一個富有多方面天才的民族，諸如十九世紀法國文學、雕刻、藝術，二十世紀的科學，都有顯著的突出成就。生物學的始祖拉馬克（Lamarck）和社會學的始祖孔德，都是法國人。醫學與數學，更是人才輩出，並未因生性嗜酒而稍有遜色。只是在航海探險與爭奪殖民地方面不及英國人，結合政黨的組織能力不及德國人，這也許與他們嗜酒浪漫的性格有關。

法國酒暢銷全球

法國酒風靡全世界亦有它的歷史淵源。

十八世紀荷蘭的水手深入法國各地，離去時而滿載法國酒。英國水手繼荷蘭水手之後跟進法國，離去時同樣「滿載」而歸。百年戰爭之後，英國人退出法國，但因為他們已喝慣了法國酒，以後不得不長期進口法國酒，使法國酒的名氣愈來愈大。

英國遜王愛德華八世不愛江山，只愛酒與女人，他選擇遜位去法國終志，暢飲他最愛的法國葡萄酒，他留下的名言是：「葡萄美酒不但值得喝，且回味無窮。」

第二次世界大戰德軍占領法國期間，法國酒在德國上層社會極受注目。迨第二次大戰結束，美軍自歐洲凱旋歸國，法國酒已緊隨其後，進軍征服新大陸，並迅速征服全世界。

法國人推銷酒，與推銷香水一樣，有他們的技巧，那就是：製造上千萬的小酒瓶，裝滿柯涅克（Cognac）、軒尼詩（Hennessy）白蘭地等各式「樣品酒」，透過經銷商，送到世界各個角落供人「免費品嘗」。待這些人「品嘗」覺得「很過癮」之後，無論這種酒的價格多高，要不喝它就難了。

酒與香水，是法國外匯的主要來源，據法國政府所公布的統計數字，一九八〇年代，平均每年自法國出口的各式酒類，約九十萬加侖，總值約數百億美元。法國酒的主要市場為法國過去的屬地、過去的殖民地但現已獨立的國家，以及英國、美國、瑞士等。

法國人重視名酒信譽

法國人重視酒的品質。第二次世界大戰後，法國和其他許多國家一樣，經濟蕭條，國內外酒類市場都不景氣，釀酒廠商亦因產品滯銷，資金無著，欲振乏力，唯有把品質降低，釀造品質差、成本低的廉價酒爭取市場與銷路，才能生存。但他們寧願咬緊牙關，忍受犧牲，把高成本、高品質的名牌酒，減價廉售，而不願降低成本與品質，名牌酒聲譽因此確立。

一九八一年，法國再度面臨經濟萎縮，為了節省外滙，不得不通令限制法國人每人只能結滙三千法郎，目的在減少法國人出國渡假，消耗外滙。全靠觀光事業為生的鄰國瑞士聞訊不悅，因法國赴瑞士的觀光客將因此劇減，便以牙還牙，聲言倘若法國不取消法國人結滙的限制，瑞士政府就禁止進口法國酒，使法國每年平白喪失二十億法郎。結果使法國政府屈服，結滙限制解除。

法國酒也並非完全沒有瑕疵，一九八七年四月二十三日，加拿大卑詩省酒類分發處宣布，法國出品的餐酒阿爾柏泰酒商自四月二十四日起不再出售，原因是該省酒類統制局根據阿爾泰酒商報告，據以檢驗，發現「芝樂」牌（Giraud）一八七公分裝的紅白葡萄酒瓶內有玻璃碎屑，故卑詩省各地已停止出售。這些酒係在法國裝瓶，毛病究竟出在哪裡，不得而知。

法國平均每年因有瑕疵由國際市場收回及銷毀剩餘的法國酒，價值上億美元。

法國有三大酒區：波爾多（Bordeaux），以紅葡萄酒馳名；勃根地（Bourgogne），以白葡萄酒馳名；另外，還有香檳（Champagne）酒區，自然是名副其實，以盛產香檳酒馳名。

法國東北及南部地區的大部分土地用來作釀酒的果園，鄉間田野、遼闊的山崗與平原，一畦畦聞名世界的葡萄園，一列列整齊排列的葡萄架，一串串青色或紫色的葡萄，令人喜愛，是一幅美妙的圖畫。

在一畦畦葡萄園之間，有一排排乳白色石頭，石頭孔隙很大，下雨時它們吸滿雨水，保存水分，出太陽時，它們又保存陽光的溫度。水分和陽光對葡萄所必須的調節作用最為重要，倘若雨下得太多，葡萄味道就淡；陽光太多，葡萄的甜分就大。這都與酒的糖分及酒精含量息息相關。每年到了九月下旬，串串鮮美肥大的葡萄，就剪下送進酒廠，放入鍋爐，任其醱酵，釀成濃郁芬芳的美酒。

在法國種植葡萄的鄉間，每一個農夫都有自己的葡萄園來自己釀酒，如果自己不釀酒，也用不著到很遠的地方才能買到酒，因為在法國平均每一百四十四人就可分配到一家酒店，不像在美國，每一千人才有一家。每八個法國人中，即有一個全賴酒業為生者，六千萬人口中約十分之一直接或間接與酒有關，足見法國確是一個「以酒為生」、「以酒建國」、「無酒不成國」的國家。

法國人釀酒、喝酒、愛酒，也有其不得已的無奈。因法國的土地，論土質，全是一片砂礫，除了種葡萄外，種不出其他作物。

根據法國古代神話：法國水質先天欠佳，靠汙水維生的青蛙在水中繁殖無數蝌蚪，法國人喝入胃內，蝌蚪吸取胃內食物，長成青蛙，直至法國人死時還會發出青蛙的叫聲。守喪的人為死去的人灌酒，目的是要消滅他胃內的青蛙，使他的靈魂得到安息。法國人鼻音很重，也與蝌蚪有關。這雖然是神話，但法國人日常喝葡萄酒多過喝生水，卻是千真萬確的事。

俄羅斯國寶酒——伏特加

一提到俄羅斯，世人的腦海裡很容易立即浮現一張張硬繃繃的共產黨人臉孔和一瓶瓶烈若火藥的伏特加（Vodka）酒。俄國人喜歡喝伏特加酒，已經形成了俄羅斯根深柢固的國家形象。

俄羅斯民族與伏特加酒結緣的背景

伏特加酒在過去、現在和未來，都已註定是俄國人最喜歡喝的酒，俄國人與伏特加酒有不解之緣。飲伏特加酒在俄羅斯算是生活上的一件大事，它是俄羅斯文化的一個重要部分。俄國人一見到伏特加酒，甚至一提到它，就像觸到熱戀中的「噴火女郎」的迷人眼神，眉飛色舞，神魂顛倒。

俄羅斯橫跨歐亞，地處北極，一年到頭大都是冰凍寒冷的天氣，遍處冰天雪地。在冬天，氣溫常降到零下二十至三十度。生活在陰暗森林和強風吹襲的空曠草原上的億萬俄羅斯人，唯一能取暖而免於凍僵的物資是伏特加酒。

俄羅斯人愛好伏特加酒跟氣候有關這一點，還可以從所有北歐人都有類似嗜好獲得證實。芬蘭人對烈酒的喜愛，比俄羅斯人猶有過之。挪威人喜歡飲用酒性奇烈的「勃冷人」（Bra-nirn）酒，這種酒價格低，一般人都買得起，挪威政府擔心國人嗜酒風氣過甚，危害人民健康，特地與瑞典政府協議，共同實施「酒類公賣制度」，這就是所謂的「古登堡」（Gothenburg）制度，這兩國的酒類買賣全部由地方政府層層嚴格管制，酒商的利潤被限制到最低，絕大部分的盈利全部歸公。波蘭的「傳統民族酒」也是伏特加酒，他們把伏特加酒當「餐中酒」飲用，是全國非常普遍的酒精飲料，只要到寫著「拿起」（Ruch）的報攤就可輕易買到。

俄羅斯人世代相傳，堅信伏特加酒是一種具有神奇療效的藥品，在寒夜返家時喝一杯可預防感冒、頭痛或喉炎；罹患感冒的人，用伏特加酒配辣椒同時服用，會全身發熱驅寒，翌日就會奇蹟般痊癒。民間並相傳常飲伏特加酒可防輻射。

此外，飲伏特加酒也是俄羅斯人最主要的消遣。革命近一個世紀，俄羅斯人依然貧困，也沒有思想自由，長年以來喝伏特加酒，主要是借酒澆愁。在酷寒的漫漫長夜，無處可去、無事可做，唯一可做的只有躲在家裡喝酒。近年以來，俄國潛艇海難、空難頻傳，美國「九一一」恐怖分子劫機撞世貿大樓及五角大廈事件令全世界震驚，俄羅斯人更感世事難料，人的生命隨時都可能結束，不妨今朝有酒今朝醉，得過且過。

伏特加的原料、釀造、品牌和口味

伏特加酒俄文「Vodka」的含義是「心愛的水」，它也是「白色酒類」的統稱，顧名思義，伏特加是「水酒」，但伏特加的別號卻是「火酒」。它究竟是水酒還是火酒？也有不少友人問到我，伏特加酒的原料、釀造過程、廠牌和口味。

伏特加酒是蒸餾酒精（乙醇）和水的混合物，用活性炭處理製成。蒸餾酒精是用大麥、小麥、粿麥和馬鈴薯等食用原料兩度蒸餾而成，其特點是清澈，味淡，沒有香味，色彩似杜松子酒（Gin），但杜松子酒有香味。

俄羅斯所擁有的西伯利亞、歐俄地塊，地大土瘠，天寒地凍，一片荒漠，充其量只能種些耐寒的穀物——小麥、粿麥、玉蜀黍和馬鈴薯還會有些許收穫。當地人除了用來充饑外，也拿這些他們所謂的「五穀雜糧」來蒸餾製造伏特加酒。

伏特加酒釀造過程與威士忌多少有些類似。先將這些五穀雜糧用水浸泡使之發芽糖化、乾燥磨碎，再浸泡水中，投入酵母醱酵，取出醱酵的漿汁，送到蒸餾器中加熱，萃取出酒精度約九十度的「原酒」，再通過由銅管或鋼管組成的活性碳過濾槽過濾後，便可裝瓶包裝上市。

釀伏特加酒省卻用橡木桶儲存的後續醇化過程，卻多了一道活性過濾，酒質清純潔淨透明是其特色。

但不同酒廠採用的五穀雜糧混合比例不同，蒸餾技巧也有差異，各家酒廠所釀造的伏特加酒風味，也因此各有千秋。

俄羅斯出產的伏特加酒廠牌，少說也有一百多種，但其中只有「Stolichnaya」與「Moskovskaya」稱得上品質優良、百分之百的純淨。這兩種品牌酒同屬設在莫斯科的俄羅斯官方酒廠（V/O. Sojuzplodoimport）的招牌酒，曾在全球數屆酒類品質比賽中贏得無數次金牌，是俄羅斯國寶酒中的佼佼者，有口皆碑。前蘇聯末代總統戈巴契夫就十分欣賞和推崇「Stolichnaya」這種特優品牌酒。

另外，俄羅斯「Stolovaya」品牌的伏特加酒名氣也很大。因有加烈口味，或以辣椒調味（Pertsovka），抑或是檸檬調味（Limonnaya），都各有特色，廣受俄羅斯社會大眾歡迎。

戈巴契夫下臺後，一九九四年三月間應邀赴臺喝的那瓶俄羅斯金牌伏特加酒（Stolichnaya），在當時全臺灣的觀光飯店、高級餐館酒店都遍尋不著，到了最後緊要關頭，還是央人在香港買到，空運到臺北趕上餐宴，以這位貴賓的「家鄉酒」款待，令他有「賓至如歸」之感。席間，戈巴契夫也嘗到「金門陳高」和「凍頂白蘭地」，他讚揚這兩種臺灣土產烈酒可與俄羅斯的伏特加酒媲美，普遍成為餐飲界和酒吧廣泛談論的熱門話題。

喝過俄羅斯伏特加酒的人形容，喝高純度冰凍過的伏特加酒，就像吞了一把刮鬍刀，刀刃劃過舌頭、喉嚨，直搗胃腸，在腹中又像是吞了一團火，在悶著燃燒。也有人說，伏特加酒純係食用酒精，全是乙醇味，通過喉嚨時會燃燒，直衝胃腸變成一腔鮮血湧向腦際。坦率地說，只有俄羅斯等北歐人和中國大陸北方人趨之若鶩，就像戈巴契夫在訪臺宴席上暢飲伏特加時還要大嚼翻天辣椒。可是，溫帶和熱帶的人都敬而遠之，不敢恭維。

時下世人最流行的伏特加酒喝法，是先將伏特加酒整瓶放入冰箱冷凍起來，高品質的伏特加酒冷凍再久也不會結塊凝固。喝時倒滿一小杯，立即仰頭一口飲盡，讓這種玉液瓊漿冰透舌尖，帶著辛辣味流入食道，再跌入胃中。它在胃內如滾湯翻揚，便產生醉感。也有識酒的雅士認為，冰凍後的伏特加與上好的魚子醬搭配共嘗，是世間最奇特的美味。

喝本性辛烈的伏特加酒，講究的是喝「純味」，俄羅斯所產的絕大部分伏特加酒及與俄毗鄰的外蒙古所產的「成吉思汗伏特加酒」，都強調它的「純味」。但也有一些特製的「調味伏特加」，諸如添加了檸檬、蜂蜜、辣椒、生薑、丁香、香草（野牛草）和杜松子等口味的伏特加酒，在坊間也能輕易找到。

伏特加酒與中國大陸的「白酒」相類似。可是中國人並不以喝「純味」伏特加酒為滿足，他們通常用純味伏特加酒泡枸杞子、人參或橘皮來喝，其作法如下：

㈠枸杞子伏特加：伏特加酒一瓶（一．七五公升裝），加入枸杞子三分之一磅，浸泡三天後飲用，頗似二鍋頭泡枸杞子的味道，原有的伏特加酒變濁，頗受中國人喜歡。

㈡橘皮伏特加酒：伏特加酒一瓶，一個橘子的乾橘皮，冰糖二兩，浸泡三天後飲用。有橘皮的清香味，很爽口。

瑞典酒商最近開始動腦筋賺亞洲人的錢。由於亞洲人篤信補陽藥酒，而瑞典境內正好盛產馴鹿，用馴鹿角製成馴鹿伏特加酒是很好的點子。瑞典酒商將一片馴鹿角放入伏特加酒內，銷往亞洲各國，很受老一輩的亞洲人青睞。

酒類消費冠全球

在俄羅斯，飲酒不僅是生活的一部分，也是一種生活方式。

俄國人天生嗜酒。由於俄國大部分領土處於嚴寒地帶，一年中有約六個月冰雪載地，久而久之，養成「喝酒禦寒」與「爐邊啜飲」的習慣。尤其是生活在共產制度下，日用必需品缺乏，資金都被政府用作製造高性能武器，生活單調，心靈空虛，不喝酒恐會發瘋。

俄國工廠及機關的工作人員，全部收入百分之十至十五花在飲酒上。蘇俄時代，政府「寓禁於徵」，菸酒稅奇苛，酒類價格偏高，比西歐國家同類酒貴約五倍以上。政府蓄意提高酒價的結果，對酒徒並沒有收到「嚇阻」作用。戈巴契夫上臺，嚴格限制產酒，但效果不彰。

俄國人家庭收入百分之三十花費在飲酒。他們酷好伏特加，而且絕不加水或冰塊，或佐以食品，不像西歐人大多喝葡萄酒及啤酒，也多數在用餐時啜飲。

哈佛大學「蘇俄問題研究中心」在一項純酒精含量為計算標準的研究報告中顯示：俄國人

平均每人每年飲六夸脫（quart）的烈酒，而美國人與法國人則僅約為四又四分之三夸脫。報告並顯示：在蘇俄，每人每年酒的消費量上升百分之五，而其他十四個工業化國家則僅約為百分之三。

另據一九八五年三月分西德《播種月刊》報導稱：一九〇五年，當時被譏諷為「喝醉酒的」帝俄，其人民每人每年喝下三．五公升（liter）的純酒精（一公升的純酒精等於二．五公升的伏特加酒），而七十五年後，一九八〇年，蘇俄國內平均酒精消耗量，卻超過了「傳統飲酒最多國家」的二．五倍，蘇俄人民平均每人每年喝掉一〇．八公升的純酒精。

私酒遍及全國

另一方面，俄國全國各地釀造私酒——俄國人稱「卡姆缸」或「家釀」（home brew）——的人愈來愈多，由鄉村蔓延到城市，成為廣泛流行的「瘟疫」。按蘇俄法律，俄國人在家裡釀酒供家人或送親友飲用，只要沒有買賣行為，並不違法，政府無法取締或禁止。因此，許多俄國人在家裡釀酒，當「禮物」供親友，形成變相的「以物易物」交易，並發展成「私酒」的地下行業（closet industry）。此不僅嚴重影響稅收，且對蘇俄政府取締酗酒的措施造成打擊。政府經營的《消息報》引述內政部長華列索夫（Alexander Vlasov）的話說：「全國各地釀私酒的惡劣風氣已在廣泛蔓延並形成商業化行業。」

蘇俄時代，自釀私酒通常含有可能致命的「鹽酸」、「化學添加物」或「金屬氧化物」。據調查顯示：自一九八六年至一九八七年一年半中，共有二〇〇名俄國人因為喝了自釀私酒而不幸死亡。

取締私酒在一九八六年雷厲風行。一年之中，全國共有十三萬人涉嫌販賣私酒起訴交付法庭審判，另有七萬人因情節較輕受「行政處分」，共有九十萬座蒸餾器（stills）經法院沒收，其中一部分是嫌犯自動拆交司法當局，另有二百六十萬公升私酒或生酒經司法當局銷毀。共產黨員亦做起釀造及販私酒勾當，一九八六年蘇俄政府橫掃私酒的風暴中，共有四千七百名共產黨員或青年團團員因「非法釀酒」或「販賣私酒」被捕下獄。據警察當局分析：私酒釀造者，百分之十一為婦女。雖然政府針對私酒問題下猛藥，但由於這一問題已經是「病入膏肓」，解決問題迄今仍毫無起色，以後進一步採更嚴峻立法，也無濟於事。

現行法令規定，對釀造私酒者處以有期徒刑、監禁、罰金、沒收、低工資勞改。蘇俄當局並讓工作單位及所屬社團發動輿論、公開指責。此外，還有其他行政方面的處分，視情節輕重，包括不給工作獎金，取消有津貼的旅行證及不配給住宅等。

酗酒問題諱莫如深

俄國政府及評論家經常公開談論諸如「酗酒」等社會問題，但克里姆林宮自一九六三年以來，再也不曾公布過關於含酒精飲料消費量任何足以揭露其真相的具體數字，他們對那些駭人聽聞的數字諱莫如深，只有列入機密性的內部研究報告，及歐美國家研究機構有關俄國的資料中，才有蛛絲馬跡可循。

去俄國旅遊觀光會發現，在各都市，無論酒店或餐館，開酒瓶的辟啪聲往往淹沒管弦樂隊的音響；酒徒通宵在街頭蹣跚蛇行，對駕車人構成肇禍的威脅；在西伯利亞，每逢冬季，各酒店門口必然有警車載送酒徒，以免他們在爛醉如泥的狀態中墜入雪堆，活活地被風雪掩蓋。

俄國每年約有一百萬件離婚案，尤其在莫斯科，半數的婚姻都以離婚收場。在這些離婚案件中，半數是因酗酒所造成，酗酒毆妻事件層出不窮。因飲酒過量所導致的暴力犯罪，占全蘇俄暴力犯罪百分之七十五；青少年飲酒人數，直線上升，造成青少年犯罪驟增；因飲酒過量而在工業、交通及家庭所造成的意外事件，占所有意外事件中三分之一。

俄國甚多工廠，每星期一早上，必有百分之三十至四十的工人，因酗酒昏醉，或因醉酒甦醒後頭痛、暈眩、作嘔等殘餘影響──宿醉而不能安全有效地工作。俄國《文學報》使用英國產銷的「呼吸量酒器」測量蘇俄工人飲酒後的反應，發現甚多工人，每天都在迷醉狀態。據估計：俄國工人如能全部酒醒，全俄生產力會增加百分之十。

俄國政府深感酗酒之害，形容烈酒是「綠蛇」。據俄共內部參訊顯示：「俄國平均每一大小市鎮，每日有六人酒精中毒而『被綠蛇所吞噬』」。

一向嚴肅的《真理報》某次在評論因飲酒過量接二連三造成溺水事件時，以幽默輕鬆的口吻稱：「像魚一樣會喝的人，卻不會像魚一樣游泳。」

西德《播種月刊》一九八五年三月號在〈醉漢瘋狂行為的結果〉一文中透露：自一九八〇年代開始，全蘇俄在醫院門診或住院治療有病歷可稽的酒精中毒者，平均每年多達四千萬人。作者警告：「蘇俄政府倘若不盡早採取防止及取締酗酒的嚴密措施，至西元二〇〇〇年前，全國將會有八千萬人淪為酒精中毒患者，這個數字將占全蘇成人勞動力的百分之六十五；再過十二至十五年，蘇政府官員中，一大半將是酒精中毒患者，根本失去行為能力，更遑論他們有『執干戈以衛社稷』的能力，蘇政府也將因此崩潰。」

俄國人中，愈來愈多青少年，包括甚多妙齡少女，加入「原已夠擠」的酗酒行列。天才作家契訶夫的胞兄尼古拉就是整日與酒瓶為伍，因酒精中毒過深而死於三十一歲盛年。契訶夫因此痛惜悲嘆地說：「一個年輕有為的青年，竟然如此輕易地被酒毀掉一生。」

俄國人民如此墮落，嗜酒如命，固然是由於俄國一千多年來可怕的歷史傳統陋習所致；但其後生活在共產制度下的俄國人如此酗酒，顯然絕非烏拉地底米爾大公所說的，是為了「令人歡愉的事」。絕大多數的俄國人是因為無聊而飲酒，全國各城市都缺少娛樂設施，工作之餘，無任何休閒活動，生活枯燥、刻板、嚴肅，公寓狹小而擁擠，日用品昂貴，物資缺乏，加上思想受箝制，工作環境很簡陋單調，當權者撲克牌臉孔，官僚氣息重，火氣之大，有如伏特加烈酒，他們冷酷而缺乏感情，下屬動輒得咎，這些都是酗酒的導因——人民生活苦悶，烈酒是他們唯一的慰藉。

沒有麵包，以伏特加麻醉胃腸

一九八九年，蘇俄全國糧食普遍短缺，蘇俄政府花在穀物進口的金額，高達一百二十億盧布，同年蘇俄對外貿易赤差是三十八億盧布，一九九〇年又更高。至一九九一年初，蘇聯麵包、肉類等基本食物及日用品價格上漲二至三倍。「民以食為天」，蘇俄人民無以為食，深感痛苦，便沉溺於他們比喻為「液體麵包」的伏特加，來麻醉他們的胃腸。

早在一九八六年，戈巴契夫（Mikhail S. Gorbachev）為減緩俄國社會酗酒問題的嚴重性，大力推行「反酗酒」運動，並曾頒布法令，採取全面性措施，要求嚴格遵守工作紀律及提高生產力，諸如增加酒稅以寓禁於徵；嚴格規定取得售酒執照的條件藉以減少售酒商號的數量；將售酒時間限在每日下午兩點以後，每人每次限購一瓶，或在餐館每人每次只准飲酒一百公克等。

有了這許多規定，嗜酒的俄國人得自上午即往酒店排隊。排隊原是俄國人生活的一種特色，買麵包、買水果、買船票、買機票、上下班等公車等，都得大排長龍。如果自上午八點排隊，等到下午兩點，能買到一瓶伏特加，便算萬幸。

每人每餐只准喝一百公克

在蘇俄沒有酒吧，蘇俄政府根本禁止設酒吧。至於餐館和飲食店，雖然俄國政府准許某些餐館和飲食店販賣伏特加給顧客，但每人每餐只准喝伏特加一百公克（約等於三・五盎斯），而且必須得去用餐才准買酒。如果人數多，老闆為了「生意經」，也會私下「法外開恩」，准許三個人共飲一瓶五百公克的伏特加。一瓶伏特加售價約四盧布，三人平分，每人可喝五・六盎斯純伏特加下肚。至於用餐買食物，反正俄國人收入低，僅叫兩片黑麵包夾一片酸黃瓜也行。因此，在傳統上，蘇俄工人都是在下班返家途中，聚集三人以上，同進附近有販賣伏特加執照的餐館或飲食店，各叫兩片黑麵包或另買一點小菜，三人共買一瓶伏特加，一口氣把它喝個精光。至於要不要吃下那一兩片黑麵包，則是次要的事。

無錢買酒的俄國人將該如何？外國觀光客曾在莫斯科看到有些身穿灰色工作服的俄國工人，在街頭跳一支舞或以賣弄技藝的方式換半杯啤酒或伏特加。這種技藝包括運用四肢和後頸操縱酒杯，將一只盛酒的酒杯放在地上，然後雙膝跪下，用牙齒拾起酒杯，而在此一過程中將杯中的酒飲盡。如果技藝不夠熟練，將酒打翻，則不僅喝不到酒，也大煞風景。

這些都是俄國在限制飲酒後所出現的奇特現象。不過，俄國政府儘管對伏特加嚴加管制，卻還沒有像他們毗鄰的芬蘭一樣對酒採「配給」制度。

芬蘭算是「自由民主國家」，芬蘭人民生活水準也比俄國人高出甚多。但芬蘭政府雷厲風行，限制芬蘭人民飲酒，促使有錢的芬蘭人在「口渴」時，只好經常越過邊界，去鄰近的列寧格勒（現已恢復「彼德堡」原名）或愛沙尼亞的塔林去「渡假」買醉，叫蘇俄釀造的「正牌」伏特加，喝個痛快淋漓，不醉不歸。

在戈巴契夫發起限制飲酒運動的前兩、三年，情況的確有了好轉，汽車肇禍、離婚率、酗酒滋事、破壞財物等案件都有所減少。但自一九九〇年以來，由於糧食不足等問題日益嚴重，怨聲載道，戈巴契夫在蘇俄國內的聲望一落千丈，他所倡議的限制飲酒運動，也連帶引起反彈，人民酗酒變本加厲，令人沮喪。

據蘇俄《文學雜誌》專文報導：全蘇俄兩億七千萬總人口中，飲伏特加烈酒的人，已增高至百分之七十，伏特加消費量有增無減，平均每人每年要消費三十斤伏特加，已躍居全球之首位（蘇俄賣酒以重量計價）。他們大部分的收入花在飲酒作樂，花費的比例是他們購買報刊書籍費用的一百一十五倍，伏特加酒供不應求。都市的鬧區空巷，經常可以看到裝滿或空著的伏特加酒送貨車。專文中也說：蘇俄的保守派人士喜歡批評資本主義的不是，認為農人與工人被剝削，是導致社會不安與不滿的主因。在共產主義和社會主義制度下，農人、工人既然「出頭」，理應幸福和滿足，但事實上蘇聯的農人和工人酗酒、曠工的情形非常普遍，這些所謂「資本主義社會才有的毛病」，在蘇俄社會的普遍性與嚴重性，反而已超過英、美、德、法等國。

蘇俄的伏特加文化

「酒」色性也

談到俄國，便會立刻使人聯想到伏特加酒和魚子醬，而其中又以伏特加在俄國人日常生活中最普遍，關係也最為密切，而且最受重視。俄國人簡直與伏特加難分難捨，沒有伏特加，俄國人真不知要怎麼生活。飲伏特加，對俄國人而言，是與生俱來傳統的權利。如果說不是唯一的樂趣，也是最大的樂趣。在俄國，一談到伏特加，無分男女，一個個眉飛色舞；大夥兒一起豪飲，更是人生最大享受。

早在西元九八八年，基輔大公弗拉迪爾國王（九六五年至一〇一五年）便曾吟過這樣的詩詞：「飲酒是俄國人的喜樂，無酒我們無以為生。」這句詩詞深入俄國人的心坎，至今仍在蘇俄民間流傳，俄國人奉為圭臬。

一九六八年，英國人聞名詩人喬治・托帕維爾訪問俄羅斯，目睹俄國人在各種場合「一口把一整壺酒喝乾」（They drank off their pot at a single quaff）。豪飲伏特加的情景，意識到帝俄時代俄國人沉溺在酒精中的迷惘，觸發他的靈感，寫下這樣一首酒詩。

（俄羅斯）民族久受白凱斯薰陶，豪飲是他們的典型；

(Folk fit to be of Bacchus trained, so quaffing is their kind;)

飲酒是他們全部的欲望，酒壺是他們整體的自尊；
（Drink is their whole desire, the pot is all their pride;）
指導成了每日的規範，儘管頭腦最是清醒。
（The soberest head doth once a day stand, needful of a guide....）」

註：Bacchus 是羅馬酒神，即希臘的 Dionysus；在十六世紀帝俄時代，盛酒用銅壺或陶壺，當時尚未發明玻璃，亦無玻璃酒杯，故用「pot」而不用「glass」。

在俄國，婚喪喜慶、生日、生孩子、家人團聚、朋友相遇等大小聚會，都少不了伏特加，伏特加（而非佳餚）扮演著主要的角色。晚上在家裡待客，儘管是上等珍餚，缺少了伏特加，便會十分尷尬；在路上遇到朋友，最重要的事，是一同去喝兩杯伏特加，「不飲不聚，不醉不散」。俄國人最喜歡三三兩兩到公共澡堂泡熱水，裸著身子，躺在靠椅上飲伏特加酒聊天，增加「身」與「心」的「溫暖」。

生長在靠近北極這樣一個唯有北極熊才能適應的北國，漫漫長冬，整個國度就像一個天然的大冷凍庫，地凍天寒。俄國人對強烈酒精的渴求，與其說是民族性使然，毋庸說是基於「生理」上的需要。孔老夫子當時周遊列國，可惜未曾包括俄羅斯在內。如果他去過俄羅斯，與斯拉夫民族有過接觸，必然會改口說：「『酒』色性也」。

伏特加對俄國人來說，就是他們的液體麵包，這比另數種聞名的蘇俄鄉土食品——魚子醬、香腸、鹽漬魚等來得重要。

魚子醬與伏特加這兩者對俄國人而言，猶如中國人的「魚」與「熊掌」皆是中國人的「最愛」，魚子醬好比中國人最愛的「魚」，伏特加好比中國人最愛的「熊掌」。在俄國，伏特加和魚子醬都是俄國國內的產品，但在專以外國人為對象只接受外幣的「友誼商店」，這兩者都被列為「奢侈品」，一瓶黑魚子醬售價約四十盧布，幾乎是俄國普通工人半個月的工資，因此，在俄國的家庭中，只有富裕的商人或中、高級的政府官員才能一邊吃魚子醬，一邊飲伏特加。

俄國人因為窮困，在「兩者不可得兼」的情況下，寧「捨魚子醬而就伏特加」。

家庭宴客少不了「伏特加」

一般俄國家庭比較體面的待客方式是：先倒一杯伏特加酒，再端上一小盤魚子醬、黃瓜與番茄，然後是一道燻魚與罐裝碗豆，再端上一個自烤的蛋糕，自始自終以伏特加佐餐；也有些家庭在餐後供上一小杯俄國出產的香檳酒。

俄國人接待有頭有臉的客人都要有魚，沒有魚，客人便會非常在意，自然更少不了伏特加。飯後如供點香檳酒，便更加體面。

中國官場遇有應酬，都想避免與上司同席，以便於縱情飲酒談笑，而無所拘束。俄國人是一個講求紀律的民族，職員們如應邀到有業務關連的人家作客，尤其邀請的主人是外國人，這些受邀的職員會比較拘謹，甚至不敢赴宴。在這種情況下，他們大都私下建議主人也邀他們的直屬上司參加，而且以他為「主客」。

外國人宴客供酒，自然不限於伏特加，也有進口酒——法國白蘭地、蘇格蘭威士忌、德國啤酒、西班牙雪莉酒等，種類繁多，琳瑯滿目，任君精挑細選。當主人問安，這些職員們必定眾目睽睽地盯著他們的上司，有些職員也許非伏特加不可（因伏特加酒精含量較高），但一旦上司選了某種外國酒，這些部屬也就全部「尊重」上司的選擇，一個個挑選同樣的酒。

酒斟滿後，餐會開始。此時，大家望著上司，等待他致「祝（酒）詞」（其實，對俄國人來說，等於是下「酒令」）。酒詞往往不一而足，諸如：「祝男主人事業成功」、「祝女主人青春永駐」、「祝壽比阿爾庇斯山」、「祝年輕情侶愛河永浴」、「祝國家元首政躬康泰，國運昌隆」、「祝兩國友誼永固」……，只要有意乾杯，詞兒多著。

俄國人生性喜歡祝酒後舉杯豪飲，「祝（酒）詞」一唱完，便一個個高舉酒杯，頭一仰，滿杯烈酒傾注入口，順著喉管滑落下肚後，把酒杯倒懸高空，情不自禁地叫聲「哇」，喜形於色。俄國人這種大夥兒隨節拍豪飲的方式和情景，即使「袖手旁觀」的人，也會感受到無比的歡愉和喜悅。這便是蘇俄社會和官場「宴飲圖」的縮影，也是俄國民族性的縮影。

倘若有其他外國人參加這類「共飲」場合，同飲的俄國賓客會有意無意地去檢查那些外國貴客的酒，看是否「水當酒」，俄國人秉性多疑，他們通常不相信一般外國人有俄國人那樣好的酒量，而且那樣豪放。

「伏特加」——俄國社會的潤滑劑

俄國人自幼習慣飲伏特加，但偏偏在俄國境內，無論販賣與購買伏特加，都受到限制，價格高昂。因此，伏特加成了搶手貨，也成了蘇俄社會的潤滑劑：請泥水匠或木工修房子，或請水電工修水管，他們都指望雇主在他一上門就先來一杯伏特加，或乾脆以伏特加代替工資；持糧票購買食品，由於經常缺貨，前門大排長龍，有了伏特加，就可打通關節走後門；重病住院，病床客滿，有了伏特加，酒到床來。

俄國一本以諷刺而暢銷，名叫《鱷魚》（Crcodile）的雜誌便有過這麼一幅漫畫：一名俄國水電工望著自己家裡浴室塞滿汙穢雜物、水洩不通的排水管發呆，一支接一支猛吸菸，自艾自嘆：「好沒勁，我家那口子，怎麼不開伏特加給我喝。」原來俄國工人到別家幹活，主人必定先遞上一杯伏特加，這是俄國行之已久的「不成文法」，而在自己家幹活，他也這樣指望。

俄國人飲「伏特加」的高招

俄國人飲伏特加這樣如火焰般強烈的酒，毫不猶疑，自有他們自己的一套「飲法」。一般伏特加高手，在飲伏特加之前，會先拿一塊或數塊黑麵包，塗上厚厚的牛油，再添加三至四茶匙魚子醬，吃下去「打底」，使胃壁覆上一層厚厚的脂肪。這樣，酒精下肚後，便可延緩酒精滲入血管的時間，而不致迅速醉倒。因此，他們即使連連乾杯，也毫不在意，有些俄國婦女在「如法炮製」後，也能「大顯身手」。

俄國人的酒量驚人，不慣於飲酒精濃度低於四十度的「淡酒」。如果是三十至四十度的烈酒，在他們喝起來，也覺得少了些什麼似的。對酒精含量在二十度以下的酒，他們會以譏嘲的口吻說：「可以拿去養金魚。」

由於終年有三分之一的日子困鎖「寒城」，不能生產天然食品，糧食不足，再加上苛政，他們極需高段數的伏特加純酒精，去溶解在生活高壓下所凝結在內心的冰塊，和抵禦屋外天然宇宙大冰塊所帶來的酷寒。所以，他們飲威士忌等烈酒時並不像西方人會加冰塊。

最懂得飲伏特加的俄國人，是先將伏特加放在窗口，將它冰到結冰點，使瓶內的伏特加變成了「液態」的冰酒，然後拿進室內，開瓶享受冰涼烈酒「兩極化」的美味。這也像吃「火燒冰淇淋」一樣，會帶給他們舌尖、喉管和胃等暢快的感受。伏特加最大的特性是：即使將它埋在北極的室外冷凍，也不會結冰。

俄國出產的伏特加，傳統上都是一律瓶裝，用金屬箔作瓶蓋，瓶蓋一旦打開，便再也無法封緊，甚至不可能再蓋上，因此，一瓶開了瓶的伏特加，便不能久放，非一次喝完不可。

在俄國，一般住宅很小，居室空間更小，即使中上等家庭，也幾乎很少具備酒櫃之類的陳設。就算家中有隔日的伏特加，存放的日子也不可能長久，家庭成員個個都是酒鬼，見到酒就會垂涎欲滴，手到「擒」來，喝個精光，休想存放任何酒。

俄國人飲酒的場所通常在公寓的樓梯口或飲食店，都是「速飲速決」，沒有所謂「啜飲」。

一般與外國人接觸較多的俄國知識分子，最感驕傲的事，莫過於在他們的寓所裝設一個吧臺和兩三把高腳吧椅，或者安裝一個連在壁上的酒櫃。在他們認為，那是西方式的高級享受。但一般中等收入階層專業人員的公寓面積，最多不超過二十五坪，而且俄國公寓通常客廳很小，臥室稍較寬敞，故即使要裝設吧臺或酒櫃，也只能裝在臥室內。

高加索人——嗜酒族中的異數

飲酒是否對健康構成不良影響？人言言殊，世界各國對這個問題也極為重視。一般而論，酗酒有損健康，但這種情形在俄國的高加索卻不以為然。以俄國高加索「長壽村」多利布希村為例，全村的每個人都是自幼「訓練有素、千錘百煉」的飲酒高手。孩童自五歲開始，每天早上飲一杯葡萄酒；小學生上學，以葡萄酒佐餐；二十歲以上成年男女，飲葡萄酒就像飲果汁一樣，隨心所欲；成年男性每餐飲四至五公升，而且飲酒時就像飲水一樣，一大口一大口喝，面不改色；如有客人共飲，則由家庭女性成員在旁斟酒上菜，通宵達旦；成年女性每餐也以細啜方式，飲約兩公升葡萄酒。

高加索長壽村的人，除飲伏特加外，也自釀一種叫「恰恰」的葡萄酒。原料是用葡萄榨成的渣滓，酒精含量達六十度，較一般西方國家出產在市面流行的葡萄酒高出甚多。

高加索人儘管每天與酒為伍，平均壽命仍然高居全球之冠。多利布希村人口三千多，其中二百多人年齡在九十歲以上；年齡最高的有一百五十多歲，其次是一百三十五歲。

如果有人問高加索人長壽的祕訣，他們會毫不猶疑地告訴你：只須多喝酒。此語自是事實。不過，據詳確資料顯示：他們除了喝伏特加外，喝得最多的是葡萄酒，而且是自釀的葡萄酒。此外，他們經常吃天然食品，很少吃加工食品，在他們居住的地區，有取之不盡、用之不竭的天然礦泉水。他們最常吃也最喜愛吃的食品是一種叫「賜爾固泥」的乳酪，和另一種叫「馬滋嘔泥」的乳酸菌飲料。

在高加索人日常生活中，他們正餐通常用葡萄酒佐乳酪和用鳥肉或大雞肉烹煮的菜餚。

據一九九一年人口調查顯示，俄國人民因酗酒等原因，平均壽命已自六十六降至六十二歲，高加索人是俄國嗜酒族中反而長壽的異教。

義大利人與酒

義大利語的葡萄酒叫「Vimi」，單數叫「Vino」。白葡萄酒叫「Vino Bianco」，紅葡萄酒叫「Vino Rosso」。在義大利南部，白酒比紅酒普遍。

義大利在歷史上曾是古希臘的「葡萄之鄉」，義大利人早在耶穌基督誕生前，就用古希臘傳給他們的土法釀酒。時至今日，義大利的產酒量為全球之冠，法、英、美等國都「瞠乎其後」，義大利的酒區也特別多，但酒的品質很低。

義大利人有在用餐時喝葡萄酒的習慣，而其中大多數人有喝當地所出產的葡萄酒習慣。在羅馬市區的人，通常喜歡喝「Frascati」葡萄酒。

在義大利出產的酒有一百六十多種都有DOC（Denominazione di Origire Controllata）品質保證。

義大利所產的葡萄酒，風味因地而異，品質最佳的葡萄酒大部分在北部，羅馬東南市郊所產的白葡萄酒最具代表性，略呈黃色，味帶辛辣，諸如「Albano」、「Secco」、「Grottaferrata」、「Velletri」、「Montefiascone」等名牌酒，喝起來芬芳撲鼻，香醇爽口。而義大利北部托斯卡納地方（Toscana）所產味帶辛辣香醇的紅葡萄酒亦屬品質保證，與法國的「Appellation Contiolee」紅葡萄酒等量齊觀。

義大利釀造的啤酒（Birra）諸如「Birra Derom」等，其口味之佳，勝過荷蘭和丹麥所產的啤酒。

此外，義大利還出產一種叫「八角」（Sambuca）的甜酒，舉世聞名。最讓飲者難以忘懷的，是它那種非常有趣、噱頭十足的「火焰式純飲酒法」。其飲用的方式是：先在一個寬口杯中注入八、九分滿的「八角」甜酒，然後丟三顆咖啡豆到酒液裡（不能多一顆，也不能少一顆），擦一根火柴，點燃酒精（酒液），讓火焰在酒液上燃燒，一方面揮發掉一部分酒精，另一方面，咖啡豆經燃燒後，香味全部釋放出來。等火焰熄滅後，即舉杯一飲而盡，韻味無窮。「美酒加咖啡」，名副其實。

義大利匹當特（Piedmont）和托斯卡尼（Tuscany）兩酒區所產的奇安第紅酒（Chianti）是義大利的國酒，別號「上帝的淚水」（The Tears of God），蜚聲歐美。相傳某次上帝出遊，路過杜斯堪索威火山時見到大群魔鬼，不禁淚如雨下，土地獲淚水滋潤，日後都長出葡萄樹，當地人採下釀酒，而成為國酒，但這裡的葡萄都不適於其他地區繁殖。

威尼斯人對喝酒特別講究，每天午餐和晚餐都要佐以餐酒。他們比較喜愛的有「Chianti」、「Frascati」、「Orvieto」、「Soave」、「Valpolicella」、「Rosate-110」等。一般威尼斯人飯前都喝苦艾酒（Vermouth），飯後則喝馬爾薩拉（Marsala）或西西里出產的「Malvasia」酒。

義大利的餐酒（葡萄酒）與法國一樣，主要用來搭配美食。法國菜多模仿義大利菜，再加以不同方式調配演變而來，義大利的餐酒，與法國餐酒相比，亦不遜色。不同的是，義大利人視飲餐酒為一種生活情趣，而法國人在餐酒的搭配上則一板一眼，一切照遊戲規則去做。

不過也有不少義大利人對餐酒搭配非常講究。比如，義大利北部菜餚味道濃郁，他們飲用醇厚雅雋的紅酒如「Barbaresco」和「Barolo」等，白酒則飲用「Asti Spumante」和「Soave」

等。義大利中南部烹飪，喜用大蒜、香草和番茄等，野味特重，故多飲浪漫豪放的 Brunello di Montalcino」、「Chianti Classico」及「Pomino Rosso」等紅酒和查檔尼所產的「Cervaro」及「Della Salla」等白酒。

澳洲人與酒

TRADITIONALLY BREWED
17
59
GUINNESS
ORIGINAL
ST JAMES'S GATE DUBLIN
SERVE COLD

澳洲有三B，即Beach、Beer、Barbecue（海灘、啤酒、烤肉），這三B在澳洲人的生活中缺一不可。

海灘是天賦的，不但既多又長，而且美。澳洲位處溫帶和熱帶交相疊合的樞紐，氣候舒暢宜人，終年陽光普照；澳洲島有太平洋和印度洋相交環抱，海灘綿延風光明媚，仿若人間仙境。澳洲人成了世界上最熱愛海灘生活的民族之一。

烤肉是澳洲的國粹，也是他們常用來請客的方式。澳洲一年四季絕大多數時候旭日當空，庭院大，隨處隨烤隨吃，客人可多可少，不受時間和地點的限制。

享受海灘和烤肉，都少不了啤酒，澳洲人的飲料是啤酒。澳洲僅次於德國，是世界上啤酒消費量最大的國家。澳洲人也喝葡萄酒、威士忌和白蘭地等各種酒，但最具代表性的飲料還是啤酒。

澳洲啤酒所含的酒精濃度是百分之六至八，高出其他國家啤酒的百分之三至五，泡沫多，顏色也較深。

澳洲國土遼闊，各州啤酒都有它特有的廠牌，風味也各有千秋。主要廠牌則有新南威爾斯州的「Toohey」和「Resch」、維多利亞州的「Carlton Foster」、南澳大利亞州的「Cooper’s」、西澳大利亞州的「Swan」等。和歐洲不同的是，澳洲陳年酒少，大多是一兩年的新酒。澳洲酒若論品質，咸認南澳大利亞州的巴羅莎谷（Barossa Valley）和新南威爾斯所產的酒最佳，白葡萄酒則以辣口的較佳。儘管如此，不論任何廠牌，澳洲男士們最愛喝的還是注入啤酒杯後，杯口會浮著一吋泡沫的啤酒。

除了各州的啤酒廠牌不同外，啤酒杯的大小也不相同。以新南威爾斯州為例，小杯（pony）是五盎司（約一四〇毫升）、中杯（middy）是十盎司、大杯（schooner）是十五盎斯、特大杯（pint）是一品脫（約五七〇毫升），通常中杯使用最多。

酒館，在美國叫「bar」，一排高腳凳圍著櫃檯，方便顧客和酒保對話閒聊；在德國稱為「beer hall」，酒館內有搭配著木椅的長木桌供顧客使用，每逢慶典，酒客群集，邊喝啤酒邊唱歌，其樂陶陶；在蘇格蘭稱為「pub」（public house的簡稱），櫃檯旁沒有坐凳，酒客們都得站著。

在澳洲，酒館有三種不同的稱呼，一般稱為「pub」，有人稱「hotel」。更有人俗稱酒館為「watering hole」，這個稱呼頗為有趣。澳洲土地空曠遼闊，氣候乾燥，往昔居民大都聚居在有水源的地方，對水源的維護特別重視，稱此等有水源的居處為「watering hole」，曾幾何時，澳洲有了自來水設施，澳洲人卻用這個名字俗稱酒館，並沿用迄今。如果有人邀你去「水洞」，一定是邀你去酒館。澳洲酒館很多，以澳洲大陸最小的一個州維多利亞為例，境內登記有案的酒館，就有一千五百三十一間，每年銷售四億三千萬公升啤酒，七千多萬公升淡酒，二千多萬公升烈酒。維多利亞州人口不過四百多萬，平均每二千多人就有一間酒館存在，不論男女老少，每人每年平均飲一百公升以上的酒。

從澳大利亞的歷史書籍可以看出，澳洲人是一個酷好飲酒的民族。在澳洲成年人中，不喝酒的人絕無僅有。在澳洲的社交生活中，不論正式酒會或普通派對，一開始就先飲酒，自始至終，手上捧著酒杯，四處周旋，談笑風生，樂在其中。雖說是「好時光」（good time），但對不喝酒或酒量不好的人來說，卻是「苦酒滿杯」。一直站，一直喝，一直聊，喝完一杯，再添一杯，就這樣，沒完沒了。飢腸轆轆，晚餐卻不見蹤影。好不容易等上兩、三小時，餐點總算上場，味道既不美，分量又少，還得繼續站著，一邊吃，一邊喝，兩腿發痠，到曲終人散，往往已是午夜時分。

澳洲人平時少不了啤酒，也多半只喝啤酒。他們慣常喝啤酒止渴，在口渴時，沒有比冰凍啤酒更令澳洲人開懷了。但在酒會等社交場合，各人有各人不同的喜好和選擇：有人偏好威士忌，有人只喝白蘭地；有人喜歡威士忌加蘇打，有人只加冰塊，也有人喜歡喝杜松子酒；有人喜歡白葡萄酒，有人選擇紅葡萄酒，說是有益血管心臟，更有人紅、白不拘。但每逢喜慶宴會，少不了香檳點綴，人人期待著香檳「砰」的一聲開瓶，泡沫的玉液瓊漿在歡呼聲中傾入寬口淺底的香檳酒杯中，一飲而盡。

澳洲人的正式餐會用酒有另一套規格。餐前酒、餐中酒、餐後酒，依次上場，井然有序。餐前酒是開胃酒，一般是威士忌和杜松子酒，上桌前在客廳飲用；餐桌上只有白酒和紅酒，通常紅白葡萄酒杯兼備，上魚鮮等白色菜餚時倒白酒，上牛排等深色菜餚時倒紅酒，晚宴結束上甜點時則倒玫瑰色的甜酒；餐後回到客廳，來上一杯助消化的白蘭地，握在手中，讓掌心的熱度烘暖那黃澄澄的液體，然後低下頭，讓香噴噴的酒香通過鼻孔直入體內，再淺酌讓酒液緩緩地從喉嚨滑下，令人有「飄飄若仙」之感。

澳洲人國民平均所得較高，喜歡上餐館。面對佳餚不能沒有美酒，可是，澳洲與歐美地區一樣，酒精飲料管制很嚴，沒有執照，不准賣酒，而且，以名菜作號召的餐館未必供酒，好在凡是沒有申請到賣酒牌照的餐館，都會在招牌上寫著「BYO」。這種標示在全澳洲各地都可看到，尤其是在墨爾本最為醒目。

「BYO」是「bring your own」三字的縮寫字母，意思是「你可以自己帶酒來」；也有些餐館標示著「BYOL」等於「bring your own liquor」（你可以自己帶葡萄酒來）；或「BYOG」，等於「bring your own grog」（你可以自己帶烈酒來）。顧客自己在街上買啤酒、烈酒或葡萄酒帶入餐館，餐館服務生見到你手上拿著酒，立刻自動為你拿杯子，也為你開瓶而不須另出開瓶費。

繼南非觀光局於一九九四年將開普省的葡萄園和酒窖推到觀光線上後，澳洲於一九九五年跟進，將其亮麗海灘、生態公園、袋鼠等特有動物以及葡萄園和酒窖，並列為澳洲的三大觀光櫥窗。最先將葡萄園與酒窖列入觀光櫥窗的是維多利亞省，澳洲最大的葡萄園和酒窖都在維多利亞省。

維多利亞省的酒業起自十九世紀，當時首府墨爾本建市才四年。最早的葡萄園區在墨爾本以東地帶，現在葡萄園和酒窖已蔓延至全省，遍地酒香四溢，令人陶醉。省政府將他們統籌劃成九個葡萄園區，共有一百八十家釀酒廠，不僅大量產酒、大量外銷，也是旅遊資產之一。其所產的葡萄酒，一如其產地，亮麗而豪放。

墨爾本附近的吉隆（Geelong）酒區和雅拉山谷（Yarra Valley）酒區，是兩個最靠近首府的葡萄園和酒窖。

距雪梨僅兩小時車程的獵人谷（Hunter Valley）也已列為澳洲的觀光點，美酒與美食天然搭配，觀光客趨之若鶩。獵人谷雖為谷，景觀卻很遼闊。遠遠地，斷脊山脈（Broken Back Range）在地平線上畫上柔和的線條，一畦畦的葡萄藤在豔麗的陽光下阡陌縱橫。這一酒區共有四十多家釀酒廠，如玫瑰崗（Rosemount）和倫德夢思（Lindemans）等皆遠近聞名。觀光客不僅可以免費品酒，買酒還大打折扣，使得「一個個入寶山不空手回」。

以前澳洲奔富（Penfolds）酒廠所產的頂級紅酒一向被稱為葛林．赫密塔格（Grange Hermitage），後因法國赫密塔格產區酒廠控告其盜名，從此只稱葛林，但是照樣暢銷，知名度不減。二〇〇〇年十月二十四日，澳大利亞一家拍賣行賣出一瓶世界最昂貴的紅酒，這瓶紅酒正是葛林酒牌名酒極品中的極品，拍賣所得價款高達四萬四千四百澳元，創下世界最高紀錄。這瓶葛林牌的陳年佳釀經澳大利亞一名富商馬列蒂標得之後，當眾開瓶零售，每杯七千澳元，不足半小時，搶購一空，瓶底朝天。據澳洲品酒專家指出，這瓶佳釀的價值，在於此酒的誕生具有傳奇性，它也代表了澳洲釀酒業的一個新紀元，象徵二十一世紀澳洲的釀酒業會更好。

非洲人與酒

釀酒就地取材現釀現喝

非洲黑人嗜酒如命，大陸國家各部落，自己都會用樹薯或玉米發酵釀酒。他們通常將酒液和酒糟一起放到長筒裡一併喝。酒糟會往下沉，所以需要一面喝一面搖晃，使糟浮起與酒相混，才能喝到「杯底不見金魚」。搖晃時發出聲音，他們也跟著哼出同樣的聲音，喝到薰醉時覺有「飽和感」，才使他們感到真正的滿足。

在西非各國，普遍生產一種酒，叫「棕櫚酒」。他們並非像亞東太平洋海島，用棕櫚仁烈酒，而是用最原始也最簡易的方法，將棕櫚樹連棕葉的頭部砍斷，讓乳白色的樹漿汩汩流下，再用預先準備好的塑膠袋盛裝，回家倒入木桶，繫緊桶蓋，放在陰暗處，發酵三天，香醇即可飲用。這種棕櫚樹漿，流出當下可當飲料，略帶甜味，可以解渴；發酵成酒，甜味便不再保存。在非洲地區工作的西方人也喜歡喝這種土著所釀造的酒，將它取名叫「原汁酒」（Original Juice Wine），因係即釀即喝，故又叫「即飲酒」（Instant Wine）。

「有好東西必與好友共享」是非洲通用的哲學，也是他們的美德。黑人喜歡稱兄道弟，所有男性同住一村，都是「兄弟（brothers）」。一朝有酒，敲幾聲鼓，所有兄弟就一起前來，眉開眼笑，用一個竹筒子盛滿酒，一個個輪流喝，喝一口，傳給另一人，直到喝完，昏昏沉沉才止。外國人參與喝他們釀造的酒，他們會把你認同是「一家人」，有一種親切感。

一棵樹頭被砍，流出樹漿，就好像人頭落地，流出血漿一樣，理應回生乏術，但棕櫚樹不然，它的根部會長出更多的嫩樹，子子孫孫，延綿不斷。故癮君子也不愁因此斷了「酒路」，相反地，「酒路」只有因此愈來愈多。

可是，這種棕櫚樹碰到熟諳「菜根香」箇中三味的中國老饕，就只有「絕路」一條。我國派駐這些國家的農技團人員如果發現了這些被「砍過頭」的棕櫚樹，他們便會把那下半截連樹拔起，將接近樹根根部的樹心削下，炒來當餐桌上的美味佳餚——比竹筍還要鮮嫩可口。

中國酒中有一種中性烈酒，叫「竹葉青」，是採翠竹葉釀成。可是在非洲東部濱印度洋的坦尚尼亞，其所產的「竹酒」，則完全源自翠竹的原汁。原來坦尚尼亞曠野叢林中，有一種多汁、類似灌木的竹，竹莖儲有抗旱用的白色濃液。當地土著將這種竹砍下，將竹莖下端削尖，插入一個小木桶蓋的孔中，竹莖中的白色液體就會流入桶中，翌日取飲，醇度高達三十度，道地的「竹味」特別清香。據說喝了這種「竹酒」，不僅解暑，而且有清心健脾之效，坦尚尼亞人常用作待客佳釀。

在非洲撒哈拉以南的大陸，還有一種奇妙的灌木，是名副其實且聞名遐邇的「酒樹」（wine tree）。它會分泌出一種含少量酒精成分的芬芳液體，十分可口。當地土著只須在巨大的樹幹上挖一個窟窿，讓樹汁流出，即可就地當作「天然美酒」飲用，既解渴，又薰心。

這種「酒樹」附近，偶爾也長有一種奇妙的灌木。樹幹同樣粗大，它的枝葉像柳樹一樣，當熱帶風起，枝條樹葉相互碰撞，發出清脆動聽的美妙音響。聽在耳裡，像交響樂曲般迷人。

土著有音樂細胞，一聽到這種非洲大自然所演奏的美妙音樂，即提著「樹酒」，婆娑起舞，邊飲邊跳，其樂陶陶。

市鎮酒鋪舞廳開懷暢飲

在撒哈拉以南的非洲各國大小市鎮，都有不少簡陋的酒坊，掛牌叫「瓶店」（bottle store），供應當地價格低廉的瓶裝酒。雖是酒坊，但大都只有一個簡陋櫃檯，別無桌椅。店外泥土走廊上有一兩張長凳，或長凳亦付闕如。

住在這些市鎮的男性，一到黃昏，喜歡在這些酒坊買醉。他們提著酒瓶，在門外泥土通道層階上席地而坐，或倚牆共飲，酒酣耳熱時，仰天長臥，偶爾也有妙齡女郎參雜其中。他們樂天知命，既不知憂愁為何物，也就無所謂「借酒澆愁」，更無所謂「解脫」。他們只知道，在日常生活中，除了性，酒是他們另一種樂趣和需要。只要「今朝有酒今朝醉」，何妨「明日愁來明日憂」。

在非洲各國市鎮，也有不少簡陋的舞廳，每晚約八時開始到深夜，用擴音器播出「踢死狗」的樂曲，震耳欲聾；燈光五色繽紛，急速轉動，令人頭暈目眩。

舞廳一側的酒吧，也有少數幾張座椅。黑人男女分別前往，「舞客之意不在舞」，他們沒有固定的舞伴，主要在酒，各自買醉。男性只要看中某一女性，便可代付酒資，接著共飲及縱情共舞。閒在舞廳坐著或站著的女客，不論生張熟李，都可任意邀舞。他們之中，有些喝得酩酊大醉，仍然擦著惺忪的眼，邊舞邊飲，或彼此搭訕，談情說愛，不醉不歸。

偷酒有妙方

非洲黑人喜歡喝烈酒，只有烈酒最暢銷。國營釀酒廠所生產的，也都是烈酒，酒味苦澀濃烈，無一例外。

有些黑人，不僅必喝烈酒，就連純酒精也敢喝。筆者在辛巴威參觀一家工廠時，居然親眼看到這家工廠的黑人勞工在偷喝工業用的酒精。他們把工業酒精倒在土司麵包上，過相當時候，等「過濾」好了才吃。他們把泡過酒精的麵包稱之為「酒麵包」（liquor bread），咸認這種「吃酒」妙法不會中酒毒。但據在這家工廠工作已七年之久的英國工程師告訴我，「這些年來的確發現已有不少黑人因偷飲工業用酒精而『猝死』，但不是『醉死』，而是中毒而死。他們應該『心知肚明』，知所警惕。」

各國駐非使領館、館長和館員官舍，都僱用黑人，且絕大多數是男性。不論是使領館雇員或館長和館員官舍的管家、保姆、傭人、清潔工或園丁，幾乎都有偷酒喝的習慣。使領館酒會或平時在官舍宴客，就是他們大顯身手的機會。他們趁主人忙著招待客人與客人談話無暇顧及時，提著酒瓶大口狂飲。

平日在館長或館員官舍工作的黑人，只要主人不在家，就會設法偷酒。由於各類烈酒都登記有數，不敢整瓶偷出，只有從已開瓶的酒下手。每次宴客過後，除了香檳、紅白葡萄酒及水果酒開瓶後不能保存，必須隨開隨喝一飲而盡外，開過瓶的烈酒，如威士忌、白蘭地、伏特加、雪莉等隨意放在酒架上或酒櫃內，黑人興之所至，即可信手拈來。

為使不露痕跡，他們每次偷喝後必照原酒存量灌水，使主人不會察覺。迨下次宴客，客人發覺酒有異味告知主人時，主人感到非常尷尬，但不知是怎麼回事，原以為烈酒開瓶後擱置過久，異味是正常現象。直至他們多次作案，如法「泡」製，主人才恍然大悟。

美國駐馬大使官舍有個酒吧，歷任美國大使平日公餘返舍在此小飲，消解緊張情緒，週末常邀三、五好友或同事把盞閒話家常。黑人酒保，品酒知酒，見到如此眾多佳釀，自是垂涎，為不使主人察覺，每次偷喝從多瓶下手，每瓶偷喝不多，不另添加清水，而自以為得計，竊竊心喜。新任大使曾在美國聯邦調查局工作，遇事明察秋毫，履任後在此幾番小飲，即發覺酒保舉止有異，他亦若無其事，囑使館安全人員暗中在酒吧裝設閉路電視，將此酒保偷喝洋酒的情形錄影存證，蒐證齊備後，使館安全官邀官舍工作人員一同觀賞電視錄影帶，這位黑人酒保不疑有他，受寵若驚，迨至看到自己在銀幕上偷喝洋酒的鏡頭，無地自容，不待使館安全官開口，即拾行李，自動離去。

英國海軍與酒

十六世紀，英國皇家海軍因無法在戰船航行期間保持食水新鮮，戰船上官兵便由政府供應每人每日半加侖啤酒。後來杜松子酒問世，即用杜松子酒代替啤酒，以節省船上儲倉空間。一八六七年以後，英國皇家海軍官兵的杜松子酒配給量是每人每日一品脫。

根據歷史記載，威靈頓屬下的海軍，在葡萄牙及西班牙作戰時，基層士兵中多有人爛醉如泥。維多利亞女王時代，英國皇家海軍出征阿富汗，每人每日仍配給一品脫杜松子酒。

在第二次世界大戰期間，雖然食水已盡可能在戰艦航行時保持新鮮，英國海軍後勤供應署仍供應近四億多罐裝啤酒，由海軍後勤補給艦運交盟軍發配作戰官兵，用以鼓舞士氣。

戰後八年，韓戰爆發，參戰英軍照例獲配罐裝啤酒。當迫擊砲因發砲過久砲身通紅時，英軍把啤酒淋在迫擊砲上使之冷卻。當他們面臨中方人海戰術，寡不敵眾，從三十八度線退卻，手榴彈也已用罄時，便將罐裝啤酒一罐罐擲向敵陣，中方戰鬥人員樂得連忙拾起，開懷暢飲，醉倒疆場，不再追擊。

英國婦女禁酒協會會長曾向英國首相邱吉爾抗議說：「我們所有會員都一致認為，英國皇家海軍新艦舉行下水典禮時，以開香檳來慶祝，這對禁酒的規定而言，是個非常可怕的惡例。本會要求閣下勒令取消開香檳的儀式。」邱吉爾沉思了一會，取下嘴上的雪茄，回答說：「我倒是認為，皇家海軍於舉行新艦下水典禮時，開香檳慶祝，是一個最好的禁酒典範。這艘海軍戰艦，生平只要淺嘗一點酒，感覺到口味不對勁之後，就此都只喜歡水了。」

品酒

品酒風雅事

品酒是一門高深的學問

品酒是一件很風光的事。當你捧著一杯澄黃透澈的白葡萄酒，或湛紅溫煦的紅葡萄酒，或盈溢著細緻泡沫的啤酒，或濃郁無比的伏特加酒，或別具風格的蘇格蘭威士忌，或一只大肚杯盛著金黃色的白蘭地在掌心盪漾、舉杯齊眉之際，面對充滿誘惑而難以抗拒的醇香，倍見真情流露，而令人悲壯不能自已，其樂陶陶，真箇是「酒不醉人人自醉」。如你能欣賞酒而又能知酒，當更是一樁很神奇的事。

酒確是人世間的妙品，一小杯玉液瓊漿之中，包含著多少錯綜複雜微妙的情趣。因此，品酒成了一門高深的學問。

雋逸別緻的品酒行業

法國的葡萄酒與白蘭地、英國的蘇格蘭威士忌、德國的啤酒，論品牌，只此一家，舉世無雙，論銷路，全球風行，所向披靡。何以致之？固然有它所謂的「祖傳祕方」，但使這些人見人愛的名酒始終保持一定標準的酒性與酒味，以及一貫的品質與風格，則全賴品酒師。

職業品酒師應該是三百六十五行以外的一行，但他的工作最風雅，也最愜意，待遇最厚，權威最大，受盡釀酒廠富豪仕女們的尊重與崇拜。而且，就像電影明星一樣，名氣愈大，身價愈高，報酬亦愈豐厚。除了品酒之外，他還可以憑著特別靈敏的嗅覺與味覺器官，從事類似的另一絕藝，而成為聞名的美食品評家。不論品酒或品食，用嗅覺比用味覺多，因用口品嘗會使味覺很快失去作用。

任何新酒上市前，皆須經職業品酒師品嘗確定品質。憑品酒師一句話，有些酒被捧成「天仙」，受萬人稱頌，有些酒則被打入十八層地獄，永無翻身機會。

正因為如此，一位精明的品酒師，必須具備百無一失的嗅覺和味覺，而且要現地實習至少十年或更久，即使經過數十年的琢磨，也未必人人都能為品酒師，這就有點像藝術家和音樂家，除了靠自己努力接受磨礪以外，還得靠自己的天分和造化。

品酒師的綽號是「酒鼻」，他完全憑嗅覺與味覺行事。品酒師的鼻子非常寶貴，好些品酒師都為鼻子買了保險。為了保持嗅覺與味覺的高度靈敏，品酒詩的戒律特多，不但不可吸菸，不可吃酸辣，不可吃過苦或過甜等刺激性食品，也不可喝過甜或過酸等富有刺激性的飲料，甚至對有刺激性氣味的場所或有「二手菸」瀰漫的吸菸場合都得避開。品酒前甚至不可刷牙，刮鬍剃鬚後不可使用花露水；品酒師如果是女性，她也不可擦香水。這些戒律必須終生奉行不渝，換句話說，他必須長期過著單調的生活，人的生活和興趣是多方面的，過受限制的生活並非易事。

品酒師在品酒時也不容有絲毫干擾。

品酒師是釀酒廠的靈魂，釀酒廠不能沒有品酒師，就像寺廟不能沒有和尚。

葡萄園每年葡萄收成，品質良窳不齊，差別很大，甚至同一種葡萄，所釀造出來的酒液，特性和酒味亦有所不同。葡萄收採，經過初步醱酵處理，再經過約三至四個月的緩慢醱酵過程，清除酒渣後，酒質是濃是淡，是厚是薄，是烈是柔，是好是壞，品酒師憑其靈敏的嗅覺與多年實地接觸的豐富經驗，根本不必嘗酒，只須深深地嗅一下酒味，就可甄別出來。然後品酒師再根據不同的品質與酒性混配，釀造出適合其特性的某種酒。

甚多釀酒廠培養自己的品酒師，但品酒不僅是科學，而且是藝術，就像大專院校每年有不少音樂系和美術系畢業生，其中能出人頭地成音樂家、作曲家、書畫家的少之又少。因此經釀酒廠訓練而能成為第一流品酒師的，更是鳳毛麟角。

中國釀酒廠也延聘品酒師，俗稱「掌爐大師」。出酒時，高坐大錫鍋旁，手持攪拌木棒，神氣十足，當騰騰蒸氣變為涓涓酒滴由漏斗流入酒簍時，掌爐大師即下來品嘗，此時醇香四溢，掌爐大師最為得意，大有「雄貌掌爐坐酒坊，錫鍋蒸汁索人嘗」之氣概。

品酒三部曲

新酒在釀好經過品嘗鑑定，出爐裝桶藏入酒窖後，會在每個酒桶上標明種類、酒性及年分，並編號來整齊排列，一桶桶的新酒液就像一個個初生的嬰兒放在嬰兒室，讓它發育成長。品酒師就是「保姆」，他照顧這些新酒，周全地像照顧襁褓中的嬰兒一樣。初出鍋爐的酒，其味辛辣苦澀，不宜飲用，必須經過裝桶窖藏，假以時日，令其「發育成熟」，才能應市。

品酒師經常巡視酒窖，並抽嘗各種不同酒性及年分的酒液，來看是否已達到某種程度及是否已成熟。他通常在某一桶酒前停下，用虹吸管從桶中吸取約兩個指頭的酒液，注入一只頸窄肚凸、瑩澈精美而又最能保持酒液芬芳的鬱金香形玻璃杯中，這種杯子能將酒的醇香凝聚。他用手捏著杯腳，將杯子搖晃轉動幾分鐘，觀察酒液的色澤，然後用雙手捧著凸肚，使自己的體溫透過凸肚傳入酒液，然後將酒置於鼻尖，閉著眼睛，聞一聞酒液的香味，並用嘴唇啜一小口，並不吞下，而且立刻吐出，咋咋舌頭，用心確定這桶酒液的含醇度是否已達到巔峰而可以調配裝瓶上市。如果不是，他得確定是否應將這些酒桶原封不動地留置原處，抑或將桶內酒液注入另一木桶，並把這些酒桶移到另一酒窖。

如果這些酒液仍有點澀口，品酒師通常就會讓它在原酒窖多留些時日，如果酒裡有木頭味道或乾草氣味，便須全部倒掉或拿回去重新加工處理。

通常，一家釀酒廠的品酒師，每年至少要品嘗近一千種不同酒類，多達三萬份的樣品。品酒師完全靠記憶「摻酒」，他把不同酒齡、不同來源的酒液摻在一起，釀造一瓶酒，可能摻有多達一百種不同的酒液，品酒師小心翼翼地守護著這一「摻酒祕方」，這畢竟是釀酒廠的「絕對最高機密」，不容外洩。

在品酒師認為：酒與花相同，一束全是清一色的玫瑰花太單調，摻雜多種不同顏色的玫瑰花就會顯得鮮豔無比；若能再添加一些其他色彩種類相調和的鮮花，便更能相得益彰。

歐美高級酒都有一種共同的特色，那就是品質嚴格管制和保證，絕不含糊，不像臺灣的豆漿店，每因規定價格高低而濃淡成分變化無常，只有永和的世界豆漿店重視「店牌」，是唯一例外。酒的品質管制與保證，品酒師責無旁貸。

歐美聞名品酒師退休，必有盛大的「惜別會」，遠近達官貴人社會名流齊集，群賢畢至，即使部長級的人物，退休時也未必有這種風光和場面。這是歐美重視酒的品質管制進而更重視品酒師的具體表徵。

第一次世界大戰後，法國經濟蕭條，名貴的酒，完全沒有銷路，釀酒廠面臨關閉的命運，只有品質低、價格廉的酒大行其道。眾人以為法國的聞名釀酒廠商會為了生存，不惜降格以求，改釀品質較差的酒，低價出售，以求渡過難關。但是相反地，這些聞名酒廠，寧願虧本將多年窖藏的陳年好酒降價，當作劣酒出售，而不願以低成本另釀劣酒上市，以迎合低收入社會的需求，這種寧願犧牲成本，求維護廠牌信譽的精神，是使其酒類產品在全世界暢銷歷久不衰的主要原因，而維護這種高品質水準的功臣是品酒師。

品酒師不僅照他們的理想所塑造的標準釀造出高品質的美酒，而且賦予這些美酒幽雅的靈魂和嫵媚而無可抗拒的魅力。

精彩絕倫的新酒發表會

新酒發表會是歐美釀酒廠商的一件大事，通常在這家釀酒廠所在地的葡萄園舉行。葡萄園只是種葡萄和用葡萄釀酒的場所，所有事業都與葡萄有關，數百年來與葡萄相依相存，既不在商業區，更不在工業區，終年空氣清新，寧靜得能聽到小爬蟲蠶食植物嫩葉的聲音。可是每逢新酒會，便一反常態，豪華汽車挾著芬芳的泥土，會在狹窄的鄉村道上，一輛緊接著另一輛，連貫排成長龍。

在葡萄園古堡的庭院裡，張燈結彩，衣香鬢影，名媛貴婦，紳士達官，冠蓋雲集。其場面之熱鬧，勝過摩納哥蒙地卡羅大賭場的盛況，而其布置之豪華，傳統式儀典之隆重，遠超過巴黎或巴西聖保羅每年一次的嘉年華會。儘管有許多達官貴人令人目眩，會場的焦點人物仍是重金聘來的品酒師。

待大批經驗豐富的釀酒工作人員將會場布置完美後，品酒師在釀酒廠主人陪同下，猶如洛城影展中接受金像獎的大明星，昂首闊步，顧盼自雄，與釀酒廠主人談笑風生，併肩從古堡走出來，在布置好插滿豪華陳設的長方檯前與特別顯著的貴賓握手言歡。

所謂「古堡」，往往就是這一大片葡萄園主人的居室，係一歷盡數百年風霜雨露、侵蝕仍然倖存的「封地」。老朽有餘，風韻亦佳，唯獨氣派不夠雄偉，實際上只能稱得上是「酒坊」。葡萄園酒廠主人並非在此長住，只是在此渡假，另在其他幽美風景區擁有豪華別墅。

酒廠主人陪著品酒師來到檯前之後，即行介紹，包括品酒師的家世、出生地、學經歷、及他與酒結緣後的發跡，諸如：某一名牌美酒係他所發現，又某名酒係他所評定。

在品酒師贏得在場貴賓接連不斷的如雷掌聲以顯示出他不凡的風采之後，最主要也是重要的節目——聚會的主題——新酒品評開始。

首先，會場工作人員通常由虹吸管從一大木桶中吸上一撮香醇的酒液，注入一只正在陽光下閃爍的水晶玻璃杯，讓酒液在水晶杯中散發著光耀奪目的誘人光彩。

品酒師接過杯子，注視了酒液的光彩後，在酒液上嗅了半晌，不出一言，只是沉思。此時，團團圍繞在四周的貴賓也像屏息住呼吸似的寂靜無聲。一般的顧忌是：談話或任何其他聲音，都會妨礙品酒師嗅覺的集中。

通常約一分鐘後，品酒師端起水晶杯，飲一小口，讓酒液在口腔內兜一圈，並不嚥下去，而吐在預先準備好的小水桶內，停一會兒再飲第二小口。這一小口酒比第一小口稍多，讓酒液徐徐地通過舌與喉這一重要味覺帶後，品酒師將會說出一般人認為是驚天動地的答案，通常品酒師的術語是：「這酒很嫻靜、羞怯。」此時，周圍的貴賓會再度掀起如雷掌聲甚或尖叫聲，這使釀酒廠滿懷興奮，笑逐顏開，好不欣喜。

新酒經評定是「好酒」後，釀酒廠猛開這種尚未上市的新酒給所有貴賓共賞，大家都會一窩蜂似的煞有介事：「這酒果然名不虛傳——很嫻靜，很羞怯。」

美酒品評確定，釀酒商即完全依據品酒師的品評結果，而非依成本訂定此酒的價格。

酒類是否暢銷固然是「品牌第一」，但也得「宣傳為先」。從事酒類行業的都明白，新酒發表會是「噱頭」，像鯉魚躍龍門，只要這種酒經聞名品酒師評定為「上等酒」或「高級名酒」，釀酒廠商就不必再去花費一大筆資金做廣告，世界各地的酒商與癮君子，自會爭相訂購，訂單會源源而來，要擋也擋不住。

但如果聘請來的聞名品酒師為了他自己的信用，不賣帳、不迎合釀酒廠主人的意思辦，宣布此酒為劣酒，弄巧成拙，又將如何？然則，品酒師已精通此道，除非是聞之欲嘔的劣酒，此尷尬場面當不致出現。

業餘品酒師的「絕招」

有些人在喝酒時喜歡慢慢啜飲，細心體會各種不同酒類的品味，樂在其中，久而久之，他們不看酒的標籤或酒瓶的裝潢，也能憑嗅覺、味覺和這兩者所累積的經驗，分辨出所喝的酒是何種品牌，令人目瞪口呆，嘆為觀止。

這種「品酒功力」測驗的方式通常是：

㈠在一張長檯子上放著事先用白紙包封，從外表完全看不到酒瓶形狀和標籤的各種酒十瓶，按一至十編號，另用同型酒杯十只，亦按一至十編號。

㈡將十瓶不同酒的瓶蓋全部打開，再將相同號碼酒瓶的酒倒入相同號碼的酒杯。十杯不同的酒，色彩都晶瑩可鑑，各有千秋，但誰也不知道是何種廠牌的何種酒。

㈢將業餘品酒師請到長檯子前。業餘品酒師走到檯前，通常先用兩眼將那十杯酒逐一掃描一番，從中拿起一杯，先端詳一下，放到鼻尖上嗅一嗅，作一次深呼吸，徐徐啜飲一小口，含在口腔內，用舌尖舐約數秒鐘吐出來，說出答案：這是某種品牌的某種酒。

這時，主持人通常是在全場肅靜的氣氛下將與酒杯同號的酒瓶上的白紙揭開一點看看，若是完全符合，掌聲隨之而來，如雷貫耳。

有些人居然能連闖十關，一口氣試嘗至第十杯，而完全正確，過程高潮迭起，使簇擁在周圍觀賞的人群，激昂之情達於巔峰。但有些業餘品酒師只能品味出其中四、五種，兩、三種或僅一、兩種而已。

這些業餘品酒師的絕招，多數是在小型宴會顯露，用「餘興節目」或「打賭」的方式進行。

歐美另有某些業餘品酒師，僅憑其嗅覺和味覺，不但能品嘗出酒的廠牌，而且能品嘗出產自哪個小產區，諸如某一個小酒村或某一小塊葡萄田，有些甚至更能從酒液中嗅出用來釀此酒的葡萄是哪一期的收成，如最成熟季節或盛產前或後，以及釀好後窖藏的年分。

前面所提憑嗅覺與味覺能辨別十種酒的品牌技倆，如果與這些能辨別出作為原料的葡萄產地及收成季節比起來，不啻只是雕蟲小技而已。

這些品酒技倆更勝一籌的業餘品酒師，品酒方式略有不同，但通常都更為認真：

㈠嗅酒時幾乎把整個鼻子伸入酒杯裡雙目緊閉，全神集中，一面轉動酒杯，讓酒液在杯裡迴旋數匝，一面優雅地吸著酒氣，將酒液在轉動時所產生的醇香仔細過濾。

㈡將酒杯湊到唇邊，啜飲一大口酒，含在口裡，嚥下少許，兩唇略張，吸入些許空氣，口內的空氣充滿了醇香。此時，一面用舌頭來回捲動口中的酒液，一面品味酒質，用迂迴的方式，說出酒的葡萄產地、收穫季節及釀好後窖藏的年分等。

這的確是一件非常困難的事，就產地而言，由於各個葡萄園的土質、河流水源與氣候各異，故其產品的味道也不相同，而且，就以法國的亞爾薩斯酒區來說，非常遼闊，酒區內共有一千多個酒村，叫出這些酒村的名字已不容易，何況還要記得哪個村莊產哪種酒，是哪種味道，是哪一期的葡萄所釀成的等。再以年分來說，未必相同年分的酒，就有相同的品質，有些年分產品普通，有些則屬極品。

諸如此類的業餘品酒師在歐美產酒國家，尤其在法國為數不少，其中確有充滿自信篤定而能說出與酒瓶標籤上說明完全一致的品評，但絕大多數不能說得完全正確。

亞爾薩斯省與洛萊省毗鄰，遍及全世界風靡一時的都德名著《最後一課》，就是以這地區為背景，這裡有過很悲慘的滄桑史，成千上萬的人曾在戰亂中顛沛流離，但在釀酒業方面始終不曾間斷，畢竟不論敵對雙方任何一方戰勝而占有這一地段，釀酒總是被允許而且受歡迎的。好些大葡萄園就橫亙在兩省的邊界，既屬於亞爾薩斯省，也屬於洛萊省，兩省都在釀酒方面身懷絕藝。

法國和義大利某些業餘釀酒師，另有一套獨特的品酒花招：他們在細窺酒液色澤之後，第二個步驟是倒一些酒液在左手掌心中，另用右手姆指和食指揉擦，然後放在鼻尖前去嗅因揉擦所蒸發出來的醇香，再將手掌心中這些酒液置於口中，不直接吞下，而吸一口氣，呼氣時聚精會神體味酒中醇香嫻熱的成分。據說用這種花招最能斷定酒窖藏的年分。

在日常生活中鑑別酒類品質好壞，最簡易的方法是注意它的色澤和香味，這就好比一個人的身體是否健康，可從他的氣色和精神一眼看出。

㈠色澤：品質優良的酒澄澈明亮，相反地，如果暗淡模糊，可能就有了問題，如果很濁，就可能是劣酒。但須注意的是，白酒並非白晰如泉水般毫無雜色，而是帶有微暗黃色或略呈黃綠色；但如果白酒色澤過黃或過綠，酒質便值得懷疑，也可能因有空氣進入。紅酒的色澤應該是紅的，如果在瓶邊看到棕色或紫色，則顯示這瓶酒釀得未到時候，亦即窖藏尚未到「成熟」的階段，另一方面，顏色必須有深度，邊沿的色澤不應稀淡如水。

㈡香味：品質優良的酒會有水果的芬芳或清冽新鮮的甜蜜味，而加了香料的酒則發出濃郁而富於刺激性的香味；相反地，如果氣味平凡，或顯然有走味的感覺，可能就有問題。除了酒本身，問題也可能出在運船的木桶上或裝瓶後的木塞上；如果聞到酸味，便是酸化過多；如果是粗製濫造的酒，細嗅會發現有硫磺味。

酒有帶甜與不甜之分，帶甜的酒令人嘗到酒的甜度，不甜的酒較澀，但只要是好酒都會予人以清新爽冽的感覺。多數白酒在釀造後二或三年是味道最佳的時候，如果擱得太久，就會失去那種清新爽口的芬芳。

香味除了藉將酒杯旋轉搖晃散發用鼻子聞出外，也可更進一步飲一小口，用舌尖撥著酒液在口腔中打轉，由味蕾去覺察口腔中酒液所散發出來的香味，分辨確定其優劣。飲酒後口腔內醇香停留久暫，亦可作為品評酒質優劣的標準。通常齒頰留芳愈久者，其酒的品質愈佳。

品酒的特殊名詞與術語

品評或談論酒的品質時，有其特殊的專用名詞與術語。其中部分名詞和術語在標籤上常見，但有些名詞和術語，全賴平日在國際社交場合留意領悟。在談話中如果聽到這些名詞或術語時全然不懂，會令人覺得靦腆尷尬。酒國是個真正海闊天空的世界，聞酒的學問更是浩瀚無際。

有些東方人在西方人的社交場合共飲某種高品質的酒時，會被問到是否喜歡和欣賞時，習慣於連說「Good!」、「Excellent!」，其實，內行人明白，稱讚酒是不能用「Good」或「Excellent」的，因為這樣說是淺薄膚淺和不著邊際的。

西方人在談論到酒時，慣常聽到的名詞和術語計有：

(一)「l’arôme」的含意是香味，但如果用在酒上，「l’arôme」是表示葡萄產地特有的香味，是香味的總稱，如果要把香味用於紅酒，就要說「le bouquet」；如果用在白酒，就要說「le parome」。

紅酒的香味，只能嗅得出來，卻不是能喝得出來的。因此，餐會進行中上紅酒時，不是端了就喝，而是要先看這紅寶石般的顏色在水晶杯裡所發出的光彩，然後再輕輕轉動酒杯，讓酒在杯裡盪漾，再用鼻子聞聞酒在盪漾後所發出的香味，讚美它或談論它，然後徐徐啜飲。千萬不可在喝了一口紅酒後說：「這酒的 le bouquet 多好」，這在西方人聽來，全是外行話。

(二)「capiteux」的含意是酒喝下去容易上頭。

(三)「chaud」的含意是這酒「有熱量」。

(四)「fort」的含意是這酒「有力量」，也是說酒精含量較多，酒性較強較烈，烈的酒未必就是好酒。

(五)「complet」的含意是「完全」，這個字眼只能專用於形容最大年出產的葡萄所釀成的酒的所有好處，故絕對不可用於其他成分的酒。葡萄出產的「年」分「小年」（petite année）、「大年」（grande année）和「最大年」（tre’s grande année），這個年不指「收到」，而是指那一年雨水氣候所產的葡萄品質好壞。

(六)「cros’e」的含意是指酒到口裡的味道很濃，也可說是「etoffe」。

(七)「doux」的英文是「sweet」，含意是「甜」，酒會因為醱酵不夠多而甜，但此字只能用於白酒，千萬不可用紅酒，因為若說紅酒「doux」就糟了，表示紅酒變甜而成了劣酒。

(八)「dur」的原意是「硬」，用在酒上係指酒不醇。

(九)「l’elegance」、「le cachet」或「la race」，其中「l’elegance」是某種酒所有的特別味，其他二個字含意相似，這三個字只能用在真正有名的葡萄園（grand cru）所出產的葡萄酒。

(十)「enveloppe」的原意是「包起來」，用在酒上是指酒喝到嘴裡覺得很好，可是醇香留不久，一會兒就消失了。

(十一)「faible」的含意是「脆弱的」，用在酒上是說「酒不夠味」，或「酒味太淡」。

(十二)「mince」或「maigre」的含意與「faible」相同，這都不是好字眼。

(十三)「frand」是指大家都喜歡喝的酒，但未必是名酒或稀有的酒，而是容易找到的酒。

(十四)「léger」指酒的含醇度相當弱，但並非不好「léger」的紅酒常用來搭配肉類。

(十五)「onctueux」指白酒「醇香到了極點」，喝到嘴裡，全是香噴噴的氣味，毫無嗆味，但這個字眼是用來讚美白酒的專用字，絕不能用於紅酒。

(十六)「sec」的含意是「不甜的」或「無甜味的」，是「doux」（甜的）反義字，英文稱為「dry」。

(十七)「brut」是指「see」（dry）得更厲害（extra-dry），不過「brut」只用於香檳酒。

法國酒品質各有不同，相差懸殊。因此，法國的法律明文規定：只有合乎標準的酒才能在瓶子貼上一種標籤，而這標籤的數目與所出產的酒瓶數相等。在標籤上常見的名詞和術語有：

(一)「Vins d'appellation d'orgine contrôlée」的縮寫為「L'A.O.C.」，含意是「這酒的來源和名稱是受管制的」，意指此酒已符合法律所規定的各項標準，不容其他酒類冒此酒牌名，這種酒在法國年產量限於五億瓶。

(二)「Mise en bouteille an Chateau」或「Mise en bonteille par nos soins」的含意是「此酒係在出產釀此酒的葡萄園裡裝瓶」，意指此酒之品質已有雙重保障。

(三)「Mise en bouteille par nos soins」的含意是「我們刻意裝瓶」。

(四)「Mise en bouteille en Bourgogne」的含意是「係在勃根地（Bourgogne）裝瓶」。

(五)「Mise en bouteille par le propriétaire」的含意是「係由葡萄園主人裝瓶」。

(六)「Vins delimites de qualité supérieure」簡稱「V.D.Q.S.」，含意是「品質優良有限額的酒」。准許用這字樣標籤的酒須具備四個條件：第一，要保證此酒係某一葡萄園的葡萄所釀造成功的；第二，要保證此酒係循傳統釀酒法所釀造成功的；第三，要保證此酒確已經過政府管制機關檢驗合格並頒有合格證書；第四，要保證此酒係經「品酒會」所品嘗而認定係屬名酒。

在法國有「品酒會」，每年新酒上市前，釀酒廠以及葡萄園主人都要請聞名品酒師或品酒專家去品嘗，或舉行盛大的「新酒發表會」，以確定新酒的品質。

(七)「Vins de pays」的含意是「本地酒」，是指釀酒廠商將不同來源的酒混配而成的酒。

(八)「Vins de coupage」亦係「本地酒」，此酒的酒性及品質與「Vins de pays」相似。

酒確是一門莫測高深的學問，假如對酒的品質認定和辨識沒有把握，不妨專找誠實有信譽的大公司買酒，並當面虛心請教哪種酒是上品，這些大公司絕對「童叟無欺」，價錢也許高些，但畢竟是可以「安心」享受道道地地、令人稱心滿意的美酒。

餐酒三部曲

餐前酒

西方人論酒，依照正式餐會供酒的順序，有「餐前酒」、「餐中酒」與「餐後酒」之分。這三個階段所飲用的酒可統稱為「助餐酒」或「佐餐酒」，以「單味酒」居多，而且，所有佐餐酒都不是一開瓶就喝，而是不同種類的酒，須在不同溫度下香味薰發時飲用。

這三個階段中，坐上席位用餐前所飲的酒叫「餐前酒」；坐在席上用餐時所飲的酒叫「餐中酒」，或稱「席上酒」；用餐完畢離開餐桌後所飲的酒叫「餐後酒」。

西方人把「餐前酒」叫做「Aperitif」，譯成中文是「開胃酒」，用餐前來杯開胃的酒，會使你食欲大增。這好比馬拉松開始前的暖身運動；也使賓主在正式用餐前有機會與老友把酒敘舊，並結識新友。

餐前酒分好幾種，最普遍飲用的是威士忌，既簡單又方便。餐前用的威士忌通常有兩種可資選擇，第一種是出產於蘇格蘭的「蘇格蘭威士忌」（Scotch Whisky），呈淡黃色，飲用時用大玻璃杯，可摻入蘇打水或加冰塊（rocks），亦可不加冰塊，不加冰塊時則用小玻璃杯。第二種是產於美國的波本（Bourbon）威士忌，呈深黃色，飲用時通常摻加薑汁汽水（Ginger Ale）、蘇打水或冰塊。

舊式雞尾酒（Old Fashioned Cocktail）也是常用的正式餐前酒之一，即指配好含醇量在十五度的混合酒，也是以陳年威士忌做基本，在酒裡加許多種香料混合製成的雞尾酒。這種餐前酒通常加冰塊、白水、蘇打水、果汁或可樂，悉依個人喜好而定。

另一種常用的餐前酒是馬丁尼（Martini），這是普遍飲用的餐前酒之一，其主要成分是杜松子酒（Gin），呈白色。此外，還有一種餐前酒，叫曼哈頓（Manhattan），其主要成分是波本威士忌，呈黃色，曼哈頓除了作為餐前酒外，也是一般酒會中最普遍的飲料之一。

有些普通酒類也可用作餐前酒，如雪莉酒（Sherry / dry or sweet）、薑汁汽水（Ginger Ale）、杜松子（Gin 加 Tonic）、杜邦勒（Deponnet Campari-Cizano）、苦艾酒（Vermouth）、杜本內（Dubonnet）、馬德拉（Madeira）、索泰爾納葡萄酒（Sauterne）等都是，中國的清酒和花雕也可用作餐前酒。歐洲各國用普通酒類作為餐前酒的情形遠較美國普遍，其中尤以雪莉酒用得最多。

西方人在用餐之前不飲用任何甜酒，即略甜的烈酒（Liquor）也在屏棄之列，因甜酒對胃口有不利影響。

餐前酒宜於宴會開始前、賓客陸續到來時，連同小食品，如烏魚子、小點心等供應。這時候，檸檬汁、冰塊、冷飲、冰水及小紙巾等都應已充分準備，一應俱全。

餐前（開胃）酒限在客廳飲用。當開胃酒喝得差不多，言談盡歡時，主人會宣布請客人進入餐廳，入座用餐。此時，不論你多喜歡某種餐前所飲的酒，也不論你手上的酒剩下多少，都只能把酒放在客廳，絕不可把餐前酒帶去餐桌上。待賓主均至餐廳入座後，侍者會把所有剩下的餐前用酒全部從客廳搬走。

餐中酒

「餐中酒」通常所用的「溫」（Wine），依其酒性及色彩分為三種：

㈠「白葡萄酒」（White Table Wine），俗稱「白酒」。是用去了皮和核的葡萄釀酵所釀造的酒。

「白葡萄酒」的色彩，從琥珀到透明都有，但所謂「白」酒，並非如清水般白晰而毫無雜色，而是帶有微暗黃色或略呈黃綠色。白葡萄酒含醇量（酒精的成分）通常在十至十四度。供應時須先冰好，使略帶冰冷，溫度以保持在華氏四十度至四十五度最為適宜。有人認為白葡萄酒應該愈冰愈好，但過冰的白葡萄酒往往會失去香味，喝起來平淡乏味。一般而言，品質較差的白葡萄酒應該用冰塊冷瓶，予以冰冷，但上品的白葡萄酒則不需亦不宜如此做，以不冰的原味最好。

使白葡萄酒變為適當的冰度有三種方法，做起來很簡單。第一種是「冰箱冷卻法」，是事先將要喝的白葡萄酒按所需數量放入冰箱，通常是二至四小時，但無論時間如何迫促，或所備數量不敷供應須臨時增加，也都絕不可放入冷凍箱，也不宜在酒杯中加冰塊，這樣會把酒味沖淡。第二種方法是「冰桶冷卻法」，是用一小桶冰水加冰塊，深及瓶頸。第三種是冬天的「簡易冷卻法」，把所須飲用的白葡萄酒，在二至四小時前放置於窗外即可。

㈡「紅葡萄酒」（Red Table Wine），俗稱「紅酒」。是用連皮帶核的葡萄釀酵所釀造的酒。

「紅葡萄酒」的顏色有濃、有淡；有鮮紅色的，也有暗紅色的。紅葡萄酒的含醇量與白葡萄酒相同。紅葡萄酒在供飲時不能是冷的，也不是像紹興酒一樣要喝熱的，其溫度以保持在華氏六十五度至七十度之間為最適宜。

紅葡萄酒的味道比白葡萄酒複雜，飲用時酒的最適宜溫度是與室內溫度相同，不宜過熱，亦不宜過冷，過冷會明顯失去紅葡萄酒特有的風味。但薄酒萊（Beaujolais）、巴多利諾（Bardolino）和美國加利福尼亞出產的勃根地（Burgundy）等淡紅葡萄酒則屬例外，以涼到六十度時最為爽冽可口。

使紅葡萄酒變為適當溫度的方法很簡單，俗稱「室內加溫法」（chamber）。把所要喝的紅葡萄酒在宴會前約五個小時放在餐廳，至宴會開始前一個小時將瓶蓋打開，讓室內的溫度滲入紅葡萄酒酒液中即可。即使等著上酒，時間迫促，也不宜因室內氣溫低而把酒放在火爐邊或索性用燙水把酒燙熱，這樣不僅酒香會消失殆盡，連酒體也會因此變質。依筆者過去在駐美國波士頓總領事館及在西雅圖工作的經驗，在自宅宴客，如果不是夏季（美國東北部真正夏季時間很短，僅約三星期，美國西北部真正夏季亦短，僅約兩個月。）餐廳溫度低，便在宴會開始前五小時，特別把室內溫度作適當調整。但假如餐廳溫度太低，又不想那麼早將室內溫度加高，可以把要喝的紅葡萄酒事先放在廚房，待宴會開始前一小時，把瓶蓋打開，放一個小時後再拿到餐廳去供應。

如果室內氣溫調得過高，紅葡萄酒在飲用時的酒溫則應略低於室溫，因為唯有在這樣的溫度之下，它最能釋放出特有的葡萄果香及酒液的芬芳美味，使飲者充分享受飲酒之樂。

有人說「紅酒」是用紅葡萄所釀造的酒，「白酒」是用白葡萄所釀造的酒，這種推斷雖然不是笑話但也並不完全正確。白葡萄當然可以用來釀造出「白酒」，但紅葡萄、紫葡萄，甚至黑葡萄的汁液，除極少數一兩種外，並無顏色，顏色是在葡萄的果皮裡層。這好比人類的膚色，有紅、黃、白、棕、黑等不同顏色，但皮膚底層以下，顏色完全相同，無論非洲的黑人、美洲的印第安人、印度人、菲律賓人、馬來人，都是如此。

無論任何一種葡萄，只要在醱酵前將葡萄皮、葡萄核及梗去掉，所留下來果肉，就可釀成「白酒」。相反地，如果將紅、紫、黑葡萄連皮、核帶梗一起放進去醱酵，所釀成的酒就是「紅酒」。

㈢「玫瑰酒」（Rose）。顧名思義，是玫瑰色的，也就是粉紅色的酒，對這種酒有偏好的人稱它為「粉紅知己」。也許有外行人認為，玫瑰酒是用玫瑰花瓣釀造的「花酒」。這也使人聯想到，在民國八十一年初，臺灣花蓮縣玉里鎮花農翁竹發，將蘭花的花苞、花蕾浸泡在菸酒股份有限公司生產的米酒頭瓶內，調製出含有濃郁的蘭花芬芳而別具風味的「蘭花酒」，臺北不少酒廊以每瓶新臺幣二千五百元（約合美金一百元）的高價向他收購。

玫瑰酒是用去了皮的紅葡萄和核，經過輕輕壓榨後，立即以極迅速的方法，將葡萄汁榨出，醱酵時所需的溫度較一般酒醱酵的溫度略高，而時間則要縮短到四十八小時或更短。

全世界最好的玫瑰酒是在隆河（Rhone）谷地南部的教皇新堡區（Chateauneuf du Pape）所出產的「Tavel」牌玫瑰酒。

玫瑰酒在一般餐會上使用並非普遍，但如果是非正式餐會，請三至五人在餐館聚會，或眾多客人用自助餐時，則甚適宜。玫瑰酒雖屬「玫瑰紅」，但並不能歸類於「紅酒」，在供飲時的溫度亦與紅葡萄酒有別，而以與「白酒」相同為宜。

排座位的正式（formal）宴會，不論是午餐或晚餐，必須紅、白兩種酒都用，或用香檳酒，如果是最講究的餐會，則自始至終，全部供應香檳酒。香檳酒的含醇量與紅、白葡萄酒相同，供飲時的溫度，與白葡萄酒相同，以在華氏四十度至四十五度最為適宜，須先冰好。使香檳酒變涼的方法與白葡萄酒相同，通常在放冰塊的桶內浸泡冷卻四至六個小時。

日本人宴客，慣常在全部過程供飲日本國酒「米酒」（Sake，亦稱「清酒」）。中國人宴請外國朋友，也可全部過程供飲「國酒」——「紹興酒」，不過，供應紹興酒當「餐中酒」時，宜先把整瓶酒或注入酒壺中，放在一個溫水的容器裡加溫，紹興酒才會香味四溢。

無論是白葡萄酒、紅葡萄酒、玫瑰酒、香檳酒或紹興酒，在供飲時，都不宜加冰塊，在紅葡萄酒中或紹興酒中加冰塊，更是天大的笑話。

每次宴客，需要哪些酒、多少瓶，要事先充分準備，免得臨時不夠，濫竽充數。

也有用波特酒（Port）作餐中酒的其為葡萄牙所釀造的一種紫色濃甜葡萄酒，雖原料也是葡萄，但專家認為，波特酒既不能當正式的「餐中酒」，亦不能作「餐前酒」，更不能作「餐後酒」，只能用在正餐之後，搭配乳酪（cheese）所喝的一種「非正式的餐中酒」。

白葡萄酒和紅葡萄酒，都會在瓶子的標籤上註明年號。在選購時必須有一原則：大多數的白葡萄酒，以在釀成後兩年至三年，是味道最佳的時候，超過三年，擱置愈久，愈會失去那種新鮮的爽口味道；但酒精度較高的名牌白葡萄酒，開瓶的時間以在釀成後的三年至四年之間最為適宜，此時酒質最為鮮美爽口；至於味道較甜的白葡萄酒，如索泰爾納葡萄酒（Sauternes）可存放更久些。相反地，紅葡萄酒存放的時間愈長，酒味愈醇，其中尤以那些鞣酸含量較高的紅葡萄酒，諸如波爾多（Bordeaux）和加州出產的赤霞珠（Cabernet-Sauvignon），愈陳愈香。

陳年紅酒在酒瓶瓶底會有一些薄膜狀的沉澱物，它是一種鞣酸和色素的合成物。紅葡萄酒存放久了有沉澱物，是一種自然現象，不要因此以為酒質變壞而把它丟棄。相反地，正因為有了這些沉澱物成分，啜飲時才會產生出一種「成熟」的口感。沉澱物對人體無害，它可能損及了酒的外觀美感與風韻，卻提高了酒的品質。陳年的紅葡萄酒，色彩會隨年代變淡，味道卻會變柔。陳年紅葡萄酒在飲用前，應將酒瓶靜立一至兩小時，使沉澱物全部落至瓶底，然後將酒液緩緩從原瓶中倒入另一容器中，而將沉澱物留置在原瓶內。

葡萄酒存放的方法與處所都宜特別留意，葡萄酒在買回家後，不可直立放置，而要水平置於架上，以確保酒液和軟木塞密切溶合，不因木塞變乾而酒氣外洩。

紅葡萄酒通常宜存放在攝氏十度至十五度的處所，而這一處所的溫度變化不可太大，不宜太熱，也不宜太冷，過冷不僅妨礙酒的成熟，而且冷凍久了，酒會變質。

白葡萄酒和香檳酒等氣泡酒則宜存放在較為陰涼的地方，存放處所的溫度，以在攝氏五度左右最為適宜，至飲用前兩小時再放入冰桶。

餐後酒

正式餐會完畢，循例即可離開餐桌席位，退回客廳飲茶、喝咖啡。這時候也供應一種或數種「餐後酒」。

因為這種餐後酒主要是選擇有助消化的酒，所以也叫做「消化酒」（Digestif），包括：白蘭地（Brandy）中的「Apricot Brandy」、「Cherry Brandy」，柯涅克酒（Cognac）中的「Martell」、「Remy Martin」、「Napoleon」，利口酒（Liqueur）中的薄荷酒（Peppermint）、「Creme de Menthe-Ruby」、「White & Green」、丹姆酒（Benedine）、柯因脫（Cointreau）、杜本內（Dubonnet）、杜林標（Drambuie）、白蘭地橙酒（Grand Marnier）等。此外，咖啡甜酒、巧克力甜酒及各種水果甜酒也可用作餐後酒，最普遍飲用的有：君度橙酒（Cointreau）、「Dramful」、班尼狄

克頓香草酒（Benedictine）、夏翠絲香甜酒（Chartreuse）等。餐後酒中綠色的薄荷酒（Green Mint）也很流行，尤其最適於婦女們飲用。

「餐後酒」的供應，一如「餐前酒」，通常是在客廳或接待室內自由選擇，而由侍者供應。如果主人授意，也可由客人自己動手，任意取飲。通常一杯已足，無須再取，亦不宜多取，適飲亦可。此為與席上「餐中酒」的不同之處。

「餐後酒」除具有幫助消化的功能外，一如「餐前酒」，是感情的催化劑。尤其「餐後酒」的供應，是在緊接「餐前」及「席上」之後第三階段的「交誼」活動，最能在原有的情誼基礎上，更加亢增。一杯在手，酒香四溢，談笑風生，賓主盡歡。

此外，白蘭地等餐後酒，因不加蘇打水、冰塊或其他成分的飲料，故特別香醇；而且，用餐既畢，也更有閒情。在這種氣氛下飲酒，則更有充分享受的感觸，不妨注入少許酒在玻璃杯中，首先透過玻璃，欣賞那黃褐色的誘人「芳澤」；在與人談話中，輕輕搖晃酒杯，讓芬芳香醇的氣味，緩緩地釋放出來，再將杯子置於鼻前，輕輕吸氣，從果香中體會辨別它所用的葡萄品種，並由酒香中判別它釀造桶藏的方法和年分，然後再飲一小口酒，含在口中，先讓舌頭的味覺來欣賞它的甘醇，再讓它從喉嚨中徐徐滑落，珍惜這種身心舒暢的感受。

餐後酒不論是白蘭地、薄荷酒或其他酒類，都不宜多飲，更不宜「乾杯」，因為這樣會使美好的氣氛遭到破壞。

假如餐後還有舞會，則不宜繼續飲用「餐後酒」，而要飲用一種與「餐前酒」和「餐後酒」有別，而通常適於兩餐之間，下午或夜裡正餐以外飲用的酒，如「Bishop」、「Eggnag」、「Julep」、「Punch」、「Swizzle」、「Tom Collins」等。其中「Punch」在我國俗稱「五味酒」，最適於舞會及晚會時飲用。這六種酒之中，除「Bishop」外，均為冷飲，「Bishop」為葡萄、橘子等的混合熱飲，猶如中國新年傳統上飲的屠蘇酒，常在嚴寒季節飲用，藉以「禦寒」，亦為西方人在聖誕節及新年酒會或茶會最常供飲之酒。

此外，香檳酒（Champagne）可稱得上是「百酒之王」（King of the Kings），可用於任何場合。通常都在重要慶祝餐會、酒會，如祝壽、訂婚、結婚、紀念日、授勛升遷時供飲；在一般餐會或酒會，除非主人自動開香檳賞客，否則即使酒櫃內有香檳，亦不宜自己動手開瓶注杯飲用，更不可向主人或侍者索取香檳，這會使場面難堪。

每次宴會或酒會完畢後，酒櫃裡可能會剩下開過瓶的各種酒，所剩分量各有不同，種類亦多。其中烈酒因酒精成分高，只須蓋緊瓶蓋，即可保存長久；但如果所剩在三分之二以下，瓶內過多的空氣，會使酒液的風味減弱，則宜移裝到較小的容器內蓋緊或封妥。葡萄酒等類果香酒，開瓶後因接觸空氣會氧化，放久了會變質，必須冷藏；若要想保存較久，宜用「酒瓶真空器」，拍出空氣後換上新橡皮塞，或改用「葡萄酒儲存器」等精巧容器存放，這類容器因在其中加入不會起化學變化的氮氣，以除去氧氣，故能保存較久。但即使經過這些方式處理，仍宜在一個月至一個半月內喝完，否則將會分解變味。

敬酒百態

敬酒的由來

相互舉杯敬酒，源自西元前六世紀。當時的希臘人互不信任，對付政敵，動輒在酒內或飲料中下毒；夫妻不睦，也以下毒手段殺害配偶。宴會時，酒酣耳熱，在酒內下毒，可說是毒殺對手的良機。因此，為了表示酒內沒有下毒，主人通常會率先當面斟酒舉杯，一飲而盡，然後將杯口朝下，杯底朝上，並說「先乾為敬」，然後以同壺的酒，將對方酒杯斟滿，邀對方乾杯；對方為回應主人的善意與誠意，並表白自己的真誠，便也舉杯向主人回敬，一飲而盡，然後轉與其他與會賓客相互敬酒，以表互相信任，後人將此引伸為「祝賀」、「祝福」、「道別」、「珍重」等。

在中國，敬酒的緣起是由於「酬酢」而起。依照陳國弘編著，世新出版社發行的《辭全》注釋：「酬」是主人舉杯敬客人，請客人飲酒；「酢」是客人舉杯回敬主人，請主人飲酒，因而有所謂「酢之惟恭」，由相互敬酒轉義為「應對交際」。這就難怪「應對交際」在後來變成了「敬酒」的代名詞，喝酒也成了交際應酬中重要的一環。

相互敬酒時有「碰杯」的習俗，這種習俗來自數千年前的古老迷信。自杜康造酒，世間有了酒之後，世人對這種醇美的神祕液體感到神奇迷惑，認為它是魔鬼的化身。當酒注入杯中後，妖魔隨時都可能潛入杯底，飲者在喜慶聚會飲酒時，彼此相互碰杯，藉此聲勢嚇走潛伏在杯底的妖魔，然後便可開懷暢飲，而不致予妖魔隨酒入肚而在肚內作怪的機會。迄今有些非洲國家土著部落，在聚會上舉杯飲酒前，仍要集體擊鼓跳舞，並在兩足繫鈴，使在跳舞時銅鈴叮噹作響，驅走惡魔，用意相同。

中國人敬酒惡作劇

在社交場合飲酒，中國人的習俗是「對飲」共歡，因此相互敬酒，此起彼落，不絕如縷。不若西方人習慣於「獨酌」解悶，即使多人聚會時也多數只是各自依量自飲，最多只在開飲時舉杯共祝一聲「快樂」（Cheers）之後，就各自隨意啜飲，不再敬酒、勸酒或干擾別人飲酒。

在饌飲場合飲酒，大概唯有中國人最為「獨裁」、「專制」，也最為殘酷慘烈，硬要向對方灌酒，如對方拒喝，便不罷休，拉著嗓門，訴諸同席其他賓客，即使對方有宿疾或因過去長期飲酒過量，血壓增高，醫囑戒酒，也不放過。結果，群相呼應，噪音四起。

中國人宴會，甫入席抵定，主人敬客人，客人回敬主人，客人互敬，「打通關」、「賭酒」、「罰酒」，鬧個沒完沒了，不當場醉倒則不會罷休，否則就不夠意思。中國古代韋莊的《菩薩蠻・勸酒》就曾經說過：「勸君今夜須沉醉，樽前莫話明朝事」；「珍重主人心，酒深情亦深」。

蒙古人歡迎客人，一進門便唱〈祝酒歌〉，同時端來兩大杯酒。客人最好是一飲而盡，主人最樂；否則，只要你不喝，他們會一直唱下去，直到你喝完為止。蒙古人生性強悍，英勇善戰。筆者就在一部《沙漠作戰》影片中看到，一位蒙古統帥，在出征前面對數十萬大軍在遼闊的沙場上訓話，嚴肅地要求他的袍澤抱必死的決心，他說：「你們在此唯有死亡一途，你不將敵人殺死，敵人會要你的命；敵人不殺你，沙漠也會要你的命；如你偷生逃過沙漠，我也在最後要你的命。」蒙古人歡迎客人、要客人飲酒，也是這般專制獨裁，所不相同的是，嚴肅中帶有豪放浪漫的氣氛而已。

中國的敬酒方式隨時代而變遷

中國夏商時代，貴族與奴隸在祭祀之後，都可狂飲到醉。但自周代起注重禮儀，飲酒也就跟著成了一種儀式，席上賓主所講究的是「謙恭有禮」，晚輩先向長輩敬酒，門徒先向師傅敬酒，兒女先向父母敬酒，弟輩先向兄長敬酒，絲毫不亂。如果主人不授意繼續敬酒、喝酒，客人就不便多喝，這對以後的世代產生了持續的典範作用。

中國傳統飲宴敬酒，多少與「三」有關：「三杯美酒敬親人」；中國門徒拜師、謝師也是「敬三杯酒」；敬酒的三部曲是：「斟酒」、「舉酒亦意」、「喝酒」；如果是「三君子」對飲，主人自己斟酒，則斟酒的先後次序是「左發右順」，也就是說，第一杯從左邊起，第二杯轉向右邊，第三杯才是給自己；席間通常是「酒過三巡」後才自由飲酒。

客人姍姍來遲，對主人未免「失禮」，先「罰酒三杯」，這在中國歷史上都有例可循。諸如吳諺說：「客來遲，罰酒三鍾」；蘭亭之會，王子敬詩不成，罰三觥；「韓安國作幾賦不成，罰三升」；「郝隆不能詩，罰依金谷酒數」，古人稱「金谷酒數」，就是罰三斗酒。鍾、觥、升、斗，在古代都是酒具，當時玻璃尚未發明，沒有酒杯。

隨著時代的變遷，這種節制飲酒的禮儀受到了衝擊，好客的主人和好熱鬧的客人都千方百計相互敬酒、勸酒、乾杯盡興，「不醉不散」。

外交場合顯示出中西敬酒方式的差距

在歐美國家，偶有邀對方乾杯的情形，比如說，某人新婚，或是順利完成學業，獲頒學位，考試高中等，正符中國人所言「洞房花燭夜、金榜題名時」，是人生一大樂事，值得乾杯祝賀；又如中獎，或在體育競賽中獲勝，都值得大家為他舉杯一飲而盡，表示以他為榮，為他高興。可是，在這種情形下，接受祝賀的對方並不需要飲酒，同時舉杯的人，雖然說「乾杯」，其實並非真正乾杯，乾不乾杯，悉聽尊便，最多只是象徵性的呼應而已，但這在中國人卻很認真，硬要勉強對方乾杯，還煞有介事，硬要「檢查」、「驗正」一番，確實喝光了，才「夠意思」。

中國人有個錯覺，以為凡是外國人，都有好酒量，殊不知外國人也和中國人一樣，有人能喝，有人不能喝。他們之中，除少數常客外，絕大多數不曾喝過紹興酒，更沒喝過大麯酒，不諳中國酒的酒性，自然也就無法揣度自己對這些中國酒的適應能力。再有，東方餐館侍者那種不斷加酒的殷勤，在歐美國家顯為罕見，所以外賓往往在不知不覺中飲酒過量。有些應邀來訪的外賓，行程總共不過數天，時差尚未調整過來，晝夜顛倒，而餐宴排滿，他們在半昏迷狀態下接受敬酒，稍飲即醉。

若因敬酒、勸酒而飲酒過量，取消拜會節目，賓主雙方都會非常難堪，受接待的貴賓也會反過來責怪主人以這種敬酒勸酒方式待客實為不妥。中國俗語說，「禮多人不怪」，但敬酒、勸酒是例外，宜節制審慎，把持分寸，適度而上，不可過分。

有人款宴外賓，以酒消費多而引以自豪，認為這就是一次「成功的宴會」和一次「成功的國民外交」，其實大謬不然。西方人做主人，只有在將要上甜點時，當侍者即將收取酒杯前，有時也請客人「乾杯」，有點像中國人所謂「門前清」；或者是在國慶等慶祝喜宴上提議「乾杯」，事實上也只是隨意，許多人都是舉杯如儀，並不真正乾杯。如果杯裡仍有酒在，也用不著解釋或表歉意。這種「民主化」、「自由化」的敬酒方式，依「各盡所能」、「各取所需」的原則，應較能為大眾所接受。

在正式外交場合，無論餐會或酒會，舉杯敬酒有以下七項不成文的規則：

㈠祝元首健康時，不論其在座與否，全體均起立舉杯，並在喝酒前由祝詞人領導說：「Gentlemen, the President (King, Queen)!」大家接著舉杯說：「To the President (King, Queen)！」後飲之。

㈡主人祝主賓健康時，各來賓均起立舉杯，主賓可不起立；主賓如亦起立，則不必舉杯。

㈢主賓還祝主人時，各來賓均起立舉杯，主人可不起立；主人如亦起立，則不必舉杯。

㈣如宴會中有演講時，則多在進點心、水果與茶或咖啡之前舉行，因此照例在演講完畢，緊接即舉杯祝主賓健康。是時主人應說：「(Ladies and) Gentlemen, may I ask you to join me in drinking a toast to the continued health of our friend(s), Mr. (and Mrs.) (of our distinguished guest(s). His Excellency and Madame...)。」

㈤西方一般習慣，主人以外不必向同席人敬酒。不飲酒者，且忌用水杯作敬酒狀。如敬酒，男賓應先向鄰座之女賓敬酒。

㈥賓客間如相互敬酒，有時兩人互敬或全體客人一起飲酒時，可說「敬祝愉快」

（Cheers）、「敬祝幸運」（Good Luck）或「敬祝健康」（To your health）等，回答亦同，並可說「彼此彼此」（Same to you）。

㈦不能飲酒或遵醫囑不可飲酒時，可爽直說明。賓客中不飲酒者，可喝汽水、冰水或其他飲料，悉聽尊便，但不能用非酒精飲料敬酒或回敬。對不飲酒者絕不勉強，以免予人難堪。

「脫施」

「toast」這個字，用作名詞時，是「烤麵包」，一般人直譯成「吐司」，是一般家庭日常所不可缺少的食品；將這個字用作動詞時，則是「烤」、「烘」、「取暖」，如「烤麵包」（to toast bread）、「烘腳」（to toast feet）、「在火邊取暖」（to toast oneself before the fire）、「沐浴者在海灘上取暖」（the bather toasted on the beach）。

可是，曾幾何時，這個字在外交界簽署協定或條約、開幕、授勳、國慶、祝壽、婚嫁及觀迎歡送等宴會或酒會上，甚至一般社交場合，變成了禮俗上通用的「敬酒」，如「我們對新娘新郎敬酒」（We drank a toast to the bride and bridegroom）。這個字也搖身一變，成了「有名望的人」（值得大家舉杯頌祝的人），如「她是名滿五大洲的人」（She is the toast of five continents）。隨之而來的是，「烤麵包機」、「烤麵包的人」（toaster）演變成了「舉杯祝頌者」；西方人習稱「主持宴會並介紹講演者的人」為「toastmaster」（女性主持人為「toastmistress」），並稱「宴會講演者之名單」為「toast list」。

很少人在舉杯祝頌的同時會意識到「toast」這一含意演變的背後，隱含著一個香豔動人的故事。一九九〇年五月二十三日，筆者應邀參加德國駐馬拉威大使館的國慶酒會，在德國大使羅布萊（Dr. Wilfied Rupprecht）舉杯祝頌後，英國駐馬高專奧斯本（Dr. Denis Osborne）告訴筆者以下這個故事：

早在十六世紀的年代裡，英國紳士們飲酒時，喜歡在葡萄酒杯或啤酒杯中放一片烤麵包，用以增加酒的香味；通常是在一夸脫葡萄酒加一小片烤麵包。久而久之，這一小片漂浮在酒杯中並不起眼的烤麵包竟然反賓為主，成了保守成性的英國人的珍品，便直接改稱這種放有烤麵包的酒叫「toast」；更由於英國人認為飲了烤麵包的酒使人健康，在以這種酒來舉杯祝頌時，「toast」這個字也跟著被引伸為「敬酒」或「舉杯祝頌」。

最初只有社交圈的名媛能獲「舉杯祝頌」的殊榮，以後才輪到國王或眾人心目中的英雄。

某次，英王喬治二世在寢宮大宴佳賓，其中一位紈褲王子，刻意惡作劇，去寢宮浴室取了一位名媛摻有香精的洗澡水，注入一個大酒杯中，並循例放入一小片烤麵包，舉起杯來向這位名媛敬酒。這個「小動作」被在場的另一紈褲男賓看得一清二楚，便當眾揭露，並大叫：「給我那杯中的『烤麵包』，我愛她。」（I want the "toast" in the cup, I love it），意指那洗澡水中的裸浴美女——那位被敬酒的名媛，引起滿堂哄動的笑聲和歡呼聲。

筆者當時聽後覺得很有趣，如果照英國高專的說法，「toast」這個字理應譯成中文「脫施」，這要比譯為「吐司」來得文雅而且名副其實。「脫」是指那位十六世紀的名媛正脫光衣服在洗澡，「施」字由「西施」轉借而來，意為美女。

談到前面說的「脫施」，使我們聯想到運動會優勝的「獎杯」，也是西方人俗稱的「愛杯」（loving cup）。昔日大英帝國的宮廷盛宴，行將散席之前，都要用銀質雙把手大酒杯盤滿葡萄酒或香檳酒，酒中放一片烤麵包，在賓客中傳遞，相互敬酒，杯上那兩個把手，就是為便於傳遞而特設的。輪到相互敬酒的人，可各執一端，面對面站立，飲酒時只須兩個人握把的手一伸一縮，非常靈活。迄今在英國富有歷史傳統的大專院校餐廳，仍可見到這種有兩個把手，叫

「愛杯」的大酒杯，這就是運動會上「獎杯」的由來。

至於何以叫它「愛杯」，這也與十六世紀英王喬治二世時，宮廷的那次盛宴杯中盛洗澡水，與在水中裸浴的「脫施」之事一脈相承，信不信由你。

英國名詩人賓・詹森（Ben Johnson）曾寫過一首韻味雋永深長的詩來歌頌「愛杯」：

Drink to me only with thine eyes,
And I will pledge with mine;
or leave a kiss in the cup
And I'll not look for wine.

試譯成中文如下：

請以朦朧的眼神與我對飲，
我將以這杯酒回敬；
或者就在杯中留下一吻，
而我將不再做酒的追尋。

漫談酒與健康

從醫學觀點看酒的效用

酒具有醫療與保健的雙重功能，古代中國人將酒用在醫療上。《禮記．射義》：「酒者，所以養老也，所以養病也。」《本草綱目》也說：「酒可行藥勢，與火同性，味辛甘，升陽發散，酒氣燥熱，能勝風溼，潤皮膚，去寒氣，開怫鬱，清沉積，通膈噎，散痰疾，厚腸胃，治痢疾，殺百邪，惡毒氣，止冷止痛。」中國北方四季都喝，南方人在酷熱季節有暑氣時飲用。

中國人知道「酒助消化」最早的記載是《史記．秦本紀》中關於秦穆公與晉惠公的部分。醫學家臨床實驗，認定少量飲酒，特別是晚餐時飲些許酒，可促進血液循環，減輕心臟的負擔，緩和緊張，安定情緒，恢復體力，有助健康。

儘管世人對酒能否消愁解憂眾說紛紜，莫衷一是，但酒對不安的情緒，具有生理淨化鎮定作用，卻是事實；飲少許酒，可使脈搏及呼吸加速，身體微溫，精神由此興奮舒暢。歐美人士遇親友有難時，往往遞上一杯酒，洗滌胸腔中的塊壘，使他的情緒得以緩和安穩。生命中不宜有太多陰影和壓抑，必須常常邀進陽光，西方人都視酒為「生命的陽光」，也有人在從事艱難冒險的工作時飲酒，是說酒可以「壯膽」。

駐防福建金門前線的將士，營舍在地下，坑道坑頂激激滴水，坑壁汩汩滲泉水，地面潺潺流澗水，每天大半的時間在「水鄉」渡過，為了祛除風溼、預防關節炎，幾乎所有駐防將士，莫不在睡前飲一小杯高粱酒。

酒有殺菌作用，並含抗生素，近乎盤尼西林。數世紀以來，歐洲人以酒療病，美國醫學界處方中用酒的例證也愈來愈多。正因為有殺菌作用，可以治腹瀉，患者在飯前飯後飲酒都屬有效，甚多醫師認為紅酒所含的丹寧對治療腹瀉最有效用。

酒也能治貧血，鐵分不足患有貧血症者，每日宜飲三杯葡萄酒佐餐。

白葡萄酒含葡萄糖，能輕柔地刺激腸壁，有助於大便暢通，可治療便祕；而白葡萄酒中所含的鉀，是人體最需的物質之一。缺少了鉀，就會引起便祕、腸膨脹和肌肉衰弱。

患傷風、感冒、頭痛、流鼻水，聲音沙啞，照瑞士醫師的處方常是「洋蔥酒」：用新鮮洋蔥一顆，切開兩半，浸入大杯熱水中約三秒鐘取出，然後加白葡萄酒兩匙，將其浸水，每隔約三小時喝一次，一日即癒。

酒是天然袪水劑，歐洲人的療法是：烈酒兩匙，注入杯內，並放入菊花茶包一個，加沸水浸數分鐘，每日喝兩至三杯，對於婦女的經前不適、浮腫現象，與神經緊張具有緩解作用。西方人更認為葡萄酒對女性美容具有神妙功能，還能治療靜脈曲張。

德國民間用白葡萄酒與蘋果酒混合，倒在手掌心，敷在靜脈曲張處輕輕揉抹，每日凌晨及睡前各一次，一個月可痊癒。如果要使酒的效用加強，每日早晨喝一杯白葡萄酒與蘋果酒各兩茶匙，加入安士礦泉水的混合酒。

英國醫生診治感冒的處方通常是以每兩粒阿斯匹靈，喝一杯麻酒（用榨甘蔗浮渣所釀的酒）。

酒也可以用來戒菸，法國人的土方是：紅葡萄酒一杯，「龍膽根」一品脫加清水一杯混合蓋好，放置十四天，每次喝一茶匙，每日喝四次，兩週後菸癮便會逐漸自動減退，而終至消失，「龍膽根」在各健康食品店均有出售。

適量飲酒能增加活力而長壽，美國巴魯博士曾對九十四對兄弟進行長期調查，結果發現適量飲酒者比滴酒不沾者更長壽。法國人也認為，某些酒摻其他配料熱飲，可預防及治療疾病且延年益壽。一位法國科學家訪問調查十位逾八十歲的法國老人長壽的奧祕，發現他們有一項共同的嗜好——「熱飲」：以酒與奶等混合，用滾開水沖飲，可祛除傷寒感冒，增加體力，永保活力，以下是他訪問調查所發現的十種酒「熱飲」的典型：

㈠熱葡萄酒加燒酒及配料：八十七歲的費爾南比哈克最喜歡喝的酒，方法是先在鍋裡倒入一升紅葡萄酒及二百克白糖，置於微火上徐徐加熱，至酒液起泡沫，剛要沸騰時，再加入一小杯燒酒和一片檸檬，也可以再加少許丁香花蕾及肉桂皮等，使變得更加美味可口。

㈡熱啤酒：人人皆知啤酒適宜冷飲或冰飲，但熱飲啤酒，應是奇譚。有趣的是，法國九十歲的長壽老人阿力斯．史克密卻獨鍾於「熱啤酒」：把新鮮啤酒注入玻璃杯，隔水加熱飲用。

㈢熱蘋果酒：這是八十二歲的凱特琳．土屠每當山區氣候陰溼寒冷時所喜歡飲用的酒。

方法是煮一杯水，正當沸騰時，先放入少許糖，再加三杯蘋果酒，不待再煮沸，即攪拌趁熱飲用。

㈣熱李子酒加糖：這是八十歲老翁泰雷茲蓋里最喜歡飲用的酒，製法是用一個長柄鍋，先注入半鍋李子酒，加八塊方糖並加熱，直至燃燒正旺時，將少許水徐徐注入後攪拌，供一人分四次飲用。

㈤熱混合水果酒加糖：這是朱莉安娜．梅特茲蓋老婦人最酷愛的酒。方法是將櫻桃酒、蘋果酒、李子酒、黃香李酒各三分之一杯，注入一個凹心的陶瓷盤，加方糖兩塊，煮沸飲用。

㈥熱椴花酒加水果酒糟：採椴樹花少許，加適量蜂蜜，注水煮沸，再注入一匙葡萄酒、蘋果酒或李子酒的酒糟，然後酌飲，如果找不到椴樹花，可用晒乾的玫瑰花瓣取代，這是八十多歲的瑪莉．勒格在入睡前或睡起來後所最喜歡喝的酒，她覺得喝這種酒後感到全身舒適，而玫瑰花瓣有「除癆祛氣」的功效，有助於防止心臟病。

㈦熱白蘭地加蛋及牛奶：這是八十五歲老翁昂里埃特．賴努的特有飲法。方法是先將一顆雞蛋在瓷碗內打散，再將適量牛奶煮沸，倒在盛蛋花的碗內，並注入一杯白蘭地，加蜂蜜攪勻趁熱喝下，這是一種老幼咸宜的滋補飲料，對防止傷風感冒極為有效。

㈧熱紅葡萄酒與菜湯混合：這是八十四歲的朱莉．夏爾特尼埃最愛的飲料。方法是將一杯紅葡萄酒加菜湯，放在文火慢慢地煨好後，趁熱飲用，據說可以提神並促進食欲及滋補身體。

(九)熱伏特加酒加烙糖奶：克萊爾．昂特萊克老翁因長期居住在酷寒的高原，故酷好烙糖奶。他先將牛奶煮沸，再用燒紅的火棍，夾起兩塊方塘，使溶化的焦糖液滴入牛奶中，再加少許蜂蜜與伏特加酒，趁熱飲用，據說可以祛傷寒、治感冒。

(十)熱白蘭地酒加杏仁：這是八十二歲的瑪格麗特．夏扎隆最喜歡的飲料。方法是取三十粒新鮮帶殼的杏仁，洗淨後用木槌打碎，然後把杏仁連殼放入四分之三升水的鍋中，煮沸約十五分鐘，濾去渣滓，加入少許白蘭地、一杯牛奶及兩匙蜂蜜。

以上是法國科學家所調查得到的酒確具保健功能的例證，自古以來，中國人、埃及人、希臘人與羅馬人，以及其他有歷史傳統的民族早就對這種功能深信不疑。中國人更相信「補酒」與「藥酒」可「延年益壽」，但畢竟不論任何酒，也不能使人「長生不老」。

中國古代「神仙酒」的故事耐人尋味。話說漢武帝親率大軍平定匈奴戰亂之後，漢朝進入最為繁榮興盛的世代，但漢武帝年紀也日臻老邁，宮中為他修煉念經的道士告訴他有一種「神仙酒」，喝了可以長生不老。雖然大臣東方朔不予置信，而表極力反對，武帝仍照道士的話，親率八百童男貞女，攜長及十里的香車素馬到三千里外的君山上去迎接安置著一樽盛滿「神仙酒」的白玉瓶。以一架紫檀車迎來「神仙酒」之後，武帝照佛規齋戒七日。到了第七日，武帝到廟堂打開酒樽，正要飲此「神仙酒」，卻發現酒只剩下一半，而東方朔此時正醉醺醺地從殿後出來。漢武帝大怒，要將東方朔推出斬首，誰知東方朔卻嬉皮笑臉毫不在意地說：「我既喝了『神仙酒』，就已成仙，斬者何妨，如我因此而死，則證明『神仙酒』之說純屬無稽，道士便犯了『欺君之罪』。」漢武帝聽了東方朔的辯白，覺得甚有道理，便從此不再相信「長生不老」之說。

酒是食品與百藥之長

酒在烹飪時可用作調味品，諸如燒豬、牛、羊、兔肉，尤其是野生動物的肉時，酒是驅腥味的妙品；至於是燒魚蝦，更是少不了酒。中餐名菜中的「醉蝦糟蟹」就是用「甜酒釀」做的，「甜酒釀」之類的食品，都是酒的「表親」，「廣東雞酒」也被認為「可補中益氣強筋健骨」。

中國婦女產後「做月子」時，會用熱酒燉煮痲油雞，被認為是最滋補的食品。

酒是浸藥劑，「藥酒」和「補酒」的製法通常是將藥材浸在酒裡泡製，《漢書．食貨志》曾記載：王莽下詔：「酒——百藥之長。」用現代話說：酒可以用來摻和藥料，浸泡服用。用藥料置酒中浸泡，就是「補酒」或「藥酒」（Medicated Liquor、Medicated Spirit、Tonic Wine）。

中國古代「藥酒」、「補酒」種類繁多，《本草綱目》所列就多達六十九種。其中迄至現代仍極常見的「補酒」計有：調經水和血脈及堅筋骨的「當歸酒」；補中益氣的「人參酒」（Ginseng）；補虛弱、壯筋骨的「地黃酒」與「牛膝酒」；壯陽道、益精氣的「枸杞酒」（Medlar）；益精髓、壯筋骨的「黃精酒」；明耳目、補五臟的「桑椹酒」；補虛勞、提精神的「蔥鼓酒」；和血脈的「天門冬酒」與養氣和血的「老酒」。

迄至現代仍流行的「藥酒」計有：治偏風的「薑酒」；治風溼的「朮酒」；治風疹癬的「蜜酒」；治風溼眩暈，益精髓、壯脾胃的「薯蕷酒」；治頭風，有助視力聽力的「菊花酒」；使膝腰溫暖，治頭風虛眩的「茯苓酒」（Tuckahoe 或稱 China Root）；治風溼周痺的「白石英酒」；治三十六風及骨瘻的「菖蒲酒」；治諸風的「百靈籐酒」；治卒腎氣痛的「茴香酒」（Anise 或稱 Cumin）；長期飲用最助視力聽力的「蔘酒」；治耳聾的「社壇餘胙酒」；治膀胱脇下氣鬱的「莎根酒」；有助食物和中下氣的「縮砂酒」；主穢氣嘔逆的「槽筍節中酒」。此外，尚有「虎骨酒」或稱「虎骨追風酒」及「春酒」等。

以上這些「補酒」和「藥酒」，只是舉其要者，《本草綱目》中並詮註：「只是輯其簡要者次，備參考，藥品多者，不能盡錄。」而且這些酒多數都是用單獨一種藥材泡製而成。也有用兩種藥材泡製的，諸如用鹿茸加山藥泡製，即為其例。亦有用三種藥材泡製的，諸如用牛膝子、薏仁以及生地黃浸泡而成的「巨勝酒」即是。更有用四種藥材混合泡浸而成的，諸如五加皮、地榆、當歸及牛膝浸而成的「五加皮酒」。多過四種藥材的也有，例如聞名遐邇但鮮有的

「八寶酒」，顧名思義，便是用八種藥材泡製而成，這八種藥材是黑棗、桂圓、荔枝、陳皮、杏仁、枸杞子、薏仁末、陳皮及橄欖，通常自冬至起浸泡一個月，打開時酒醇、果馥、藥香便沖鼻而來，令人「迷惑」，據說這是中國「補酒」與「藥酒」混合的「上品」，飲用後有「補氣、健脾與增加視力」的功效。

中國傳統舊曆年飲用的「屠蘇酒」，也是用八種藥材仿照三國時代的「華陀方」浸泡而成。這八種藥材是桔梗、茯苓、大黃、蜀椒、烏頭、防風、赤木桂心及小顆紅豆。

此外，中國傳統飲用的「逡巡酒」，不僅所用藥材的種類更多複雜，即採取藥材的時令及泡製的過程也有固定的「方程式」，據《本草綱目》所載：「三月三日收（採）『桃花』三兩三錢，五月五日收『馬蘭花』五兩五錢，六月六日收『脂麻花』六兩六錢，九月九日收『黃甘菊花』九兩九錢，陰乾。十二月八日取『臘水』三斗，待春分，取『桃仁』四十九枚，好者，去皮尖，『白面』十斤正，同前化和作麴，紙包四十九日，用時白水一瓶，麴一九，麵一塊，封良久成矣。」《紅樓夢》中，薛寶釵所服用的「冷香丸」藥材，也屬這一類。

《本草綱目》中另一種用以治耳聾、泄精的「柘根酒」，以拓根及菖蒲成分水溶性較大，故不用藥材而只用含有藥材成分的水，注入米麴中，釀造藥酒單方是：「用柘根二十斤，菖蒲五斗，各以水一石，煮取汁五千，浸取清，合水一石五斗，用米二石，麴二斗，如常釀酒成。用真磁石三斤，為末，浸酒中三宿。」

「補酒」和「藥酒」的浸泡法可分為四種：

㈠先浸泡後蒸煮。如傳統舊曆年喝的「屠蘇酒」便是先將藥材浸泡，再蒸煮滾沸數次後飲用，此即《本草綱目》中所稱的「煎數沸」。

㈡「冷浸」，即「浸製法」。如「巨勝酒」便無須「煎數沸」，只須袋盛浸酒飲，用這種「冷浸」法浸造的藥酒和「補酒」，也有二十多種。

㈢「蒸煮」與「冷浸」，兩者可任效改變而具不同的藥理作用。這種「煮」、「浸」兼用法，於世界上其他文明古國也採用，如古敘利亞人用以治胃病的「玫瑰酒」，既可將玫瑰花瓣與蜂蜜混合煮釀成酒，亦可採取玫瑰汁摻入酒中飲用；另一種用以治胃潰瘍的「蘆筍酒」，也是既可蒸煮取蘆筍汁浸酒，亦可用蘆筍浸在酒裡泡製後，與白堊調合飲用。

㈣「熱浸」。由於有些藥材成分不容易溶解，則須熱浸，必須是「煮」與「浸」均可的「藥酒」或「補酒」，如「人參酒」。照《本草綱目》的說明，便是「用人參末（粉）同麴米釀酒或袋盛浸酒煮飲。」

浸泡「補酒」和「藥酒」以何種酒最為適宜？古埃及人浸泡藥料所用的酒，使用最多的是啤酒，其次是葡萄酒及蜂蜜酒，而中國古代則認為只有米酒可用以浸泡藥材。中國最早用酒浸泡藥材服用，見於長沙馬王堆出土西元前一七〇年的《西漢時軑侯墓中帛書》。現代中國人則喜用法國白蘭地、金門大麯、高粱酒等浸泡藥材。

這些在中國流傳了數千年的「補酒」和「藥酒」是否確有「強身補神」、「酒到病除」的功效？雖然沒有經過「科學檢驗」或「臨床試驗」，但既能流傳數千年而不廢，如果引用達爾文「適者生存」的原則，自有其道理在。

最令人不可思議的是在一九八〇年末期，在日本所出現而且暢銷的一種金酒——「補酒」。日本人認為喝了這種「金酒」能壯陽補身，可是這種酒只是將金箔摻入酒中，飲用時，一片片細細的微金箔，隨著酒液進入胃腸，胃腸無法吸收這種金屬品，微金箔也就全部隨著糞便排泄出來，對人體產生不了什麼奇怪的效果，既沒有顯著的壞處，但也沒有絲毫益處。這只是在叛離「傳統」而追求「時髦」風尚下的產物。

從純粹營養觀點來說，喝酒最好能夠喝除了酒精外，還另含某些營養價值的酒為宜。各類含有酒精的飲料中，對健康最為有益的，不是各式「補酒」或「藥酒」，而是葡萄酒。醫學界臨床實驗顯示，喝適量葡萄酒的人，較諸一般滴酒不沾的人，身體更為結實健康。而美國醫學專家研究發現，葡萄酒中含有豐富礦物質及維生素，具有補血、降低血液中的膽固醇的功用，尤其礦物質中的鉀與鈉，含量約為十比一，能預防心臟病及高血壓。

釀酒用的麴，如「米麴」、「麥麴」、「紅麴」及「神麴」等也可用為藥。「米麴」與「麥麴」可用以治療腸胃病；「紅麴」可用以治療腹中及產後淤血；「神麴」可用以治療閃挫腰痛。但是豬雞鴨魚蝦等為酸性食物，搭配鹼性的葡萄酒，正好可以中和這些酸性的食物，比喝米麥類酸性飲料的紹興酒、米酒，甚至啤酒更為適宜。

十八世紀法國思想啟蒙大師伏爾泰於八十四高齡時，有人問他長壽的祕訣，他簡單明瞭地說，是「紅葡萄酒」給了他健康與快樂。專家的建議是：每天喝二百至二百五十ＣＣ葡萄酒不會宿醉，可使菜餚中的酒質消失，促進腸胃的消化吸收 能力，且並不增加胃的負荷，並使血液保持鹼性，導致皮膚彈性。

另一種對健康有益的酒是啤酒。眾人皆知愛喝啤酒的人會凸出一個「啤酒肚」，原因在於啤酒含有若干營養成分。

啤酒因為添加物的關係，顏色上有白、綠、黃、黑啤酒之分，另有未加熱殺菌的「生啤酒」。不論其種類品牌如何，都含有高熱量。一公升啤酒，相等於三瓶鮮奶、一五〇公克的牛肉、六枚雞蛋或五百克的馬鈴薯，其所產生的蛋白質，約等於六十公克的麵包，並含有磷及豐富的碳水化合物、礦物質、維他命及有助消化的氨基酸。臺大醫學院內科醫師戴東原博士也指出：一瓶啤酒的含熱量相當於兩碗多米飯。

西元前兩千一百年的蘇美人已用啤酒浸藥料，埃及《紙草書》記載：西元前一千五百年，埃及疾病診斷處方中百分之十五有啤酒或其他酒類。

十九世紀初葉，歐洲霍亂蔓延，飲水容易傳染霍亂。因此，一般中上家庭，皆以啤酒取代飲水，用來解渴。因為啤酒釀造過程較其他酒類簡易，在經過醱酵過程，淨化微生物的汙染後，自是最普遍最安全的飲料。

啤酒在世界各國是農工階級、勞動大眾最普遍的飲料，尤其是炎炎夏日，整日勞動後，酒有解暑祛瘀的功效，可避免中暑。

在某些非洲國家及中國大陸，有人因中暑，買啤酒當藥水喝。不習慣那種苦澀口味的人，便將一瓶啤酒分三次像吞服中藥藥水一樣，蹙著眉頭，眨著斜眼，勉強下嚥，狀似舌尖發麻，七竅冒煙，視為苦刑，完全失卻對啤酒的「雅興」。

除葡萄酒與啤酒外，糯米酒的營養成分也比一般烈酒好，因它含有高量澱粉質。同樣，雞尾酒中用番茄汁與伏特加酒所調配成的「血腥瑪莉」，就比用苦艾酒與伏特加酒所調配成的「馬丁尼」較有益健康。

但縱使是含有營養成分的酒，也不如只喝含有同樣配料但沒有酒精的飲料還要有利於健康。

適量飲酒的商榷

以欣賞的心情面對和享受美酒

酒深入全世界的每個角落，有人類的地方就有酒。飲酒在中國歷史上一向是風雅韻事，現代依然如此；家中生活中有酒，其樂無比。中外古今飲酒抒情盡興被視為人民生活品質的一種昇華，有佳餚而無美酒便談不上「至高享受」。

當你在用餐前，手上拿著一杯香醇的蘇格蘭威士忌，桌檯上高腳玻璃杯中也盛著湛紅的紅葡萄酒和澄黃溫煦、芬芳四溢的白葡萄酒，令你食指大動；用餐後，大肚杯的白蘭地，握在溫熱的掌心，會散發出誘人的醇香。

依照法國品酒協會所訂酒類品質的標準，一瓶美酒與一位美女一樣，須具備八項條件：

(一)健康：肌膚結實，色澤透明，充滿青春氣息與活力。
(二)均勻：容貌端莊，體態相稱。
(三)豐厚：在整體上予人以豐厚完美的印象。
(四)文雅：有優雅的氣質和風韻。
(五)柔順：柔軟隨和，溫文可親。
(六)成熟：令人有適切舒暢之感。
(七)個性：各有其特質與突出的個性。

㈧酸性：略帶「醋勁」，若無這種激情素，也就平淡無味。

也有人將酒與音樂相比較。那些醇度低的酒，像輕音樂，不妨靜靜欣賞，稍久即沉緬其中；醇度濃的酒，猶似貝多芬的交響曲，乍聽即感氣勢非凡，而引人入高亢之境。

各種不同的美酒，有各種不同的晶瑩色彩，有些具翠玉色，有些具琥珀色，更有些具玫瑰色，或像紅寶石。波斯詩人路達吉喜歡玫瑰花和紅寶石，但更喜歡酒，他在詩中稱頌酒為「玫瑰的香露」，詩句中說：「把那酒，你可稱之為紅寶石的，融化在杯中帶來給我……它是玫瑰的水，你可說是蒸餾純化了的，甜蜜而誘人，猶似睡神的手掌，悄悄地拂過初倦的眼皮。」

酒也有各種不同的香味，檸木香、花香、葉香、莖香、水果香、藥草香、麝香、人參香等；酒也有著各種不同的品味，如甜、酸、辣、澀等，猶似交響曲的起伏，有雄壯，也有和諧。

飲酒原是生活中一件非常富有情趣的風雅韻事，但飲酒的情趣，不在狂喝豪飲「乾杯」，而在淺嘗即止。

當你在悠閒中暫且拋開工作的壓力，端著一杯美酒，像親近美女一樣，先用眼睛充分鑑賞酒的色澤和風韻，再靜靜地瞇著眼睛，用嗅覺欣賞那一縷繚繞的芳香，再用嘴唇緩緩地湊上酒杯邊緣，微啜，然後用舌尖舐嘗，會使你感覺到像在親吻美女如絹似緞般的香膚玉肌。香醇的酒液，像柔和的天鵝絨般，經過咽喉，徐徐滑落。在這樣陶陶然的飲酒方式下，美酒融入了你的生活，也讓你的生活融入了美酒。如此「適量」的開懷，便如洛夫所說的「一日的疲憊，千載的憂鬱，在一俯一仰之間，化為逝去的夏日雲煙。」這就是生活的情趣，也是人生一大樂事。一個能完全控制自我的人，也就是真正能享受自由的人，這樣的人，沒有理由拒酒於千里之外。

飲酒也是要想求得心境的平衡。有人說：「人在口渴時喝水，在心渴時喝酒。」但若用哀愁泡酒，愁滋味將使酒更加苦澀而難以下嚥，如果一直能喝到爛醉如泥、昏沉不醒，倒也作罷，可是總有醒來的時候，醒後便會更覺味苦。

適度飲酒無損健康

美國奧克蘭凱塞帕曼特醫學中心心臟學家亞瑟克萊特斯基博士研究指出：飲酒與吸菸不同，適量飲酒對身體好處多、壞處少。因此，他認為對絕大多數人而言，大可不必滴酒不沾，如有人敬酒，不妨飲一口，不必謝絕，畢竟酒槽鼻最容易結交到跟他一樣率直的朋友。在喝酒時，只是啜飲，慢慢地享受醇香，每小時不超過一英兩（盎斯），但若找刺激猛喝狂飲，則對健康無益。

美國約翰霍普金斯大學於一九八五年發表的研究報告指出：每天喝少許啤酒，可減少四分之一的生病機會。

臺灣大學內科教授李源德也指出：適量飲酒有益心臟，主要是因為酒精可以使心跳加快，血管擴張，改善血液循環的作用，飲酒半酣方好。「美酒飲至微醺後，好花看到半開時。」一至此，酒精被胃吸收，混在血液裡循環到全身，刺激腦部及其他神經系統，使之興奮，增加血脈的鼓動，使動脈的壓力加強，血行旺盛，有益身心。

許多年來累積的研究顯示，適量飲酒的人，可以防止心臟病，減少動脈內膽固醇的累積。因此，適量飲酒者在因心臟冠狀動脈方面的毛病，比滴酒不沾的人少百分之四十，而且比不飲酒的人長壽健康。美國心臟學會根據此點，於一九八六年首次在其營養指南中增列酒類一項。

在各種社交場合，適量飲酒，也可使整個場合變得融洽，使平時較為緊張的人際關係，趨於輕鬆歡暢，而獲身心調適的效用。

適量飲酒對思維能力並無影響，真正影響一個人思維能力的是焦慮的情緒，而非酒精。費城臨床心理學家辛錫亞巴姆．拜克研究指出：每週數日在工作完成後飲上一杯，鬆弛一下精神，心情會很愉快，工作效率會更高。適量飲酒的人，比沒有飲酒的人更樂意參與冗長乏味而厭煩的工作。但專家們也提示，假若在某個時候你的頭腦必須保持絕對清醒，還是以不喝酒為好。

酒的正面效應

加拿大多倫多大學克恩博士作了一項研究試驗，發現喝純番茄汁三十分鐘後服用三片阿斯匹靈的人，胃腸內壁會受到重大損害，但喝加了伏特加酒的番茄汁三十分鐘後，再服用三片阿斯匹靈的人，胃腸受損甚微。此項醫藥實驗，證明了酒精有保護胃腸的作用。

另一醫師克朗在研究引發心臟病原因的漫長過程中，赫然發現滴酒不沾的人，引發心臟病的機率，比適量飲酒的人高出三分之一。克朗博士並且作了一項統計，指出心臟病一旦發作，酗酒的人與滴酒不沾的人，死亡率完全相同，而適量飲酒的人，死亡率卻是這兩者的一半，所需住院治療的時間也較短。其他各國的醫學研究，也顯示適量飲酒的人要比完全不飲酒的人身心健康。

適量飲酒對老年人也可能是一種妙丹。美國波士頓一家老人醫院，自開始在下午供應乳酪及啤酒後，不到兩個月，老病人可自己行動的人數自百分之二十一徒升至百分之七十四。另一方面，慣於服用強效鎮靜劑（Thorazine）的人數，也自百分之七十五降至零。

自十九世紀以來，酒精對健康的影響已逐漸受到重視。

一九四九年，醫學家貝斯特在以老鼠做過實驗之後，發現酒精對肝細胞的危害，並不大於蔗糖。只須在食物中添加膽鹼（Choline），即可預防肝細胞的變化。酒精也並無直接的毒性，其副作用主要來自營養不良，只要注意在喝酒的同時攝取足夠的營養，便不足為患。

然而，在一九六〇年以前，科學家對酒精的作用仍持敬而遠之的態度。迄至一九八〇年代末期，研究人員藉研究儀器得知酒的正面效應：在低劑量下，它比任何其他藥物更能消除焦慮。

酒精刺激胃黏膜分泌胃液，促進食欲。從流行病學調查及解剖發現，適度飲酒可減低動脈硬化性心臟病的發生率。

美國史丹佛大學醫學中心的研究報告指出：一個人通常如果一天只喝一．三盎斯酒精成分的飲料（相當於二品脫啤酒或十．八盎斯普通酒或兩杯混合雞尾酒），反而可以增高有益於人體的高密度脂蛋白膽固醇（HDLC）。臺大醫學院內科教授戴東原指出：此類脂肪與其他脂肪最大不同之處，在於可以幫助血管中脂肪的沉澱降低，使罹患冠狀動脈心臟病的機率減少，並減緩血管硬化的嚴重性。

一九八三年，美國醫學家哈登發現，保持適度飲酒習慣的長跑者、慢跑者或缺乏運動者，血液中的高密度脂蛋白膽固醇值比一般不飲酒的人要高。其中長跑者最高，達六十 mg/dl，慢跑者或缺乏運動者較低，但也在五十 mg/dl。一旦停止飲酒，三星期後，長跑者及慢跑者依然保持同樣高密度脂蛋白膽固醇，但缺乏運動者則驟降至四十 mg/dl。因此，他認為：缺乏運動者更須適量飲酒，每天喝三罐啤酒，容量一千零五十 CC，酒精含量三十九公克，來維持高密度脂蛋白膽固醇，使有益心臟。

但一九八四年另一醫學家哈斯克研究發現，適度飲酒所促成的高密度脂蛋白膽固醇上升的主要成分為此類脂肪的第三成分（HDL3），是否有益心臟，頗有疑問，相反地，它卻可能因此促使對人類有害的中性脂肪——三酸甘油脂的上升。因此，即使適量飲酒，也不見得完全值得鼓勵，只是在必要的應酬場合或相遇知己時，偶爾適度飲酒，鬆弛神經，則無傷大雅。

無論如何，所有研究都顯示，只有適量飲酒，才對身體有益；飲酒過量，則勢將對身體造成無可估量的傷害。

女性與酒

在飲酒的場合，酒量因男女性別不同，差異亦大。女性往往不勝酒力，總認為自己對酒精過敏，不克隨心所欲，故女性中主動飲酒或舉杯逞強者絕無僅有。這是由於男女在體質上有其先天性的差異。

人體能夠接納酒，是因為胃內有一種保護性酶。這種酶使得酒精在進入血液循環系統前就被分解，而女性胃中所產生的這種酶，要比男性少得多。同等身材體重的人喝同等分量的酒，男性血液裡所吸收的酒精，比女性少百分之三十。

根據參與此項研究的紐約西奈山醫學院教授賴伯在其所發表的研究論文中指出：當女性喝下一杯酒，她血液中酒精的增加量相等於相同體重的男性喝兩杯酒的增加量。此外，這項研究論文並顯示：這種保護性酶，在當胃中塞滿各種食物時，要比空胃時具有較好的工作表現；而愈是經常酗酒的人，胃中這種保護性酶愈少，有節制的正常飲酒者則不受影響。

凡屬嗜好飲酒的人，無分男女，都有一個自認為「理直氣壯」的理由。但絕少女性會想到長期過量飲酒所帶來的不良後果。

有些女性為了解脫所面臨的煩惱與痛苦，也借酒「澆愁」，因而成為女性酒精中毒患者。酒精中毒會引起女性荷爾蒙分泌降低，使女性的性機能受到損害而變成「中性化」或男性化。

女性在閉經期前後，由於年齡增高，性機能衰退，在心理上會產生一種「初老期」的憂鬱和不安定感，也因而對自己產生一種嫌惡感，使用酒精來麻醉自己，冀求能從迷幻中去滿足自己，挽回自尊，結果喝得像隻「醉貓」。

另有些女性，物質生活很美滿，她們的「滿足感」和「成就感」足以蓋過她們「初老期」的不安定感，但兒女都已成年，甚至都不在身邊，而丈夫正達事業的顛峰，終日在外酬酢，芳心寂寞，難免獨自悄悄地閉上門在家裡一面欣賞電視，一面獨自飲酒，久而久之，飲酒上癮。也有些女性是因丈夫酗酒欲思報復而狂飲，更有些女性是因丈夫過早去世，孤寡無依，生活寂寞，借酒解悶；有些少女因為失戀，心有千千結，借酒澆愁上癮，難以自拔。

酗酒，飲酒上癮，多數是男性。但酒精中毒並非男性的專利，而女性也並不會因為不比男性飲酒多而對酒精中毒有「免疫力」。

中國人常說：「酒是穿腸藥」，酗酒的結果固然會使男性與女性的胃壁和腸壁嚴重受損，卻更會使女性胃腸內這種保護性酶功能完全瓦解，這也正是何以酗酒女性比男性更早導致包括「肝硬化」、「貧血」與「腸胃出血」等併發症。

在歐美各國，由於社會的自由開放，女性因酗酒而導致酒精中毒的愈來愈多。據〈美國新聞與世界報導〉專文顯示：在美國總人口中，女性占百分之五十，另在全美國酗酒的人口中，女性也占了三分之一。因酒精中毒進入精神醫療中心治療的男女比例，美國是五比一，英國是三・五比一，澳大利亞是四・五比一，德國和芬蘭是十比一。

傳統上臺灣的婦女，大多不願也不便反對父親、丈夫或兒子在商業或社交場合應酬喝酒。她們的說詞是「人在江湖，身不由己。」「為了生意，為了升遷，不得不喝，只要不喝太多就好。」究竟喝到什麼程度才是太多？答案莫衷一是，如果是喝得爛醉如泥回家，她們又說：「喝少了，他那一群酒友不會放過他。」

大多數做妻子的，面對一個酗酒的丈夫，只好認命，以「命中註定」為詞，自艾自嘆，默默忍受痛苦與憂鬱的煎熬。

這種慫恿與容忍的作法，無異是鼓勵酗酒，結果是身敗名裂。有些酗酒丈夫，稍不如意，就找妻子出氣，妻子不是被辱罵，便是被毆傷；甚至有些妻子，因為丈夫酗酒，酒精中毒以致不能工作，只好到舞廳上班，以其所得作為丈夫療治酒精中毒症的費用；兒女因不願見到一個酗酒的父親而經常「逃家」；父親酗酒，兒女也會在心理上蒙上一層陰霾，無法適應，直接或間接在學業、婚姻和人際關係上受到不良影響；甚至有些兒女，跟酗酒的父親學樣，竟也酗酒不務正業。作為妻子和母親的一個女性，雖然自己不喝酒，卻眼睜睜看著丈夫和兒女一個個栽在酒精裡無以自拔，心理上的「無力感」增加了無窮的困擾。

基於女性在先天體質上酒力遠不如男性，是否女性便只有放棄飲酒的一途呢？則也未必。她們可以飲較為溫和的柔性酒，也就是中國人所習稱的「軟」酒，如啤酒、葡萄酒等；男人秉乎中國傳統，應有骨氣，固然不可「吃軟飯」，但是「喝軟酒」，男女老少咸宜。柔性酒如葡萄酒和啤酒，如果在晚餐時用以佐餐，而且以淺嘗最多至微醺即止，對健康不僅無害，而且由於這兩種酒含有益於人體的營養素，對保持健康極有裨益。有了這樣健康正常的飲酒觀，知酒而賞酒，才會真正深切體味到酒中的無窮樂趣。

博雅文庫 008

聽酒說故事

作者　　　蕭曦清
發行人　　楊榮川
總編輯　　王翠華
主編　　　陳姿穎
責任編輯　許馨尹
封面設計　P.Design視覺企劃
出版　　　五南圖書出版股份有限公司
地址　　　106台北市和平東路二段339號4F
電話　　　（02）2705-5066
傳真　　　（02）2706-6100
劃撥帳號　01068953
戶名　　　五南圖書出版股份有限公司
網址　　　http://www.wunan.com.tw/
電子郵件　wunan@wunan.com.tw
法律顧問　林勝安律師事務所 林勝安律師
出版日期　2013年 1 月初版一刷
　　　　　2016年11月二版一刷
定價　　　新台幣380元

※版權所有・欲利用本書全部或部分內容，必須徵求本公司同意※

國家圖書館出版品預行編目資料

聽酒說故事 / 蕭曦清著; --二版.--臺北市：五南, 2016.11
面; 公分

ISBN 978-957-11-8875-1 (平裝)

1.酒 2.飲食風俗

538.74　　105018491